ABITUR

Prüfungsaufgaben mit Lösungen

2005

Nach der neuen Prüfungsordnung

Mathematik

Gymnasium
Baden-Württemberg

STARK

ISBN: 3-89449-569-3

D-85318 Freising · Postfach 1852 · Tel. (0 81 61) 17 90
3. überarbeitete Auflage 2004

Inhalt

Hinweise/Tipps zur schriftlichen Abiturprüfung im Kernkompetenzfach Mathematik

Abiturprüfung

2004

Übungsaufgaben zur schriftlichen Abiturprüfung

Satz A

Satz B

Aufgaben aus den Abiturprüfungen früherer Jahre

Analysis

Analytische Geometrie

Autor:

Dr. Raimund Ordowski

Hinweise zum Abitur in Mathematik

Die Kursstufe

Seit dem Schuljahr 2002/2003 gelten in Baden-Württemberg die Regeln der neugestalteten Kursstufe für die Jahrgangstufe 12 und 13. Jeder Schüler/jede Schülerin muss danach drei vierstündige Kernkompetenzfächer (Deutsch, Mathematik, Fremdsprache) sowie je ein vierstündiges Profilfach und ein vierstündiges Neigungsfach belegen. Die restlichen Pflichtfächer werden zweistündig unterrichtet.

Ein Ziel der Reform der Kursstufe war die Stärkung der klassischen Hauptfächer und eine Aufwertung der Naturwissenschaften (zwei Naturwissenschaften müssen bis zum Abitur belegt werden).

Seit 2004 werden nun fünf Fächer im Abitur abgeprüft:
- Die drei Kernkompetenzfächer sowie wahlweise das Profil- oder Neigungsfach schriftlich,
- ein weiteres zu wählendes Fach mündlich.

Dabei ist die Wahl von Prüfungsfächern nicht ganz frei, sondern an bestimmte Bedingungen geknüpft, die man dem Leitfaden für die gymnasiale Oberstufe entnehmen kann.
Ferner erfolgt in mindestens einem der vier schriftlichen Prüfungsfächer eine mündliche Zusatzprüfung, die unter bestimmten Bedingungen entfallen kann.

Für das Fach Mathematik bedeutet dies:
- Alle Schüler und Schülerinnen **müssen** die **gleiche** schriftliche Prüfung in Mathematik ablegen.
- In Mathematik **kann** eine mündliche Zusatzprüfung erfolgen.

Der Lehrplan

Parallel zu der organisatorischen Neuordnung der Kursstufe trat ab dem Schuljahr 2002/2003 in Mathematik, wie in allen anderen Fächern ein neuer Lehrplan in Kraft. Sein Anspruch ist es, im Mathematikunterricht eine Akzentverschiebung weg von „Mathematik als Produkt" hin zu „Mathematik als Prozess" zu bewirken. Im Klartext: Etwas weniger schematisches Anwenden von Verfahren und Rezepten, dafür etwas mehr kreatives experimentelles Entdecken von Problemlösungen und von Zusammenhängen, etwas mehr an offenen Aufgaben und Problemen. Eine wichtige Rolle soll dabei der grafikfähige Taschenrechner übernehmen, der zum Beispiel die schnelle Visualisierung eines Sachverhaltes erlaubt, so dass dieser nicht erst mühselig am Ende einer langwierigen Kurvendiskussion stehen muss. Ergänzend sollen schülerzentrierte Unterrichtsformen ein stärkeres Gewicht bekommen. Der Lehrplan gibt dazu Hinweise und nennt Möglichkeiten für selbstständiges Erarbeiten von Lehrstoff durch die Schülerinnen und Schüler.

Die Aufgaben der schriftlichen Abiturprüfung Mathematik

Seit dem Abitur 2004 ist die schrifliche Prüfung in einen **Pflichtteil** und in einen **Wahlteil** unterteilt.

Im **Pflichtteil** werden Grundkompetenzen in Form von kleineren Aufgaben abgeprüft.
Es wird erwartet, dass die Vorbereitung für diesen Teil der schriftlichen Prüfung weitgehend durch die Schüler selbst erfolgt.
Vor allem aber gilt: **Für den Pflichtteil sind keinerlei Hilfsmittel zugelassen**.

Einige Stichworte sollen daher die **Anforderungen des Pflichtteiles** verdeutlichen:

I. Analysis:

- Ableiten von Funktionen, Ableitungsregeln (Produkt-, Quotienten-, Kettenregel)
- Integration/Stammfunktion (lineare Substitution)
- Lösen von Gleichungssystemen (Gauß-Verfahren)
- Gleichungen höherer Ordnung (nicht unbedingt ganzrational, Substitution, Polynomdivision), auch Bruchgleichungen
- Tangente, Normale an Kurven
- Aufstellen von Funktionsgleichungen
- Skizzieren von Schaubildern von Funktionen
- Herleitung wichtiger Eigenschaften aus dem Funktionsterm
- Kenntnis der wichtigsten Funktionstypen (ganzrationale, gebrochenrationale, Exponentialfunktionen, trigonometrische Funktionen, Wurzelfunktionen)
- Verschiebung von Schaubildern (horizontal, vertikal)
- Bestimmung des Funktionsterms zu einem gegebenen Schaubild
- Angeben charakteristischer Eigenschaften einer Funktion anhand ihres Schaubildes
- Grundzüge der Kurvendiskussion

II. Geometrie:

- Gleichungen von Ebenen und Geraden
- Gleichung einer Ebene durch drei Punkte
- Mögliche Lagen zweier Geraden in der Ebene und im Raum
- Mögliche Lagen einer Geraden und einer Ebene zueinander
- Mögliche Lagen von Ebenen zueinander
- Darstellen einer Ebene bzw. Geraden in einem Koordinatensystem.
- Bestimmen einer Gleichung für eine Ebene bzw. eine Gerade, wenn die entsprechende Skizze gegeben ist
- Abstand Punkt – Ebene
- Abstand Punkt – Gerade
- Winkel zwischen Ebenen bzw. zwischen Geraden bzw. zwischen Ebene und Gerade

Im **Wahlteil** soll es dann verstärkt um Transferaufgaben, um das Modellieren von realen Situationen, um das Entwickeln von Lösungsstrategien gehen. Lösungen sollen nicht nur bestimmt, sondern auch interpretiert werden. Dies kann bis zur Abfassung von kleineren mathematischen Aufsätzen gehen.
Beim Wahlteil sind die üblichen Hilfsmittel wie Formelsammlung, insbesondere aber der grafikfähige Taschenrechner zugelassen. Dies hat zur Folge, dass numerische Lösungen im Allgemeinen akzeptiert werden. Symbolische Berechnungen wird man wohl durch „Schlüsselworte" wie „Beweisen Sie...", „Zeigen Sie..." einfordern. Aufgaben mit Parametern schließen numerische Lösungen von vornherein aus.

Ablauf der schriftlichen Abiturprüfung

- Der **Lehrer** erhält

für den **Pflichtteil**	**1** Aufgabensatz – bestehend aus mehreren kleineren Aufgaben. (Eine Wahlmöglichkeit hat der Lehrer hier nicht!)
für den **Wahlteil**	**3** Aufgabenvorschläge aus der **Analysis**. Der Lehrer wählt **einen** davon aus.
	2 Aufgabenvorschläge aus der **Geometrie**. Der Lehrer wählt **einen** davon aus.

- Die **Prüfungszeit** beträgt **240** Minuten.

- Der **Schüler**

erhält **alle** zu bearbeitenden Aufgaben ohne Hilfsmittel.	
Er bearbeitet	
die **Pflichtteilaufgaben** <u>**ohne**</u> Hilfsmittel. Maximal kann er **26** Verrechnungspunkte im Pflichtteil erzielen.	die beiden **Wahlteilaufgaben** aus der Analysis und der Geometrie. **Hilfsmittel erhält er erst nach Abgabe des Pflichtteils!** Maximal kann er **34** Verrechnungspunkte im Wahlteil erzielen.
Insgesamt kann er in der Prüfungsarbeit maximal **60** Verrechnungspunkte erzielen.	

Bewertung der Prüfungsarbeiten

Die Umrechnung von Verrechnungspunkten in Notenpunkte erfolgt seit dem Abitur 2004 nach der folgenden Tabelle:

Note	**sehr gut**	**gut**	**befriedigend**	**ausreichend**	**mangelhaft**	**ungenügend**
Notenpunkte	15 14 13	12 11 10	9 8 7	6 5 4	3 2 1	0
Verrechnungspunkte	60 56 53 . . . . . . 57 54 51	50 47 44 . . . . . . 48 45 42	41 38 35 . . . . . . 39 36 33	32 29 26 . . . . . . 30 27 23	22 18 14 . . . . . . 19 15 11	10 . . 0

Wer also z. B. den Pflichtteil vollständig richtig bearbeitet und im Wahlteil mindestens einen Punkt erzielt, hat die volle Note **ausreichend** (**5 Notenpunkte**) erreicht.

Die Übungsaufgaben in diesem Buch

Der erste Teil enthält die Abituraufgaben seit 2004 mit ausführlichen Lösungen. Sie werden jährlich durch die neuen Prüfungsaufgaben ergänzt.

Im zweiten Teil des Buches findet sich eine Reihe von Übungsaufgaben. Anordnung der Aufgaben und Zuordnung der Verrechnungspunkte sind den Abituraufgaben nachempfunden. Die Aufgaben erheben aber nicht den Anspruch in Bezug auf Umfang und Schwierigkeitsgrad, Musteraufgaben für das Abitur zu sein.

Der dritte Teil beinhaltet eine umfangreiche Sammlung an Übungsaufgaben zur Analysis und zur Geometrie, die den früheren Abiturprüfungen entnommen sind. Dabei wurden nur solche Aufgaben bzw. Aufgabenteile ausgewählt, die vom Inhalt her mit dem neuen Lehrplan konform sind. Sie lassen sich teils dem Pflichtteil, größtenteils aber dem Wahlteil zuordnen. Ihre Lösungen sind weitgehend im alten Stil belassen, wie er auch weiterhin im Pflichtteil zu finden sein wird. Durch den Einsatz des grafikfähigen Taschenrechners (GTR) können die Lösungen an vielen Stellen erheblich erleichtert werden (Kurvendiskussionen, Zeichnen von Schaubildern, Lösen von Gleichungssystemen, Integrationen usw.). Es ist daher sinnvoll und unbedingt zu empfehlen, Fragestellungen der alten Abituraufgaben zur Übung auch mit dem GTR zu behandeln, soweit sie dies zulassen. Als Anregung wurden die Lösungen der ersten beiden Analysisaufgaben weitgehend nur mit dem GTR (Aufgabe 1) bzw. sowohl konventionell als auch mit dem GTR (Aufgabe 2) erstellt.

Allen Lesern und Leserinnen, die sich auf die Abiturprüfung vorbereiten, wünsche ich dabei viel Erfolg!

Dr. Raimund Ordowski

Stichwortverzeichnis

Das Stichwortverzeichnis ist gegliedert in die zwei Themenbereiche:

I. Analysis
II. Geometrie

und beinhalt jeweils die Stichworte zu diesen Bereichen. Das Stichwort bezieht sich auf die Aufgabenstellung oder Lösung einer Aufgabe.

Die beiden Sätze der Übungsaufgaben werden mit A und B bezeichnet. Es bedeutet z. B.

A 4	Satz A, Pflichtteil, Übungsaufgabe 4,
B I 1 a	Satz B, Wahlteil Analysis, Übungsaufgabe I 1, Teilaufgabe a).

Übungsaufgaben aus den alten Abiturprüfungen werden fortlaufend nummeriert. So bedeutet die folgende Angabe im Analysisteil des Stichworts

7 a/b	Anaylsis, Aufgabe 7, Teilaufgaben a) und b).

Bei den Abituraufgaben bedeutet z. B.

04 4	Jahrgang 2004, Pflichtteil, Aufgabe 4,
04 I 2.1 a	Jahrgang 2004, Wahlteil Analysis, Aufgabe I 2.1, Teilaufgabe a).

I. Analysis

II. Geometrie

Abiturprüfung Mathematik 2004 (Baden-Württemberg)
Pflichtteil

Aufgabe 1

Bilden Sie die Ableitung der Funktion f mit $f(x)=\frac{x^2}{x^2+3}$ und vereinfachen Sie f'(x). (2 VP)

Aufgabe 2

Geben Sie eine Stammfunktion der Funktion f mit $f(x)=\frac{1}{x^2}+\sin(2x)$ an. (2 VP)

Aufgabe 3

Lösen Sie die Gleichung $e^{4x}-11e^{2x}+18=0$. (3 VP)

Aufgabe 4

Gegeben ist die Funktion f mit $f(x)=\frac{2}{x}+2;\ x\neq 0$.
Das Schaubild von f hat im Punkt $P(1\,|\,v)$ die Tangente t.
Ermitteln Sie eine Gleichung von t.
Die Tangente t schneidet die x-Achse im Punkt S.
Bestimmen Sie die Koordinaten von S. (3 VP)

Aufgabe 5

Die Abbildung zeigt das Schaubild der Ableitungsfunktion f' einer Funktion f.
Welche der folgenden Aussagen über die Funktion f sind wahr, falsch oder unentscheidbar?
Begründen Sie Ihre Antworten.

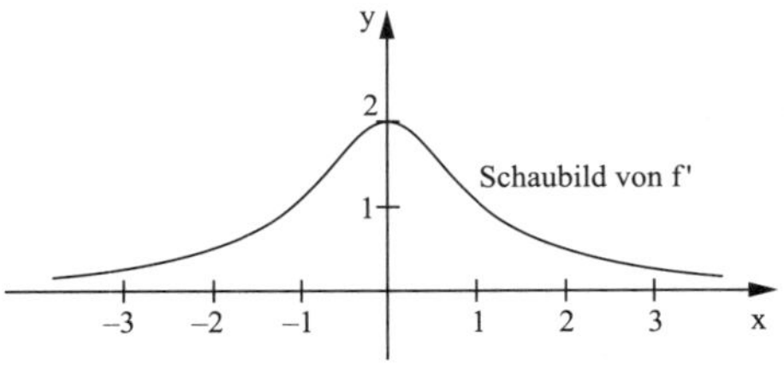

(1) f ist streng monoton wachsend für $-3<x<3$.
(2) Das Schaubild von f hat mindestens einen Wendepunkt.
(3) Das Schaubild von f ist symmetrisch zur y-Achse.
(4) Es gilt $f(x)>0$ für alle $x\in[-3;3]$. (6 VP)

Aufgabe 6

Gegeben sind die Gerade g und die Ebene E durch

$$g:\ \vec{x}=\begin{pmatrix}1\\1\\0\end{pmatrix}+t\cdot\begin{pmatrix}2\\-1\\2\end{pmatrix};\ t\in\mathbb{R}\quad \text{und}\quad E:\ 4x_1-2x_2+4x_3=11.$$

Prüfen Sie nach, ob der Punkt $A(3\,|\,0\,|\,2)$ auf der Geraden g liegt.
Zeigen Sie: Die Gerade g ist orthogonal zur Ebene E.
Bestimmen Sie die Koordinaten desjenigen Punktes der Ebene E, welcher vom Punkt A den kleinsten Abstand hat. (4 VP)

Aufgabe 7

Ermitteln Sie eine Koordinatengleichung der dargestellten Ebene.

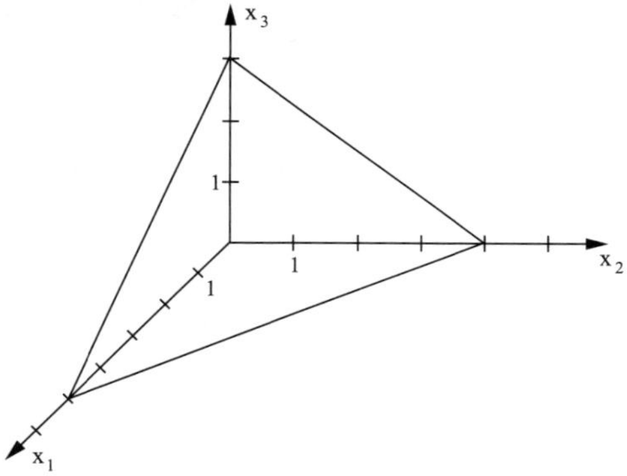

(3 VP)

Aufgabe 8

Gegeben sind im Raum eine Gerade g und ein Punkt A, der nicht auf g liegt.
Beschreiben Sie ein Verfahren zur Bestimmung des Abstandes von A zu g. (3 VP)

Lösung

Aufgabe 1

Die Ableitung der Funktion f mit $f(x) = \frac{x^2}{x^2+3}$ erhält man mithilfe der Quotientenregel:

$$\mathbf{f'(x)} = \frac{2x \cdot (x^2+3) - x^2 \cdot 2x}{(x^2+3)^2} = \frac{2x^3+6x-2x^3}{(x^2+3)^2} = \mathbf{\frac{6x}{(x^2+3)^2}}$$

Aufgabe 2

Eine Stammfunktion der Funktion f mit $f(x) = \frac{1}{x^2} + \sin(2x)$ ist etwa:

$$\mathbf{F(x) = -\frac{1}{x} - \frac{1}{2} \cdot \cos(2x)}$$

(Beachten Sie die lineare Substitution beim zweiten Summanden!)

Aufgabe 3

Bei der Gleichung

$$e^{4x} - 11e^{2x} + 18 = 0$$

führt die Substitution $u = e^{2x}$ auf eine quadratische Gleichung für u:

$$u^2 - 11u + 18 = 0;$$

$$u_{1,2} = \frac{11}{2} \pm \sqrt{\frac{121}{4} - 18} = \frac{11}{2} \pm \sqrt{\frac{121-72}{4}}$$

$$= \frac{11}{2} \pm \sqrt{\frac{49}{4}} = \frac{11}{2} \pm \frac{7}{2};$$

$$u_1 = 2, u_2 = 9.$$

Aus $u_1 = 2$ ergibt sich: $2 = e^{2x}$; $2x = \ln 2$; $x_1 = \frac{1}{2}\ln 2$.

Aus $u_2 = 9$ ergibt sich: $9 = e^{2x}$; $2x = \ln 9$; $x_2 = \frac{1}{2}\ln 9 = \ln 3$.

Die Gleichung $e^{4x} - 11e^{2x} + 18 = 0$ hat die Lösungsmenge $L = \left\{\frac{1}{2}\ln 2; \ln 3\right\}$.

Aufgabe 4

Gegeben ist die Funktion f mit $f(x) = \frac{2}{x} + 2$; $x \neq 0$.

Der Punkt $P(1 \mid v)$ liegt auf dem Schaubild, d. h. es ist $v = f(1) = 4$.

Für die Ableitung von f gilt:

$$f'(x) = -\frac{2}{x^2}.$$

Tangente t im Punkt $P(1 \mid 4)$:

$$t: y = f'(1) \cdot (x-1) + f(1) = -2 \cdot (x-1) + 4 = -2x + 6.$$

Schnittpunkt S von t mit der x-Achse:

$$0 = -2x + 6; \quad x = 3; \quad S(3 \mid 0).$$

Die Tangente t im Punkt P hat die Gleichung y = –2x + 6. Sie schneidet die x-Achse im Punkt S(3 | 0).

Aufgabe 5

(1) *f ist streng monoton wachsend für $-3 < x < 3$.*
Die Aussage ist **wahr**, denn es gilt $f'(x) > 0$ für $-3 < x < 3$.

(2) *Das Schaubild von f hat mindestens einen Wendepunkt.*
Die Aussage ist **wahr**, denn f' hat ein lokales Maximum an der Stelle x = 0 und somit f dort eine Wendestelle.

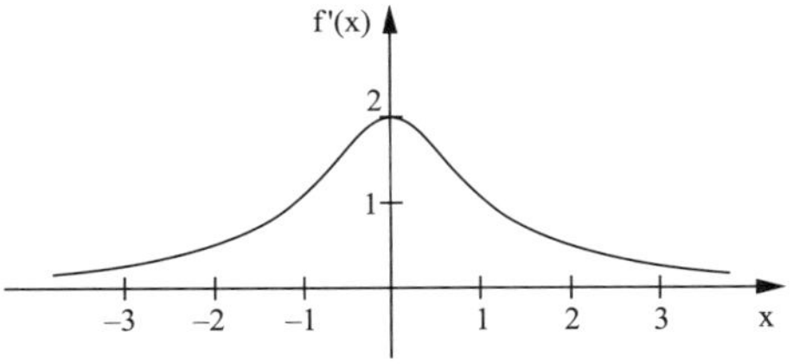

Oder:
Die Aussage ist **wahr**. Da f' für $-3 < x < 0$ streng monoton wächst, für $0 < x < 3$ streng monoton fällt, ist $x = 0$ eine Wendestelle von f.

(3) *Das Schaubild von f ist symmetrisch zur y-Achse.*
Die Aussage ist **falsch**, denn nach (1) ist f für $-3 < x < 3$ streng monoton wachsend.

(4) *Es gilt $f(x) > 0$ für alle $x \in [-3; 3]$.*
Die Aussage ist **unentscheidbar**, denn f ist als Stammfunktion von f' auf dem Intervall [−3; 3] nur bis auf einen konstanten Summanden bestimmt. D. h. ist h irgendeine Stammfunktion von f', so lässt sich f durch f(x) = h(x) + c darstellen, wobei für c jeder Wert möglich wäre. Über die Vorzeichenverteilung von f lässt sich daher nichts aussagen.

Aufgabe 6

Gegeben sind die Gerade g: $\vec{x} = \begin{pmatrix} 1 \\ 1 \\ 0 \end{pmatrix} + t \cdot \begin{pmatrix} 2 \\ -1 \\ 2 \end{pmatrix}$, $t \in \mathbb{R}$ und die Ebene E: $4x_1 - 2x_2 + 4x_3 = 11$.

Überprüfung, ob der Punkt A(3 | 0 | 2) auf g liegt:

$$\begin{pmatrix} 3 \\ 0 \\ 2 \end{pmatrix} = \begin{pmatrix} 1 \\ 1 \\ 0 \end{pmatrix} + t \cdot \begin{pmatrix} 2 \\ -1 \\ 2 \end{pmatrix}; \quad \left| \begin{array}{l} 3 = 1 + 2t \\ 0 = 1 \;\; - t \\ 2 = \;\;\;\;\; 2t \end{array} \right|;$$ alle drei Gleichungen liefern die Lösung t = 1.

Der Punkt A liegt (für t = 1) auf der Geraden g.

Orthogonalität von g und E:

Für den Normalenvektor $\vec{n} = \begin{pmatrix} 4 \\ -2 \\ 4 \end{pmatrix}$ der Ebene E und den Richtungsvektor $\vec{u} = \begin{pmatrix} 2 \\ -1 \\ 2 \end{pmatrix}$ der Geraden g gilt:

$$\vec{n} = 2 \cdot \vec{u}.$$

Die beiden Vektoren sind daher linear abhängig und **g somit orthogonal zu E.**

Punkt P der Ebene E mit kleinstem Abstand zu A:
Da der Punkt A auf g liegt und g orthogonal zu E ist, ist der gesuchte Punkt P der Schnittpunkt von g mit E:

$$\begin{aligned} 4 \cdot (1 + 2t) - 2 \cdot (1 - t) + 4 \cdot (2t) &= 11; \\ 18t + 2 &= 11; \\ 18t &= 9; \\ t &= \frac{1}{2}; \\ P\left(2 \,\middle|\, \frac{1}{2} \,\middle|\, 1\right). \end{aligned}$$

Der Punkt $P\left(2 \,\middle|\, \frac{1}{2} \,\middle|\, 1\right)$ auf E hat von A den kleinsten Abstand.

Aufgabe 7

Aus der Figur liest man die Schnittpunkte der dargestellten Ebene E mit den Koordinatenachsen ab:

$S_1(5|0|0)$; $S_2(0|4|0)$;

$S_3(0|0|3)$.

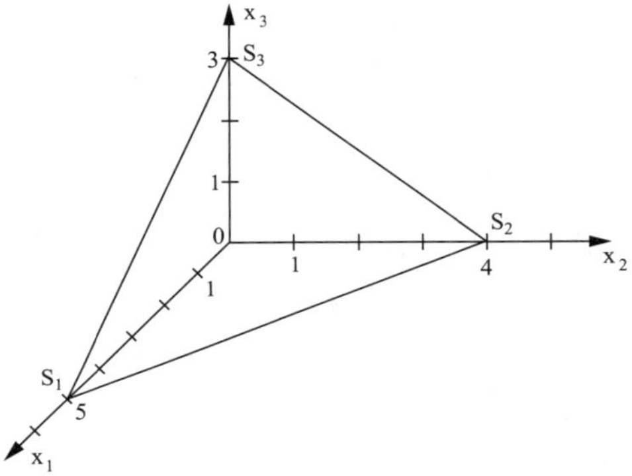

Koordinatengleichung von E:

Lösungsmöglichkeit 1:
Eine Koordinatengleichung von E hat die Form:

$$ax_1 + bx_2 + cx_3 = d \quad (*),$$

wobei hier $d \neq 0$ gilt, da der Ursprung O nicht in E liegt.

Die Koordinaten der Schnittpunkte von E mit den Achsen müssen jeweils die Gleichung (*) erfüllen.

Aus $S_1 \in E$ folgt: $5a = d$; $a = \frac{d}{5}$.

Aus $S_2 \in E$ folgt: $4b = d$; $b = \frac{d}{4}$.

Aus $S_3 \in E$ folgt: $3c = d$; $c = \frac{d}{3}$.

Somit ergibt sich

$$E: \frac{d}{5}x_1 + \frac{d}{4}x_2 + \frac{d}{3}x_3 = d.$$

Da eine Koordinatengleichung nur bis auf einen konstanten Faktor $\neq 0$ bestimmt ist, kann etwa d = 60 gewählt werden und die Gleichung der Ebene erhält die Form:

$$\mathbf{E: 12x_1 + 15x_2 + 20x_3 = 60.}$$

Lösungsmöglichkeit 2:
Man „weiß", dass eine Ebene, die nicht durch den Ursprung O geht und nicht parallel zu einer Koordinatenachse ist, eine Koordinatengleichung der Form:

$$\frac{x_1}{a} + \frac{x_2}{b} + \frac{x_3}{c} = 1$$

besitzt, wobei $(a|0|0)$, $(0|b|0)$ und $(0|0|c)$ die Schnittpunkte mit den Koordinatenachsen sind. Ein Vergleich mit den Schnittpunkten S_1, S_2 und S_3 liefert dann sofort:

$$E: \frac{x_1}{5} + \frac{x_2}{4} + \frac{x_3}{3} = 1 \quad \text{bzw.} \quad \mathbf{E: 12x_1 + 15x_2 + 20x_3 = 60}$$

Lösungsmöglichkeit 3:
Man bestimmt zunächst eine Vektorgleichung der Ebene E:

$$E: \vec{x} = \overrightarrow{OS_1} + s \cdot \overrightarrow{S_1S_2} + t \cdot \overrightarrow{S_1S_3} = \begin{pmatrix} 5 \\ 0 \\ 0 \end{pmatrix} + s \cdot \begin{pmatrix} -5 \\ 4 \\ 0 \end{pmatrix} + t \cdot \begin{pmatrix} -5 \\ 0 \\ 3 \end{pmatrix}.$$

Für einen Normalenvektor $\vec{n} = \begin{pmatrix} n_1 \\ n_2 \\ n_3 \end{pmatrix}$ von E gilt:

$$\vec{n} \cdot \begin{pmatrix} -5 \\ 4 \\ 0 \end{pmatrix} = 0\,; \quad \vec{n} \cdot \begin{pmatrix} -5 \\ 0 \\ 3 \end{pmatrix} = 0; \quad \left| \begin{array}{l} -5n_1 + 4n_2 \qquad = 0 \\ -5n_1 + \qquad + 3n_3 = 0 \end{array} \right|.$$

Eine Lösung des LGS ist: $n_3 = 20$; $n_1 = 12$; $n_2 = 15$.

Mit dem Ansatz $12x_1 + 15x_2 + 20x_3 = a$ und durch Einsetzen der Koordinaten von $S_1(5\,|\,0\,|\,0) \in E$ erhält man schließlich:

E: $\mathbf{12x_1 + 15x_2 + 20x_3 = 60}$

Aufgabe 8

Gegeben ist eine Gerade g im Raum und ein Punkt A, der nicht auf g liegt.

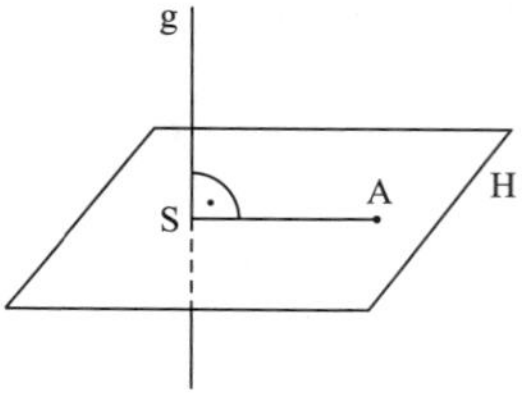

Ein Verfahren zur Bestimmung des Abstandes von A zu g ist das folgende:

- Man bestimmt eine Hilfsebene H, die orthogonal zu g ist und den Punkt A enthält.
- Dann berechnet man den Schnittpunkt S der Ebene H mit der Geraden g.
- Der Abstand des Punktes A zu g ist gleich dem Betrag des Vektors $\overrightarrow{AS}$.

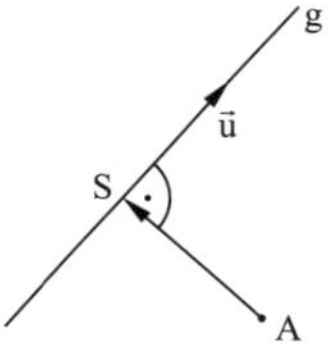

Ein weiteres Verfahren ist:

- Man bestimmt auf der Geraden g denjenigen Punkt S, für den der Vektor $\overrightarrow{AS}$ orthogonal zum Richtungsvektor $\vec{u}$ der Geraden ist, aus der Bedingung $\vec{u} \cdot \overrightarrow{AS} = 0$.
- Der Abstand des Punktes A zu g ist gleich dem Betrag des Vektors $\overrightarrow{AS}$.

Abiturprüfung Mathematik 2004 (Baden-Württemberg)
Wahlteil: Analysis I 1

Gegeben ist eine Funktion f durch

$$f(x)=\frac{x^2-36}{x^2+16};\quad x\in\mathbb{R}.$$

Ihr Schaubild sei K

a) Zeichnen Sie K.
Untersuchen Sie das Verhalten von K für $|x|\to\infty$.
Weisen Sie nach, dass K genau zwei Wendepunkte besitzt. (7 VP)

Nun stellt K für $-6\le x\le 6$ den Querschnitt eines 500 m langen Kanals dar (x in Meter, f(x) in Meter).
Die sich anschließende Landfläche liegt auf der Höhe $y=0$.
Der Pegelstand wird in Bezug auf den tiefsten Punkt des Kanals gemessen und beträgt maximal 2,25 m.

b) Wie viele Kubikmeter Wasser sind in dem Kanal, wenn er ganz gefüllt ist?
Zu wie viel Prozent ist der Kanal bei einem Pegelstand von 1,00 m gefüllt? (5 VP)

c) An Land steht eine Person.
In welcher Entfernung vom Kanalrand darf sie höchstens stehen, damit sie bei leerem Kanal die tiefste Stelle des Kanals sehen kann (Augenhöhe 1,50 m)? (6 VP)

Lösung

a) Gegeben ist die Funktion f durch $f(x) = \frac{x^2 - 36}{x^2 + 16}$; $x \in \mathbb{R}$.
Ihr Schaubild ist die Kurve K.

Schaubild K von f:
Mithilfe des GTR erstellt man eine Wertetabelle für f für einen aussagekräftigen Bereich auf der x-Achse. (z. B. für $-7 \le x \le 7$)

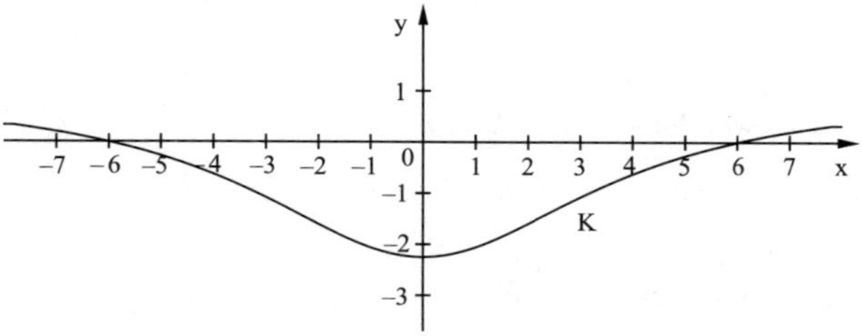

Verhalten für $|x| \to \infty$:
Da in dem Bruchterm der Zählergrad gleich dem Nennergrad ist, gilt:

$$\lim_{|x| \to \infty} \frac{x^2 - 36}{x^2 + 16} = 1.$$

Die Gerade y = 1 ist waagrechte Asymptote für $|x| \to \infty$.

Wendepunkte von f:
Zu zeigen ist, dass K **genau** zwei Wendepunkte hat. Der Nachweis lässt sich daher nicht mit dem GTR allein führen.

Ableitungen von f:

$$f'(x) = \frac{2x \cdot (x^2 + 16) - (x^2 - 36) \cdot 2x}{(x^2 + 16)^2}$$

$$= \frac{2x^3 + 32x - 2x^3 + 72x}{(x^2 + 16)^2}$$

$$= \frac{104x}{(x^2 + 16)^2};$$

$$f''(x) = \frac{104 \cdot (x^2 + 16)^2 - 104x \cdot 2(x^2 + 16) \cdot 2x}{(x^2 + 16)^4}$$

$$= \frac{104 \cdot (x^2 + 16) - 104 \cdot 4x^2}{(x^2 + 16)^3}$$

$$= \frac{104 \cdot (x^2 + 16 - 4x^2)}{(x^2 + 16)^3}$$

$$= \frac{104 \cdot (16 - 3x^2)}{(x^2 + 16)^3}.$$

$f''(x) = 0$ führt auf eine quadratische Gleichung mit genau zwei Lösungen:

$$16 - 3x^2 = 0;$$
$$3x^2 = 16;$$
$$x^2 = \frac{16}{3};$$
$$x_{1,2} = \pm\sqrt{\frac{16}{3}};$$
$$x_1 = -\frac{4}{\sqrt{3}}, \quad x_2 = \frac{4}{\sqrt{3}}.$$

Das Vorzeichen von f'' wird nur durch den Term $16 - 3x^2$ bestimmt. Da die quadratische Funktion g mit $g(x) = 16 - 3x^2$ an ihren Nullstelle x_1 und x_2 jeweils das Vorzeichen wechselt, gilt dies daher auch für f''.

Somit hat die Kurve K genau zwei Wendepunkte.

b) Die Kurve K stellt nun für $-6 \le x \le 6$ den Querschnitt eines 500 m langen (geradlinigen) Kanals dar. (–6 und 6 sind die Nullstellen von f.) Um das Volumen des ganz gefüllten Kanals zu bestimmen, berechnet man zunächst den Inhalt der Querschnittsfläche und multipliziert ihn mit der Kanallänge.

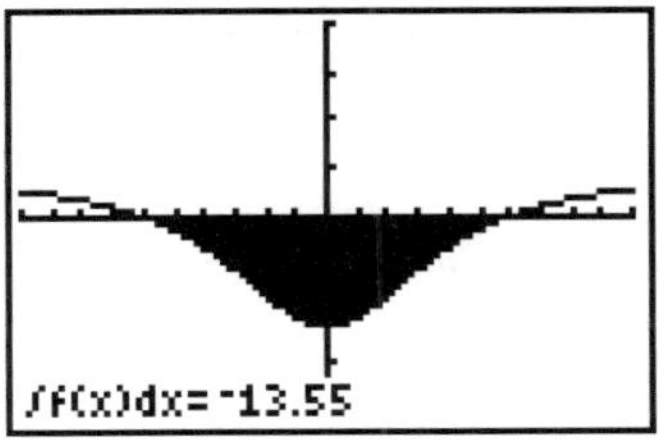

Inhalt der Querschnittsfläche:

$$A_1 = \left| \int_{-6}^{6} f(x)\,dx \right| \overset{\text{GTR}}{\approx} 13{,}55.$$

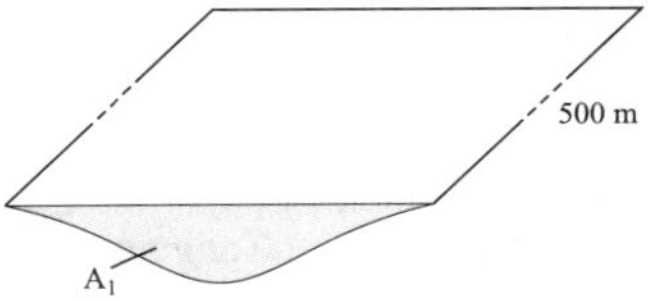

Volumen des Kanals:

$$V_1 = A_1 \cdot 500 \approx 6776.$$

In dem Kanal sind rund 6 780 m³ Wasser, wenn er ganz gefüllt ist.

Kanal bei einem Pegelstand von 1,00 m:
Der Pegelstand wird in Bezug auf den tiefsten Punkt T(0 | –2,25) des Kanals gemessen. Da die anschließende Landfläche auf der Höhe y = 0 liegt, kann er maximal 2,25 m betragen.

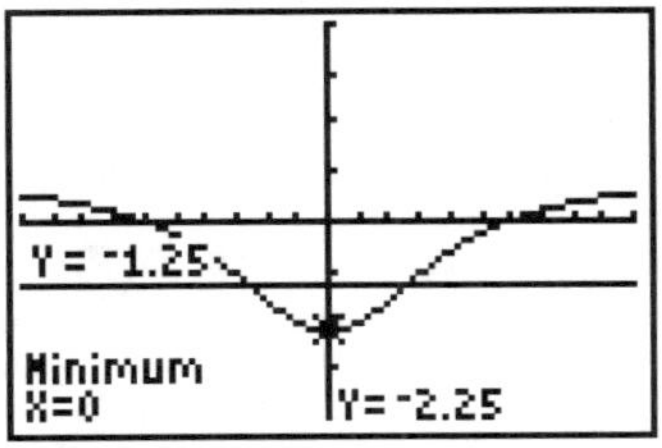

Bei einem Pegelstand von 1,00 m liegt die Wasseroberfläche 1,25 m tiefer als die Landfläche. Um jetzt das Volumen des Wassers im Kanal zu bestimmen, muss man den Inhalt der Querschnittsfläche berechnen, die von K und der Geraden y = –1,25 begrenzt wird.

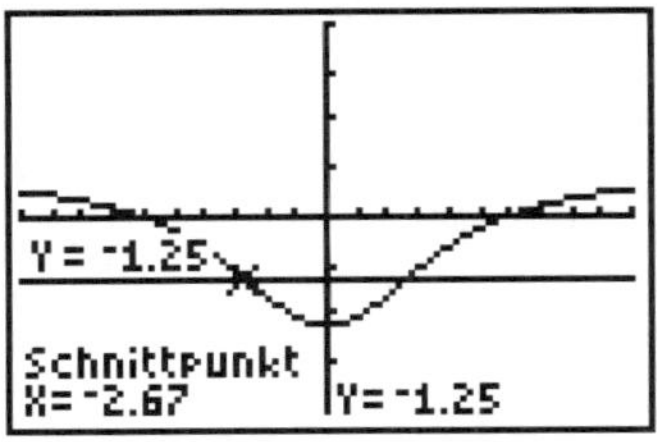

Schnittstellen von K mit der Geraden y = –1,25:

$$f(x) = -1{,}25;$$

$$\text{GTR: } x_1 = -\frac{8}{3} \approx -2{,}67, \quad x_2 = \frac{8}{3} \approx 2{,}67.$$

Querschnittsfläche:

$$A_2 = \int_{-\frac{8}{3}}^{\frac{8}{3}} (-1{,}25 - f(x))\,dx \overset{\text{GTR}}{\approx} 3{,}29.$$

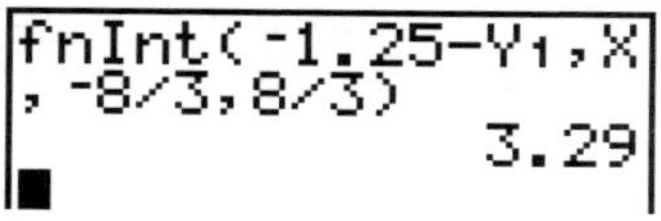

Da nur gefragt war, zu wie viel Prozent der Kanal jetzt gefüllt ist, genügt es, die Querschnittsflächen A_2 und A_1 zu vergleichen, da sich die Länge des Kanals nicht ändert:

$$p = \frac{3{,}29}{13{,}55} \approx 0{,}243 = 24{,}3\,\%.$$

Bei einem Pegelstand von 1,00 m ist der Kanal ungefähr zu 24 % gefüllt.

c) Wegen der Symmetrie der Figur genügt es, den Standort der Person für $x > 0$ zu betrachten. Steht sie in der größtmöglichen Entfernung vom Kanalrand, bei der man den tiefsten Punkt $T(0\,|\,-2{,}25)$ gerade noch sehen kann, so verläuft der „Sehstrahl" PT (P in Augenhöhe 1,5 m) tangential zur Kurve K.

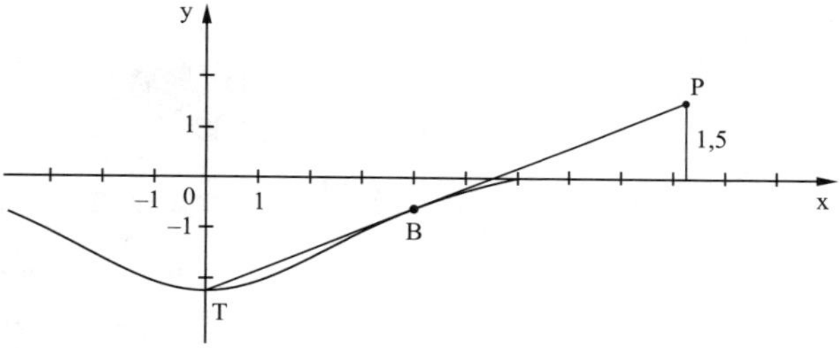

Zu bestimmen ist daher die entsprechende Tangente t an K vom Punkt T aus. P ist dann der Punkt auf der Tangente t mit dem y-Wert 1,5.

Die Tangente t an K in einem Punkt $B(u\,|\,f(u))$ mit $u > 0$ hat die Gleichung:

$$y = f'(u)\,(x-u) + f(u) = \frac{104 \cdot u}{(u^2+16)^2}\,(x-u) + \frac{u^2-36}{u^2+16} \qquad (*)$$

Der Punkt $T(0\,|\,-2{,}25)$ liegt auf der Tangente, wenn gilt:

$$-2{,}25 = \frac{104 \cdot u}{(u^2+16)^2}\,(0-u) + \frac{u^2-36}{u^2+16}$$
$$= \underbrace{\frac{-104 \cdot u^2}{(u^2+16)^2} + \frac{u^2-36}{u^2+16}}_{h(u)}.$$

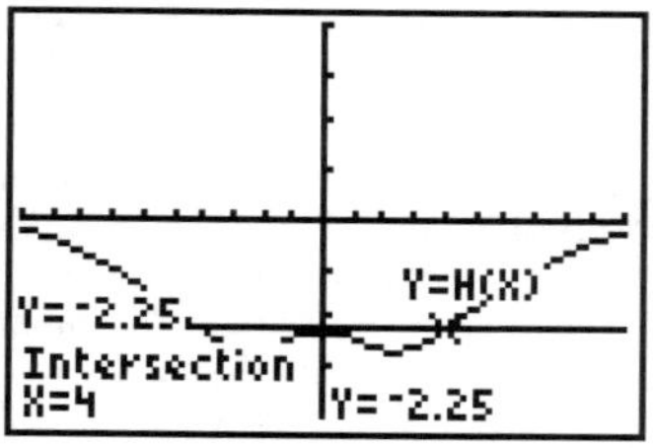

Diese Gleichung kann man mithilfe des GTR lösen, indem man die Kurve mit Gleichung $y = h(u)$ und die Gerade $y = -2{,}25$ schneidet. Man erhält die positive Lösung:

$u = 4.$

Die Tangentengleichung kann nun durch Einsetzen von u = 4 in Gleichung (*) oder ebenfalls mit dem GTR bestimmt werden:

$$t: y = 0{,}4063x - 2{,}25.$$

Zu berechnen ist nun noch der Punkt P auf der Tangente t mit dem y-Wert 1,5:

$$0{,}4063x - 2{,}25 = 1{,}5; \quad x \approx 9{,}23.$$

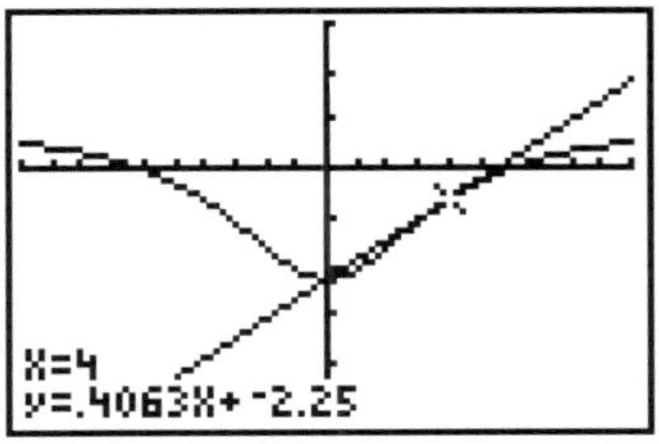

Da der Kanalrand bei x = 6 liegt, ergibt sich schließlich:

Die Person darf höchstens etwa 9,23 m – 6 m = 3,23 m vom Kanalrand entfernt stehen, um bei leerem Kanal die tiefste Stelle des Kanals sehen zu können.

Anmerkung:
Die Berechnung der Abszisse u > 0 des Berührpunktes B ohne GTR ist etwas aufwändiger, aber machbar:

$$-\frac{9}{4} = \frac{-104 \cdot u^2}{(u^2+16)^2} + \frac{u^2-36}{u^2+16} \qquad | \cdot (u^2+16)^2$$

$$-\frac{9}{4} \cdot (u^2+16)^2 = -104 \cdot u^2 + (u^2-36)(u^2+16)$$

$$-\frac{9}{4}u^4 - 72u^2 - 576 = -104u^2 + u^4 - 20u^2 - 576$$

$$-\frac{13}{4}u^4 + 52u^2 = 0$$

$$u^4 - 16u^2 = 0$$

$$u^2 \cdot (u^2 - 16) = 0$$

$$(u_1 = 0\,,\, u_2 = -4)\,,\, u_3 = 4.$$

Abiturprüfung Mathematik 2004 (Baden-Württemberg)
Wahlteil: Analysis I 2

Aufgabe I 2.1

Die Geschwindigkeit eines Schwimmers schwankt periodisch um einen Wert. Messungen beim Training haben gezeigt, dass sich die Bewegung näherungsweise durch die Geschwindigkeit-Zeit-Funktion v mit

$$v(t) = 0{,}4 \sin(12t) + 1{,}5$$

beschreiben lässt (Zeit t in s, Geschwindigkeit v(t) in m/s).
Bestimmen Sie die Periodendauer.
Zwischen welchen Werten schwankt die Geschwindigkeit des Schwimmers?
Skizzieren Sie ein Schaubild von v.
Zu welchen Zeitpunkten nimmt die Geschwindigkeit am stärksten ab?
Welchen Weg legt der Schwimmer innerhalb von 50 Perioden zurück? (6 VP)

Aufgabe I 2.2

Eine Firma stellt aus Holzbrettern der Länge ℓ und der Breite b oben offene Blumentröge mit trapezförmigem Querschnitt her (siehe Abb.).

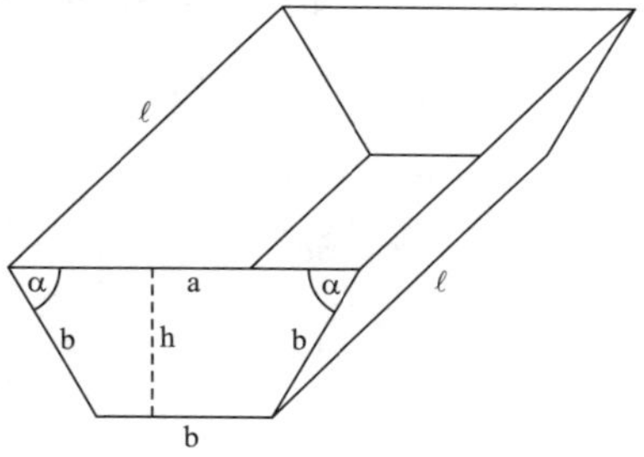

a) Wählen Sie einen sinnvollen Definitionsbereich für den Neigungswinkel α.
Drücken Sie die Höhe h und die obere Breite a des Blumentrogs in Abhängigkeit vom Neigungswinkel α aus.
Weisen Sie damit nach, dass sich der Flächeninhalt der Querschnittsfläche durch die Funktion A mit

$$A(\alpha) = b^2 \cdot (1 + \cos\alpha) \cdot \sin\alpha$$

darstellen lässt. (5 VP)

b) Die Breite b der Bretter beträgt nun 0,5 m.
Für $\ell = b \cdot (1 + 2\cos\alpha)$ ist die Pflanzfläche eines vollständig gefüllten Troges quadratisch.
Für welches α hat ein derartiger Trog maximales Volumen?
Wie groß ist dieses Volumen?
Für welche Werte von α benötigt man zum vollständigen Befüllen eines Troges mit quadratischer Pflanzfläche mindestens vier Säcke Blumenerde von je 80 Liter Inhalt? (7 VP)

Lösung

Aufgabe I 2.1

Die Geschwindigkeit des Schwimmers wird näherungsweise durch die Funktion v mit

$$v(t) = 0{,}4 \cdot \sin(12 \cdot t) + 1{,}5 \quad (t \text{ in s, } v(t) \text{ in m/s})$$

beschrieben.

Die Periodendauer (in s) beträgt

$$\mathbf{T = \frac{2\pi}{12} = \frac{\pi}{6} \approx 0{,}52.}$$

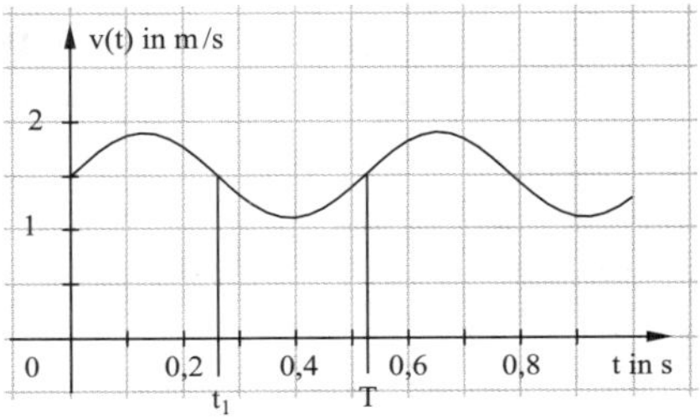

Wertebereich von v:
Da die Sinusfunktion die Wertemenge [–1; 1] hat, ist die größte Geschwindigkeit (in m/s):

$$v_{max} = 0{,}4 \cdot 1 + 1{,}5 = 1{,}9.$$

Die kleinste Geschwindigkeit beträgt:

$$v_{min} = 0{,}4 \cdot (-1) + 1{,}5 = 1{,}1.$$

(Alternative: Man bestimmt mit dem GTR die Extremwerte der Geschwindigkeitsfunktion.)

Die Geschwindigkeit des Schwimmers schwankt zwischen $1{,}1\,\frac{m}{s}$ und $1{,}9\,\frac{m}{s}$.

Die Skizze des Schaubildes von v kann man mithilfe des GTR entwickeln.

Zeitpunkte, an denen die Geschwindigkeit am stärksten abnimmt:
Die Änderung der Geschwindigkeit v wird durch ihre Ableitung v' beschrieben. Eine Abnahme der Geschwindigkeit liegt vor, wenn $v'(t) < 0$ ist.
Die größte Abnahme, d. h. die kleinste negative Tangentensteigung erhält man bei dieser Sinusfunktion an den Wendestellen mit negativer Steigung. Zum ersten Mal (siehe Zeichnung) ist dies der Fall zum Zeitpunkt (in s):

$$t_1 = \frac{1}{2}T = \frac{1}{12}\pi$$

und dann nach jeder weiteren Periodendauer (jeweils in s):

$$t_2 = t_1 + T = \frac{3}{2}T = \frac{3}{12}\pi; \quad t_3 = \frac{5}{2}T = \frac{5}{12}\pi;$$

$$t_4 = \frac{7}{2}T = \frac{7}{12}\pi; \quad t_5 = \frac{9}{2}T = \frac{9}{12}\pi; \quad \ldots \text{usw.}$$

Andere Lösungsmöglichkeit:
Die negativen Minima der Ableitungsfunktion v' lassen sich mit dem GTR bestimmen. Die erste derartige Stelle (in s) ist:

$$t_1 = 0{,}26.$$

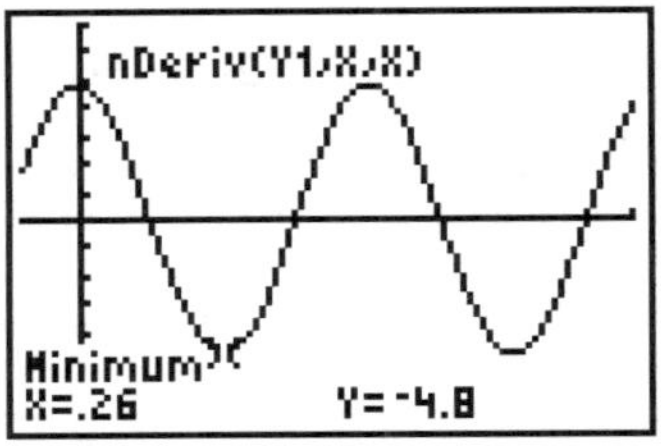

Wie oben ergeben sich dann die weiteren Zeitpunkte durch Addition von Vielfachen der Periodendauer T = 0,52 s.

Ungefähr zu den Zeitpunkten 0,26 s, 0,78 s, 1,30 s, 1,82 s, … usw. nimmt die Geschwindigkeit am stärksten ab.

Weg nach 50 Periodendauern:
Die Geschwindigkeit v beschreibt die „momentane Änderungsrate“ des zurückgelegten Weges. Der gesuchte Weg ergibt sich daher aus:

$$s = \int_0^{50 \cdot T} v(t)\,dt = \int_0^{\frac{25}{3}\pi} (0{,}4 \cdot \sin(12 \cdot t) + 1{,}5)\,dt \overset{\text{GTR}}{\approx} 39{,}27.$$

```
fnInt(.4sin(12X)
+1.5,X,0,25/3π)
           39.270
```

Der Schwimmer legt innerhalb von 50 Perioden rund 39,3 m zurück.

Aufgabe I 2.2

a) **Definitionsmenge für α:**
Geht man davon aus, dass Blumentröge oben breiter als unten sind, so ist

$$\mathbf{D =]0^o ; 90^o[}$$

ein möglicher Definitionsbereich für den Neigungswinkel α.

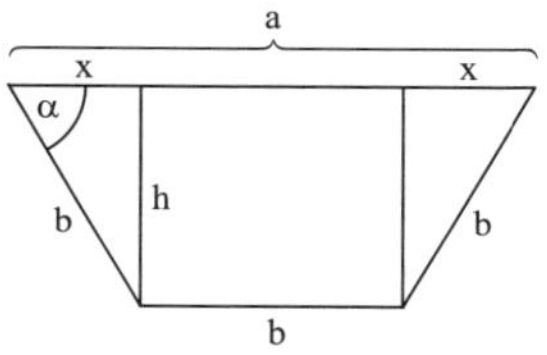

Die Breite b und die Länge ℓ der Bretter, aus denen der Trog besteht, sind vorgegeben. Die Querschnittsfläche des Blumentrogs ist ein gleichschenkliges Trapez mit den Grundseiten a und b und der Höhe h.

Höhe h und obere Kante a in Abhängigkeit von α (und b):
Es gilt zunächst:

$$\sin\alpha = \frac{h}{b}; \quad \mathbf{h = b \cdot \sin\alpha}.$$

Für die Strecke x in der Figur erhält man:

$$2x + b = a; \quad x = \frac{a-b}{2}.$$

Damit folgt:

$$\cos\alpha = \frac{x}{b} = \frac{\frac{a-b}{2}}{b};$$

$$\frac{a-b}{2} = b \cdot \cos\alpha;$$

$$a - b = 2 \cdot b \cdot \cos\alpha;$$

$$\mathbf{a = b + 2b \cdot \cos\alpha}.$$

Flächeninhalt der Querschnittsfläche:
Nach der Inhaltsformel für Trapeze ergibt sich mit den oben gefundenen Ergebnissen:

$$\mathbf{A(\alpha)} = \frac{1}{2}(a+b) \cdot h = \frac{1}{2}(b + 2b \cdot \cos\alpha + b) \cdot b \cdot \sin\alpha$$

$$= \frac{1}{2}(2b + 2b\cos\alpha) \cdot b \cdot \sin\alpha = \frac{1}{2} \cdot 2b \cdot (1 + \cos\alpha) \cdot b \cdot \sin\alpha$$

$$= \mathbf{b^2 \cdot (1 + \cos\alpha) \cdot \sin\alpha}$$

b) Die Breite der Bretter ist nun b = 0,5 m. Gilt für die Länge der Bretter

$$\ell = b \cdot (1 + 2\cos\alpha) = a$$

(vgl. Teilaufgabe a)), so ist die obere Fläche eines vollständig gefüllten Troges, d. h. die *Pflanzfläche*, quadratisch.

Maximales Volumen eines Troges mit quadratischer Pflanzfläche:
Für das Volumen eines solchen Troges erhält man mit den Ergebnissen von Teilaufgabe a) in Abhängigkeit von α:

$$\begin{aligned} V(\alpha) &= A(\alpha) \cdot \ell(\alpha) \\ &= [b^2 (1 + \cos\alpha) \cdot \sin\alpha] \cdot [b \cdot (1 + 2\cos\alpha)] \\ &= b^3 \cdot (1 + \cos\alpha) \cdot \sin\alpha \cdot (1 + 2\cos\alpha) \\ &\overset{b=0{,}5}{=} 0{,}125 \cdot (1 + \cos\alpha) \cdot \sin\alpha \cdot (1 + 2 \cdot \cos\alpha) \end{aligned}$$

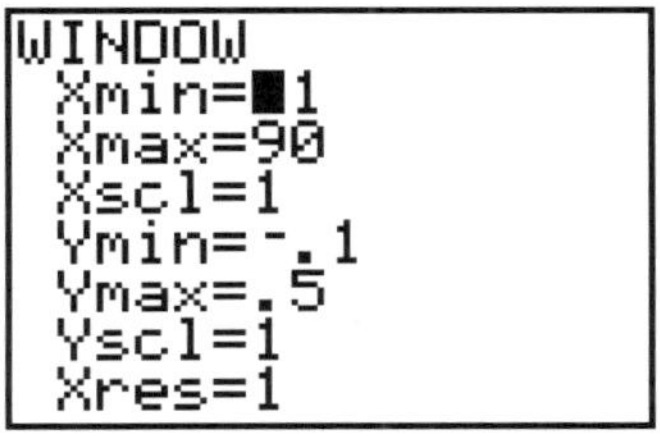

Mit dem GTR erhält man das globale Maximum der Volumenfunktion V im Intervall]0°; 90°[(*Achtung*! Eingabe von α im *Gradmaß*. Geeignetes Fenster wählen!):

$$V_{max} = V(45^\circ) = 0{,}364.$$

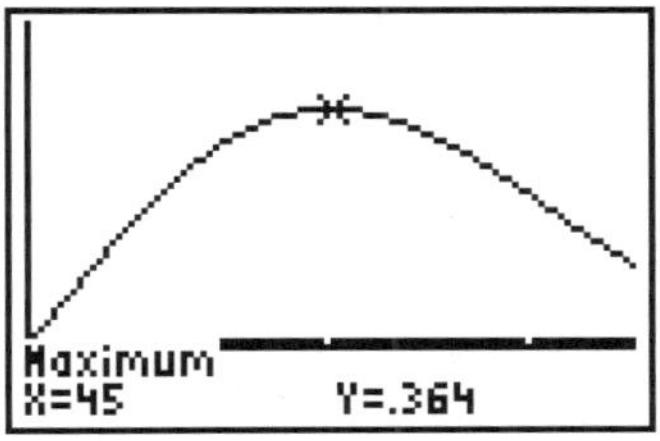

Für α = 45° hat der Trog mit quadratischer Planzfläche ein maximales Volumen von 0,364 m³.

Werte von α, bei denen der vollständig gefüllte Trog mindestens vier mal 80 Liter enthält:
Das Problem etwas umformuliert: Für welche Werte von α ist das Volumen $V(\alpha)$ größer als:

$$4 \cdot 80\,\ell = 320\,\ell = 0{,}32\ m^3\,?$$

Man bestimmt zunächst die α-Werte, bei denen $V(\alpha)$ den Wert 0,32 m³ hat, indem man mit dem GTR die Schnittstellen der Geraden y = 0,32 mit dem Schaubild von V berechnet:

$$\alpha_1 = 30{,}226^\circ; \quad \alpha_2 = 60{,}947^\circ$$

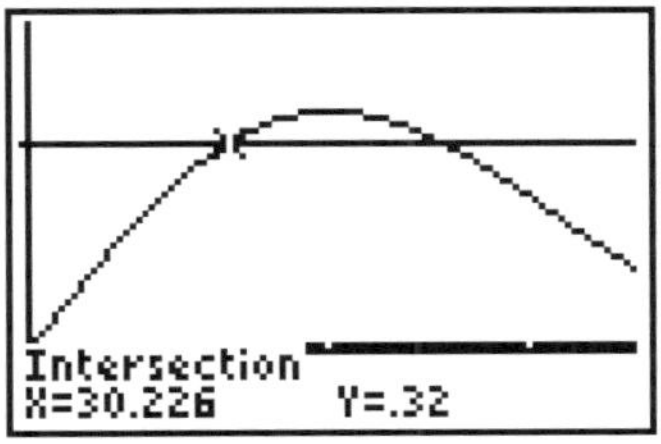

Für alle Winkel zwischen diesen beiden Werten verläuft das Schaubild oberhalb der Geraden. Somit ergibt sich schließlich:

Zum vollständigen Befüllen eines Troges mit quadratischer Pflanzfläche benötigt man dann mindestens vier Säcke Blumenerde von je 80 Litern Inhalt, wenn der Neigungswinkel α ungefähr zwischen 30,2° und 60,9° liegt.

Abiturprüfung Mathematik 2004 (Baden-Württemberg)
Wahlteil: Analysis I 3

Aufgabe I 3.1

Für jedes $k > 0$ ist eine Funktion f_k gegeben durch

$$f_k(x) = \frac{3ke^x}{e^{2x} + k}; \; x \in \mathbb{R}.$$

Ihr Schaubild sei C_k.

a) Skizzieren Sie für drei selbst gewählte Werte von k die Schaubilder C_k in ein gemeinsames Koordinatensystem.
Untersuchen Sie das Verhalten von f_k für $x \to \pm\infty$.
Stellen Sie gemeinsame Eigenschaften der skizzierten Schaubilder zusammen. (5 VP)

b) Jedes Schaubild C_k hat genau einen Hochpunkt.
Berechnen Sie dessen Koordinaten.
Bestimmen Sie eine Gleichung der Ortskurve der Hochpunkte aller C_k.
Ergänzen Sie die Skizze aus Teilaufgabe a) um diese Ortskurve. (6 VP)

c) Der Term $f_4(x)$ beschreibt für $x \geq 0$ die Zuwachsrate der von einer Bakterienkultur bedeckten Fläche zum Zeitpunkt x (x in min ab Beobachtungsbeginn, $f_4(x)$ in cm^2/min).
Um wie viele Quadratzentimeter vergrößert sich die von der Kultur bedeckte Fläche in den ersten 2 Minuten? (3 VP)

Aufgabe I 3.2

Die Ableitung der Funktion h_1 mit $h_1(x) = \frac{1}{x}; \; x \neq 0$ und die Produktregel werden als bekannt vorausgesetzt.
Beweisen Sie mittels vollständiger Induktion, dass für alle natürlichen Zahlen $n \geq 1$ die Funktion h_n mit

$$h_n(x) = \frac{1}{x^n}; \; x \neq 0$$

die Ableitung

$$h_n'(x) = -\frac{n}{x^{n+1}}$$

hat. (4 VP)

Lösung

Aufgabe I 3.1

a) Für jedes $k > 0$ ist die Funktion f_k gegeben durch $f_k(x) = \frac{3ke^x}{e^{2x} + k}$; $x \in \mathbb{R}$.
Ihr Schaubild ist die Kurve C_k.

Schaubilder:
Mithilfe des GTR erhält man z. B. die Skizzen der Kurven $C_{0,5}$, C_1 und C_3.

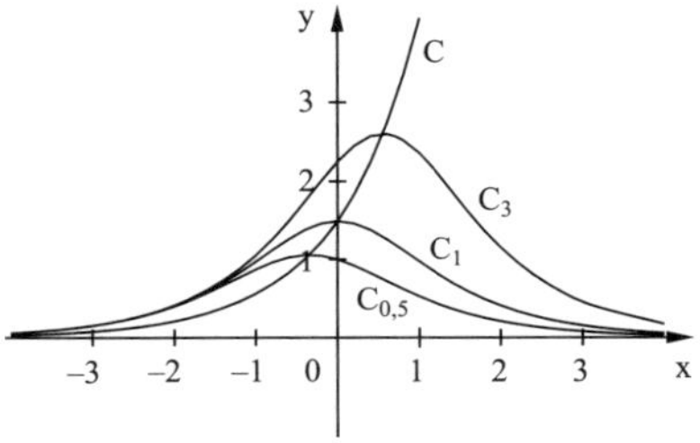

Verhalten von f_k für $x \to \pm\infty$:

Für $x \to -\infty$ gilt $e^x \to 0$ und $e^{2x} \to 0$,

also: $\lim\limits_{x \to -\infty} f_k(x) = \lim\limits_{x \to -\infty} \frac{3ke^x}{e^{2x} + k} = \frac{0}{k} = 0.$

Für $x \to +\infty$ gilt $e^x \to \infty$ und $e^{-x} \to 0$,

daher: $\lim\limits_{x \to \infty} f_k(x) = \lim\limits_{x \to \infty} \frac{3ke^x}{e^{2x} + k} \underset{\substack{\text{kürzen} \\ \text{durch } e^x}}{=} \lim\limits_{x \to \infty} \frac{3k}{e^x + ke^{-x}} = 0.$

Somit gilt insgesamt: $\lim\limits_{|x| \to \infty} f_k(x) = 0$. (Die x-Achse ist waagrechte Asymptote von C_k.)

Gemeinsame Eigenschaften der skizzierten Schaubilder sind z. B.:
- Sie verlaufen oberhalb der x-Achse.
- Sie haben die x-Achse als waagrechte Asymptote.
- Sie besitzen einen Hochpunkt.
- Sie sind achsensymmetrisch zu der Parallelen zur y-Achse durch den Hochpunkt.
- Sie haben zwei Wendepunkte.

b) **Bestimmung des Hochpunktes:**
Es wird vorausgesetzt, dass jedes Schaubild genau einen Hochpunkt besitzt.
Um die Koordinaten dieses Hochpunktes zu berechnen, benötigt man daher nur die erste Ableitung von f_k:

$$f_k'(x) = \frac{3k \cdot e^x \cdot (e^{2x} + k) - 3k \cdot e^x \cdot 2 \cdot e^{2x}}{(e^{2x} + k)^2}$$
$$= \frac{3ke^{3x} + 3k^2e^x - 6ke^{3x}}{(e^{2x} + k)^2}$$
$$= \frac{3k \cdot e^x (k - e^{2x})}{(e^{2x} + k)^2}.$$

Nullstellen von f_k':

$$f_k'(x) = 0; \quad k - e^{2x} = 0; \quad e^{2x} = k; \quad 2x = \ln k; \quad x = \frac{1}{2}\ln k.$$

Mit

$$f_k\left(\frac{1}{2}\ln k\right)=\frac{3k\cdot e^{\frac{1}{2}\ln k}}{e^{2\left(\frac{1}{2}\ln k\right)}+k}=\frac{3k\cdot e^{\ln\sqrt{k}}}{e^{\ln k}+k}$$
$$=\frac{3k\cdot\sqrt{k}}{k+k}=\frac{3k\cdot\sqrt{k}}{2k}$$
$$=\frac{3}{2}\sqrt{k}$$

erhält man schließlich den **Hochpunkt** der Kurve C_k: $\mathbf{H_k\left(\frac{1}{2}\ln k\,\middle|\,\frac{3}{2}\sqrt{k}\right)}$.

Ortskurve C der Hochpunkte:

$$\left.\begin{array}{l}x_H=\frac{1}{2}\cdot\ln k\\ y_H=\frac{3}{2}\cdot\sqrt{k}\end{array}\right\}\Rightarrow\ \ln k=2x_H\ \Rightarrow\ k=e^{2x_H}\ \Rightarrow\ y_H=\frac{3}{2}\sqrt{e^{2x_H}}=\frac{3}{2}e^{x_H}.$$

Eine Gleichung der Ortskurve C der Hochpunkte aller Kurven C_k ist

$$\mathbf{y=\frac{3}{2}e^x;\ x\in\mathbb{R}.}$$

Schaubild von C siehe oben.

c) Der Term

$$f_4(x)=\frac{12\cdot e^x}{e^{2x}+4}$$

beschreibt für $x\geq 0$ die Zuwachsrate (in cm²/min) der von einer Bakterienkultur bedeckten Fläche zum Zeitpunkt x (x in min ab Beobachtungsbeginn).

Mit dem GTR erhält man für den gesuchten Flächenzuwachs:

$$A=\int_0^2 f_4(x)\,dx=\int_0^2\frac{12\cdot e^x}{e^{2x}+4}\,dx\overset{\text{GTR}}{\approx}5{,}057.$$

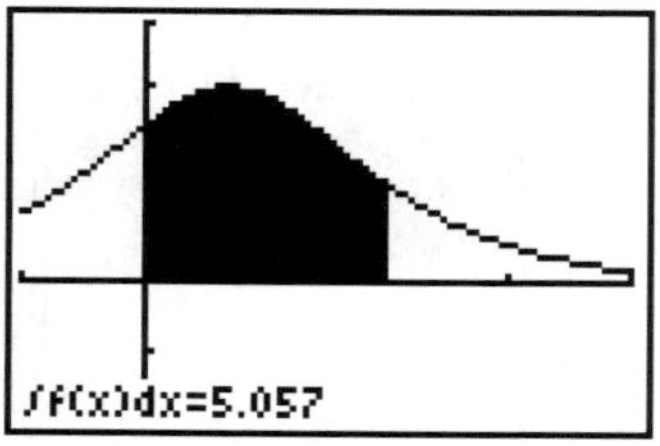

In den ersten zwei Minuten vergrößert sich die von der Kultur bedeckten Fläche um etwa 5,1 cm².

Aufgabe I 3.2

Behauptung: *Für alle natürlichen Zahlen $n \geq 1$ hat die Funktion h_n mit $h_n(x) = \frac{1}{x^n}$, $x \neq 0$, die Ableitung $h_n'(x) = -\frac{n}{x^{n+1}}$.*

Die Behauptung sollte mittels vollständiger Induktion bewiesen werden. Vorausgesetzt wird dabei die Produktregel und dass die Funktion h_1 mit $h_1(x) = \frac{1}{x}$, $x \neq 0$, die Ableitung $h_1'(x) = -\frac{1}{x^2}$ besitzt

Beweis durch vollständige Induktion:

(1) Induktionsanfang:

Für n = 1 stimmt die Behauptung, denn wie vorausgesetzt hat die Funktion h_1 mit $h_1(x) = \frac{1}{x}$ die Ableitung $h_1'(x) = -\frac{1}{x^2}$

(2) Induktionsschritt:

Induktionsannahme:

Für ein beliebiges $k \geq 1$ gelte für die Funktion h_k mit $h_k(x) = \frac{1}{x^k}$:

$$h_k'(x) = -\frac{k}{x^{k+1}}.$$

Induktionsbehauptung:

Für die Funktion h_{k+1} mit $h_{k+1}(x) = \frac{1}{x^{k+1}}$ gilt dann:

$$h_{k+1}'(x) = -\frac{k+1}{x^{k+2}}.$$

Induktionsbeweis:

Um die Produktregel anwenden zu können, schreiben wir $h_{k+1}(x)$ zunächst als Produkt:

$$h_{k+1}(x) = \frac{1}{x^{k+1}} = \frac{1}{x^k} \cdot \frac{1}{x} = h_k(x) \cdot h_1(x)$$

Damit folgt nun unter Verwendung der Induktionsannahme:

$$\begin{aligned} h_{k+1}'(x) &= h_k'(x) \cdot h_1(x) + h_k(x) \cdot h_1'(x) \\ &= -\frac{k}{x^{k+1}} \cdot \frac{1}{x} + \frac{1}{x^k} \cdot \left(-\frac{1}{x^2}\right) \\ &= -\frac{k}{x^{k+2}} - \frac{1}{x^{k+2}} = -\frac{k+1}{x^{k+2}}. \end{aligned}$$

Somit gilt die Aussage auch für k + 1.

Insgesamt ist damit die Behauptung für alle $n \geq 1$ bewiesen.

Abiturprüfung Mathematik 2004 (Baden-Württemberg)
Wahlteil: Analytische Geometrie II 1

Ein Zelt hat die Form einer senkrechten quadratischen Pyramide. Die Längen der Quadratseiten und die Pyramidenhöhe betragen jeweils 2,0 m.

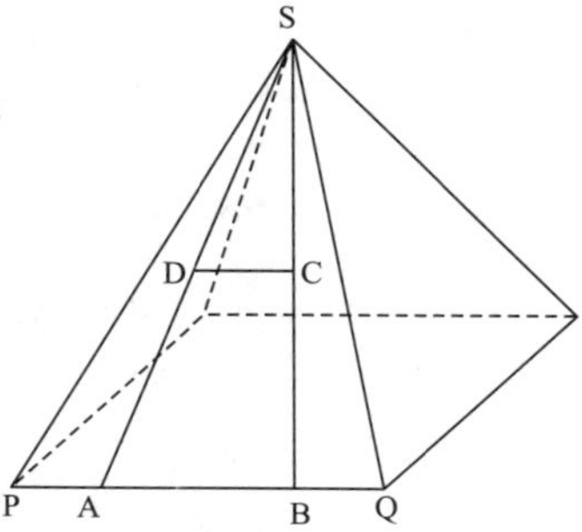

a) Benachbarte Seitenflächen bilden einen stumpfen Winkel.
Wie groß ist dieser? (6 VP)

b) In der Vorderfläche PQS befindet sich eine Einstiegsöffnung ABCD in Form eines symmetrischen Trapezes. C und D sind die Mitten der Strecke BS bzw. der Strecke AS. Die Strecke AB hat die Länge 1,0 m
Wie viel Prozent der Vorderfläche beansprucht die Einstiegsöffnung? (5 VP)

c) Zur Beleuchtung wird im Zelt eine Lampe aufgehängt, die im Folgenden als punktförmige Lichtquelle betrachtet werden soll. Ihr Licht dringt durch die Einstiegsöffnung nach außen und erzeugt auf dem Boden vor dem Zelt das Bild ABC'D' der Einstiegsöffnung als „Lichtteppich".
Berechnen Sie die Länge der Strecke C'D', wenn sich die Lampe 25 cm unter der Zeltspitze befindet. (5 VP)

Lösung

a) **Wahl eines Koordinatensystems:**
Es gibt mehrere geeignete Koordinatensysteme für die Bearbeitung der Aufgabe.
Wir wählen hier als Ursprung O die linke hintere Ecke der Grundfläche und die Koordinatenachsen so, dass eine Kante der Grundfläche auf der x_1-Achse und eine auf der x_2-Achse liegt (s. Figur).
In diesem Koordinatensystem haben die Eckpunkte der senkrechten Pyramide die Koordinaten:

$O(0|0|0)$, $P(2|0|0)$, $Q(2|2|0)$,
$R(0|2|0)$, $S(1|1|2)$.

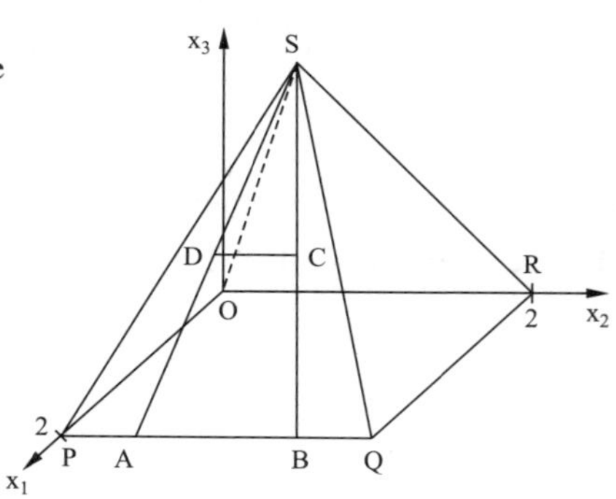

Winkel zwischen zwei benachbarten Seitenflächen der Pyramide:
Aus Symmetriegründen ist der Winkel zwischen zwei benachbarten Seitenflächen überall gleich groß. Wir bestimmen den Winkel zwischen den Flächen OPS und PQS.

Für einen Normalenvektor $\vec{n} = \begin{pmatrix} n_1 \\ n_2 \\ n_3 \end{pmatrix}$ von OPS muss gelten:

$$\vec{n} \cdot \overrightarrow{OP} = \vec{n} \cdot \begin{pmatrix} 2 \\ 0 \\ 0 \end{pmatrix} = 0 \quad \text{und} \quad \vec{n} \cdot \overrightarrow{OS} = \vec{n} \cdot \begin{pmatrix} 1 \\ 1 \\ 2 \end{pmatrix} = 0, \text{ d. h. } \left| \begin{array}{r} 2n_1 = 0 \\ n_1 + n_2 + 2n_3 = 0 \end{array} \right|.$$

Eine Lösung des LGS ist $n_1 = 0$, $n_2 = 2$, $n_3 = -1$ und somit: $\vec{n} = \begin{pmatrix} 0 \\ 2 \\ -1 \end{pmatrix}$.

Entsprechend gilt für einen Normalenvektor $\vec{m} = \begin{pmatrix} m_1 \\ m_2 \\ m_3 \end{pmatrix}$ von PQS:

$$\vec{m} \cdot \overrightarrow{PQ} = \vec{m} \cdot \begin{pmatrix} 0 \\ 2 \\ 0 \end{pmatrix} = 0 \quad \text{und} \quad \vec{m} \cdot \overrightarrow{PS} = \vec{m} \cdot \begin{pmatrix} -1 \\ 1 \\ 2 \end{pmatrix} = 0, \text{ d. h. } \left| \begin{array}{r} 2m_2 = 0 \\ -m_1 + m_2 + 2m_3 = 0 \end{array} \right|.$$

Eine Lösung des LGS ist $m_1 = 2$, $m_2 = 0$, $m_3 = 1$ und somit: $\vec{m} = \begin{pmatrix} 2 \\ 0 \\ 1 \end{pmatrix}$.

(*Anmerkung*: Da beim Vektor $\overrightarrow{OP}$ bzw. beim Vektor $\overrightarrow{PQ}$ zwei Koordinaten gleich 0 sind, lassen sich die Normalenvektoren hier auch recht einfach ohne LGS ablesen.)

Der Schnittwinkel β der beiden *Ebenen*, in denen die Seitenflächen OPS und PQS liegen, ergibt sich damit aus:

$$\cos\beta = \frac{|\vec{n} \cdot \vec{m}|}{|\vec{n}| \cdot |\vec{m}|} = \frac{\left| \begin{pmatrix} 0 \\ 2 \\ -1 \end{pmatrix} \cdot \begin{pmatrix} 2 \\ 0 \\ 1 \end{pmatrix} \right|}{\sqrt{5} \cdot \sqrt{5}} = \frac{1}{5}; \quad \beta \approx 78{,}5°.$$

Der Winkel α zwischen den Seitenflächen ist ein stumpfer Winkel. Somit gilt für ihn schließlich:

$$\alpha = 180° - \beta \approx 180° - 78{,}5° = 101{,}5°.$$

Benachbarte Seitenflächen des Zeltes bilden einen Winkel von 101,5°.

b) Die Einstiegsöffnung ABCD in der Vorderfläche PQS hat die Form eines symmetrischen Trapezes. Der Abstand von A zum Punkt P ist daher genauso groß wie der Abstand von B zum Punkt Q. Die Länge der Strecke AB beträgt 1 m. C und D sind die Mittelpunkte der Strecke BS bzw. der Strecke AS.

Anteil der Einstiegsöffnung an der Vorderfläche:

Lösungsmöglichkeit 1:

- Die Dreiecke PQS und ABS haben die gemeinsame Höhe vom Punkt S aus. Die zugehörige Grundseite AB des Dreiecks ABS ist halb so lang wie die zugehörige Grundseite PQ des Dreiecks PQS. Der Flächeninhalt des Dreiecks ABS ist daher halb so groß wie der Inhalt des Dreiecks PQS:

  $$A_{ABS} = \frac{1}{2} A_{PQS}.$$

  (Formel für den Flächeninhalt eines Dreiecks: $A = \frac{1}{2} \cdot g \cdot h$.)

- Das Dreieck ABS entsteht durch zentrische Streckung mit dem Zentrum S und dem Streckfaktor 2 aus dem Dreieck DCS . Der Inhalt von ABS ist daher 4 mal so groß wie der Inhalt von DCS oder umgekehrt gilt:

$$A_{DCS} = \frac{1}{4} \cdot A_{ABS}.$$

- Der Inhalt des Trapezes ABCD ergibt sich als Differenz der Inhalte der Dreiecke ABS und DCS:

$$A_{ABCD} = A_{ABS} - A_{DCS} = A_{ABS} - \frac{1}{4} A_{ABS}$$
$$= \frac{3}{4} A_{ABS} = \frac{3}{4} \cdot \frac{1}{2} \cdot A_{PQS}$$
$$= \frac{3}{8} \cdot A_{PQS} = 37{,}5\,\% \cdot A_{PQS}.$$

Die Einstiegsöffnung beansprucht 37,5 % der Vorderfläche.

Lösungsmöglichkeit 2:

Die Pyramidenhöhe ist 2 m lang. Aufgrund der Symmetrie der Figur lässt sich die Höhe h (in m) des Dreiecks PQS mithilfe des Satzes von Pythagoras berechnen (s. nebenstehende Skizze):

$$h^2 = 1^2 + 2^2 = 5; \quad h = \sqrt{5}.$$

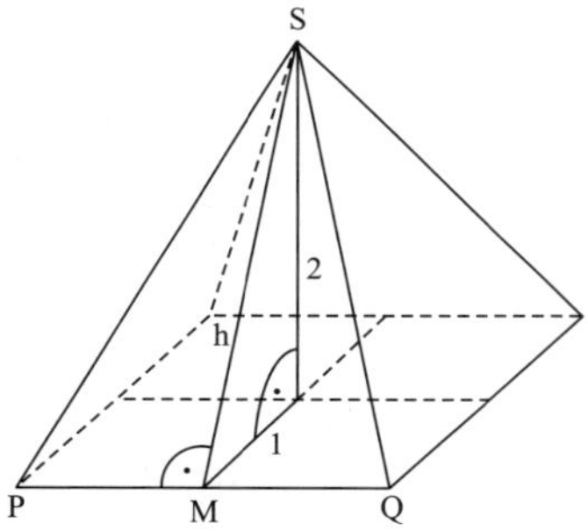

Der Flächeninhalt (in m^2) des Dreiecks PQS beträgt somit:

$$A_{PQS} = \frac{1}{2} \cdot 2 \cdot \sqrt{5} = \sqrt{5}.$$

Die Strecke CD ist parallel zu AB. Nach dem zweiten Strahlensatz ist sie halb so lang wie die Strecke AB, d. h. ihre Länge beträgt 0,5 m.
Die Höhe des Trapezes (in m) ist aufgrund des ersten Strahlensatzes halb so groß wie die Höhe des Dreiecks PQS:

$$h_T = \frac{1}{2}\sqrt{5}.$$

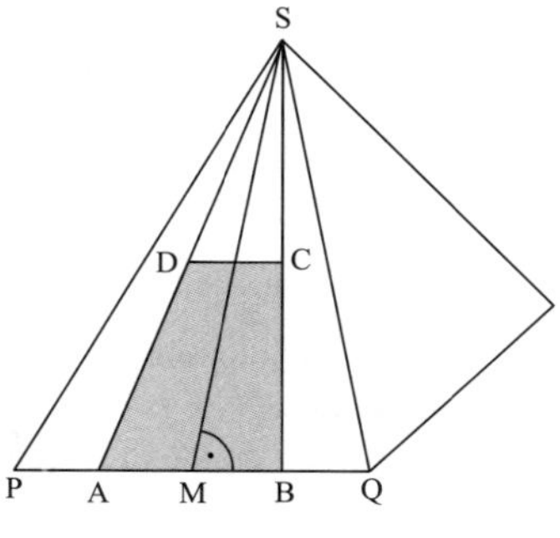

Mit der Inhaltsformel für Trapeze ergibt sich so der Flächeninhalt (in m^2) der Vorderfläche:

$$A_{ABCD} = \frac{1}{2} \cdot (\overline{AB} + \overline{CD}) \cdot h_T$$
$$= \frac{1}{2} \cdot (1 + 0{,}5) \cdot \frac{1}{2}\sqrt{5}$$
$$= \frac{3}{8}\sqrt{5}.$$

Der Anteil der Einstiegsöffnung an der Vorderfläche ist somit:

$$\frac{A_{ABCD}}{A_{PQS}} = \frac{\frac{3}{8}\sqrt{5}}{\sqrt{5}} = \frac{3}{8} = 0{,}375 = 37{,}5\,\%.$$

Lösungsmöglichkeit 3:
Der Mittelpunkt der Strecke PQ ist M(2 | 1 | 0).
Da das Dreieck PQS gleichschenklig ist, gilt für seine Höhe:

$$h = |\overrightarrow{MS}| = \left|\begin{pmatrix} -1 \\ 0 \\ 2 \end{pmatrix}\right| = \sqrt{5}.$$

Der Flächeninhalt (in m²) des Dreiecks PQS beträgt somit:

$$A_{PQS} = \frac{1}{2} \cdot 2 \cdot \sqrt{5} = \sqrt{5}.$$

Die Punkte A und B haben aufgrund der Symmetrie des Trapezes (s. o.) die Koordinaten: A(2 | 0,5 | 0), B(2 | 1,5 | 0).

Der Mittelpunkt der Strecke BS ist C(1,5 | 1,25 | 1),
der Mittelpunkt der Strecke AS ist D(1,5 | 0,75 | 1).

Die Länge der Strecke CD ist daher: $\overline{CD} = |\overrightarrow{CD}| = \left|\begin{pmatrix} 0 \\ -0,5 \\ 0 \end{pmatrix}\right| = 0,5.$

Die Trapezhöhe erhält man wie in Lösungsmöglichkeit 2 oder man bestimmt sie als Abstand des Punktes C von der Geraden durch A und B bzw. P und Q.
Für ihre Berechnung stellen wir in diesem Fall die Hilfsebene H durch C mit dem Vektor $\overrightarrow{PQ} = \begin{pmatrix} 0 \\ 2 \\ 0 \end{pmatrix}$ als Normalenvektor auf.

Ansatz für H: $2x_2 = a$.
Einsetzen der Koordinaten von C liefert H: $2x_2 = 2,5$ bzw. H: $4x_2 = 5$.

Anmerkung:
Man kann H auch als zur x_1x_3-Ebene parallele Ebene durch C sofort angeben: $x_2 = 1,25$.

Schnittpunkt T der Geraden PQ: $\vec{x} = \overrightarrow{OP} + t \cdot \overrightarrow{PQ} = \begin{pmatrix} 2 \\ 0 \\ 0 \end{pmatrix} + t \cdot \begin{pmatrix} 0 \\ 2 \\ 0 \end{pmatrix}$ mit H:

$$8t = 5; \quad t = \frac{5}{8}; \quad T\left(2 \,\middle|\, \frac{5}{4} \,\middle|\, 0\right).$$

Für die Trapezhöhe ergibt sich damit:

$$h_T = |\overrightarrow{TC}| = \left|\begin{pmatrix} -0,5 \\ 0 \\ 1 \end{pmatrix}\right| = \sqrt{\frac{5}{4}} = \frac{1}{2}\sqrt{5}.$$

Für den Flächeinhalt des Trapezes erhält man so:

$$\begin{aligned} A_{ABCD} &= \frac{1}{2}(\overline{AB} + \overline{CD}) \cdot h_T \\ &= \frac{1}{2}(1 + 0,5) \cdot \frac{1}{2}\sqrt{5} \\ &= \frac{3}{8}\sqrt{5}. \end{aligned}$$

Das Verhältnis von Einstiegsfläche zur Vorderfläche ist

$$\frac{A_{ABCD}}{A_{PQS}} = \frac{\frac{3}{8}\sqrt{5}}{\sqrt{5}} = \frac{3}{8} = 0{,}375 = 37{,}5\,\%.$$

Neben diesen drei Lösungsmöglichkeiten sind natürlich auch weitere Varianten denkbar.

c) Die Zeltspitze ist S(1 | 1 | 2). Hängt die punktförmige Lichtquelle 25 cm unter der Zeltspitze, so wird sie durch den Punkt L(1 | 1 | 1,75) beschrieben.

Länge der Strecke C'D':
Der Punkt C' ist der Schnittpunkt der Geraden g durch die Punkte L und C(1,5 | 1,25 | 1) (s. o.) mit der x_1x_2-Ebene.
Gleichung der Geraden:

$$g:\ \vec{x} = \overrightarrow{OL} + s \cdot \overrightarrow{LC} = \begin{pmatrix} 1 \\ 1 \\ 1{,}75 \end{pmatrix} + s \cdot \begin{pmatrix} 0{,}5 \\ 0{,}25 \\ -0{,}75 \end{pmatrix}.$$

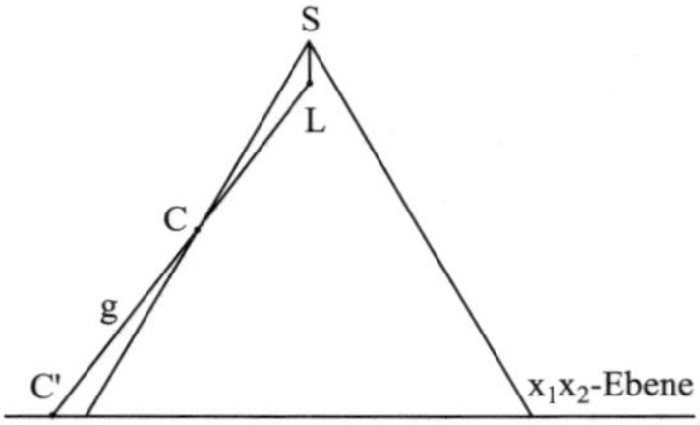

Schnittpunkt C' von g mit der x_1x_2-Ebene $x_3 = 0$:

$$1{,}75 - 0{,}75 \cdot s = 0\,; \quad s = \frac{1{,}75}{0{,}75} = \frac{7}{3}\,; \quad C'\left(\frac{13}{6} \,\middle|\, \frac{19}{12} \,\middle|\, 0\right).$$

Der Punkt D' ist der Schnittpunkt der Geraden h durch L und D(1,5 | 0,75 | 1) mit der x_1x_2-Ebene.

Gleichung von h: $\vec{x} = \overrightarrow{OL} + t \cdot \overrightarrow{LD} = \begin{pmatrix} 1 \\ 1 \\ 1{,}75 \end{pmatrix} + t \cdot \begin{pmatrix} 0{,}5 \\ -0{,}25 \\ -0{,}75 \end{pmatrix}.$

Schnitt von h mit der x_1x_2-Ebene $x_3 = 0$:

$$1{,}75 - 0{,}75 \cdot t = 0\,; \quad t = \frac{1{,}75}{0{,}75} = \frac{7}{3}\,; \quad D'\left(\frac{13}{6} \,\middle|\, \frac{5}{12} \,\middle|\, 0\right).$$

Die Länge von C'D' ist somit:

$$d = \left|\overrightarrow{C'D'}\right| = \frac{14}{12} = \frac{7}{6} \approx 1{,}17.$$

Die Länge der Strecke C'D' des Lichtteppichs beträgt ungefähr 1,17 m.

Anmerkung:
Die Punkte C und D und mit ihnen die Punkte C' und D' liegen symmetrisch zur Ebene F: $x_2 = 1$ (F ist parallel zur x_1x_3-Ebene und geht durch S). Es genügt daher, den Punkt C' zu berechnen. Der Punkt D' bzw. die Länge d ergibt sich dann aufgrund dieser Symmetrie.

Aufgabe II 2.1

Gegeben sind die Punkte $A(10|0|0)$ und $B(0|10|0)$ sowie für jedes $a > 0$ eine Ebene E_a: $a \cdot x_1 - x_3 = 0$.

a) Beschreiben Sie die Lage der Ebene E_3.
Die zu E_a senkrechte Gerade durch A schneidet E_a im Punkt D_a.
Bestimmen Sie seine Koordinaten.
(Teilergebnis: $D_a\left(\frac{10}{1+a^2} \,\middle|\, 0 \,\middle|\, \frac{10a}{1+a^2}\right)$) (5 VP)

b) Zeigen Sie, dass das Dreieck ABD_a für jedes $a > 0$ rechtwinklig ist. (3 VP)

Aufgabe II 2.2

Ein Dreieck ABC wird durch die Vektoren $\vec{a}$ und $\vec{b}$ aufgespannt. M ist die Mitte der Strecke AB. T teilt die Strecke CM im Verhältnis 3 : 1. Die Strecke BD verläuft durch T.
In welchem Verhältnis wird diese Strecke durch T geteilt? (8 VP)

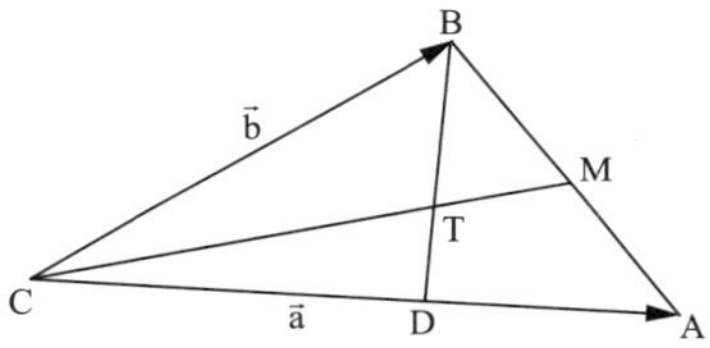

Lösung

Aufgabe II 2.1

a) Für jedes $a > 0$ ist die Ebene E_a: $a \cdot x_1 - x_3 = 0$ gegeben.

Beschreibung der Lage der Ebene E_3: $3x_1 - x_3 = 0$:

- E_3 geht durch den Ursprung $O(0|0|0)$.
- Die x_2-Achse: $\vec{x} = t \cdot \begin{pmatrix} 0 \\ 1 \\ 0 \end{pmatrix}, t \in \mathbb{R}$, liegt in E_3.
- Der Vektor $\vec{n}_3 = \begin{pmatrix} 3 \\ 0 \\ -1 \end{pmatrix}$ ist ein Normalenvektor von E_3.

Orthogonale g_a zur Ebene E_a durch den Punkt A(10 | 0 | 0):

Mit dem Normalenvektor $\vec{n}_a = \begin{pmatrix} a \\ 0 \\ -1 \end{pmatrix}$ von E_a als Richtungsvektor erhält man eine Gleichung für

$$g_a: \ \vec{x} = \begin{pmatrix} 10 \\ 0 \\ 0 \end{pmatrix} + s \cdot \begin{pmatrix} a \\ 0 \\ -1 \end{pmatrix}, \quad s \in \mathbb{R}.$$

Schnittpunkt D_a von g_a mit E_a:

$$a \cdot (10 + s \cdot a) - (-s) = 0$$
$$10a + (a^2 + 1) \cdot s = 0$$
$$(a^2 + 1) \cdot s = -10a$$
$$s = -\frac{10a}{a^2 + 1}.$$

Damit ergibt sich: $D_a\left(10 - \frac{10a^2}{a^2+1} \,\middle|\, 0 \,\middle|\, \frac{10a}{a^2+1}\right)$ bzw. $\mathbf{D_a}\left(\frac{\mathbf{10}}{\mathbf{1+a^2}} \,\middle|\, \mathbf{0} \,\middle|\, \frac{\mathbf{10a}}{\mathbf{1+a^2}}\right)$.

b) **Untersuchung des Dreiecks ABD_a auf rechte Winkel:**

Lösungsmöglichkeit 1:

Mit A(10 | 0 | 0), B(0 | 10 | 0) und $D_a\left(\frac{10}{1+a^2} \,\middle|\, 0 \,\middle|\, \frac{10a}{1+a^2}\right)$ erhält man:

$$\overrightarrow{AD_a} = \begin{pmatrix} -\frac{10a^2}{1+a^2} \\ 0 \\ \frac{10a}{1+a^2} \end{pmatrix}; \quad \overrightarrow{BD_a} = \begin{pmatrix} \frac{10}{1+a^2} \\ -10 \\ \frac{10a}{1+a^2} \end{pmatrix}.$$

$$\overrightarrow{AD_a} \cdot \overrightarrow{BD_a} = -\frac{10a^2}{1+a^2} \cdot \frac{10}{1+a^2} + 0 \cdot (-10) + \frac{10a}{1+a^2} \cdot \frac{10a}{1+a^2}$$
$$= -\frac{100a^2}{(1+a^2)^2} + \frac{100a^2}{(1+a^2)^2} = 0.$$

Somit ist jedes Dreieck ABD_a rechtwinklig mit einem rechten Winkel im Punkt D_a.

Lösungsmöglichkeit 2:

- Für $a > 0$ liegt der Punkt B(0 | 10 | 0) in jeder Ebene E_a: $a \cdot x_1 - x_3 = 0$, der Punkt A(10 | 0 | 0) dagegen in keiner. (Punktprobe!)
- Die Gerade g_a durch A ist orthogonal zu E_a und schneidet E_a im Punkt D_a.
- Jede Gerade in E_a ist orthogonal zu g_a, insbesondere die Gerade BD_a.
- **Das Dreieck ABD_a ist daher im Punkt D_a rechtwinklig.**

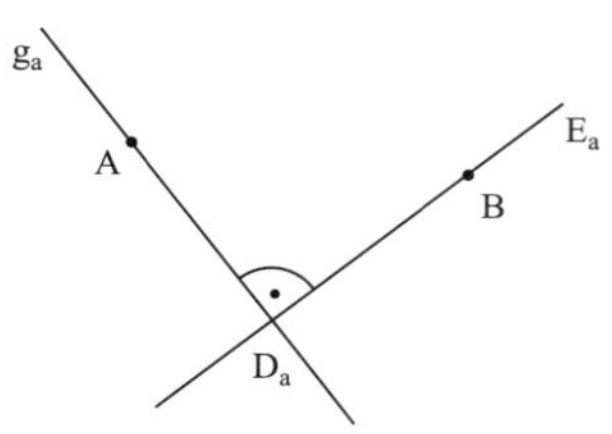

Aufgabe II 2.2

M ist der Mittelpunkt der Strecke AB. Der Punkt T teilt die Strecke CM im Verhältnis 3 : 1, d. h. es gilt $\overline{CT} = 3 \cdot \overline{TM}$ bzw. $\overline{CT} = \frac{3}{4}\overline{CM}$.
Gesucht ist das Verhältnis, in dem T die Strecke BD teilt.

Lösungsmöglichkeit 1:
Da M der Mittelpunkt von AB ist, gilt:

$$\overrightarrow{CM} = \frac{1}{2}(\vec{a} + \vec{b}).$$

(oder ausführlich: $\overrightarrow{CM} = \vec{a} + \frac{1}{2}\overrightarrow{AB} = \vec{a} + \frac{1}{2}(\vec{b} - \vec{a}) = \frac{1}{2}(\vec{a} + \vec{b})$)

Daraus folgt mit dem vorgegebenen Teilverhältnis:

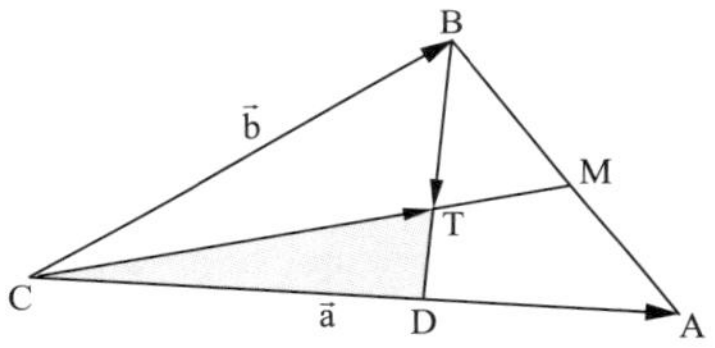

$$\overrightarrow{CT} = \frac{3}{4} \cdot \overrightarrow{CM} = \frac{3}{4} \cdot \frac{1}{2}(\vec{a} + \vec{b}) = \frac{3}{8}\vec{a} + \frac{3}{8}\vec{b},$$

$$\overrightarrow{BT} = -\vec{b} + \overrightarrow{CT} = -\vec{b} + \frac{3}{8}\vec{a} + \frac{3}{8}\vec{b} = \frac{3}{8}\vec{a} - \frac{5}{8}\vec{b}.$$

Für den Vektor $\overrightarrow{TD}$ kann man ansetzen:

$$\overrightarrow{TD} = r \cdot \overrightarrow{BT}.$$

Für das gesuchte Teilverhältnis muss jetzt der Faktor r bestimmt werden.
Dazu betrachtet man einen „geschlossenen Vektorzug", der den Vektor $\overrightarrow{TD}$ enthält:

$$\begin{aligned}\vec{o} &= \overrightarrow{CT} + \overrightarrow{TD} + \overrightarrow{DC} \\ &= \overrightarrow{CT} + r \cdot \overrightarrow{BT} + \overrightarrow{DC} \\ &= \left(\frac{3}{8}\vec{a} + \frac{3}{8}\vec{b}\right) + r \cdot \left(\frac{3}{8}\vec{a} - \frac{5}{8}\vec{b}\right) - s \cdot \vec{a} \\ &= \left(\frac{3}{8} + \frac{3}{8}r - s\right) \cdot \vec{a} + \left(\frac{3}{8} - \frac{5}{8}r\right) \cdot \vec{b}\end{aligned}$$

Da die Vektoren $\vec{a}$ und $\vec{b}$ linear unabhängig sind, folgt daraus:

$$\left.\begin{aligned}\frac{3}{8} + \frac{3}{8}r - s &= 0 \\ \frac{3}{8} - \frac{5}{8}r \qquad &= 0\end{aligned}\right| \; ; \quad r = \frac{3}{5}, \quad s = \frac{3}{5}.$$

Also gilt $\overrightarrow{TD} = \frac{3}{5} \cdot \overrightarrow{BT}$. Daraus lässt sich nun das gesuchte Teilverhältnis ablesen:

Der Punkt T teilt die Strecke BD im Verhältnis 5 : 3.

Lösungsmöglichkeit 2:
Wie bei der ersten Lösungsmöglichkeit erhält man zunächst:

$$\overrightarrow{CM} = \frac{1}{2}(\vec{a} + \vec{b}),$$

$$\overrightarrow{CT} = \frac{3}{4} \cdot \overrightarrow{CM} = \frac{3}{4} \cdot \frac{1}{2}(\vec{a} + \vec{b}) = \frac{3}{8}\vec{a} + \frac{3}{8}\vec{b}.$$

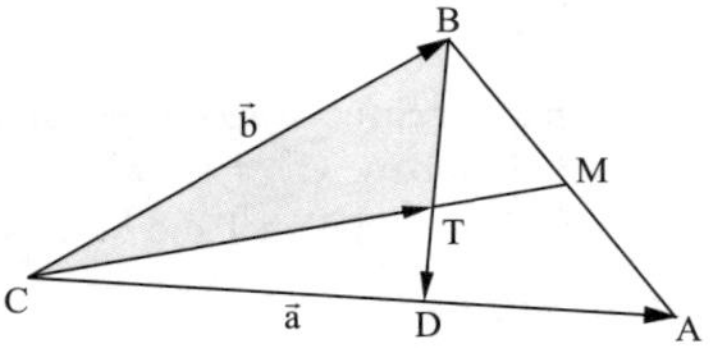

Für den Vektor $\overrightarrow{BD}$ kann man ansetzen:

$$\overrightarrow{BD} = -\vec{b} + s \cdot \vec{a},$$

und für den Vektor $\overrightarrow{BT}$ damit:

$$\overrightarrow{BT} = r \cdot \overrightarrow{BD}.$$

Für das gesuchte Teilverhältnis muss nun wieder der Faktor r bestimmt werden.

Man betrachtet dazu einen „geschlossenen Vektorzug“, der über den Vektor $\overrightarrow{BT}$ führt:

$$\begin{aligned}\vec{o} &= \overrightarrow{CB} + \overrightarrow{BT} + \overrightarrow{TC}\\ &= \vec{b} + r \cdot \overrightarrow{BD} - \overrightarrow{CT}\\ &= \vec{b} + r \cdot (-\vec{b} + s \cdot \vec{a}) - \frac{3}{8} \cdot \vec{a} - \frac{3}{8} \cdot \vec{b}\\ &= \left(-\frac{3}{8} + r \cdot s\right) \cdot \vec{a} + \left(\frac{5}{8} - r\right) \cdot \vec{b}\end{aligned}$$

Da die Vektoren $\vec{a}$ und $\vec{b}$ linear unabhängig sind, folgt daraus wieder:

$$\left.\begin{aligned}-\frac{3}{8} + r \cdot s &= 0\\ \frac{5}{8} - r \quad &= 0\end{aligned}\right| \; ; \quad r = \frac{5}{8}, \quad s = \frac{3}{5}.$$

Demnach gilt $\overrightarrow{BT} = \frac{5}{8} \cdot \overrightarrow{BD}$ und daraus ergibt sich wieder das gesuchte Teilverhältnis:

Der Punkt T teilt die Strecke BD im Verhältnis 5 : 3.

Lösungsmöglichkeit 3:
Spiegelt man das Dreieck CAB an dem Mittelpunkt M der Dreiecksseite AB, so erhält man das Parallelogramm CAC'B.
Aufgrund der Eigenschaften einer Punktspiegelung ist dann:

$$AD' \parallel BD, \quad \overline{TM} = \overline{MT'}, \quad \overline{BT} = \overline{T'A}.$$

Nach Voraussetzung gilt:

$$\overline{CT} = \frac{3}{4} \cdot \overline{CM} \quad \text{bzw.} \quad \overline{CM} = \frac{4}{3} \cdot \overline{CT}.$$

Wegen

$$\overline{MT'} = \overline{TM} = \frac{1}{3}\overline{CT}$$

erhält man daraus (s. Abbildung):

$$\overline{CT'} = \overline{CM} + \overline{MT'} = \frac{5}{3} \cdot \overline{CT}.$$

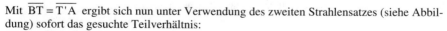

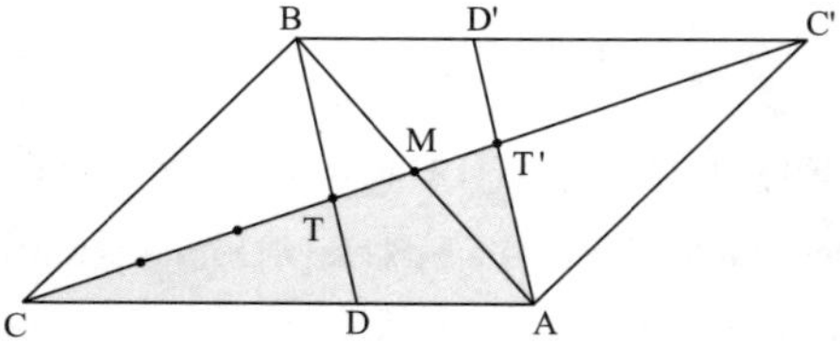

Mit $\overline{BT} = \overline{T'A}$ ergibt sich nun unter Verwendung des zweiten Strahlensatzes (siehe Abbildung) sofort das gesuchte Teilverhältnis:

$$\frac{\mathbf{\overline{BT}}}{\mathbf{\overline{TD}}} = \frac{\overline{T'A}}{\overline{TD}} = \frac{\overline{CT'}}{\overline{CT}} = \frac{\frac{5}{3} \cdot \overline{CT}}{\overline{CT}} = \frac{\mathbf{5}}{\mathbf{3}}.$$

Abiturprüfung Mathematik ab 2004 (Baden-Württemberg)
Übungsaufgaben für den Pflichtteil – Satz A

Aufgabe 1

Lösen Sie die folgenden Gleichungen nach x auf:

a) $x^3 - 4x^2 + 3x + 2 = 0$

b) $e^{4x} - 4e^{2x} + 3 = 0$ (4 VP)

Aufgabe 2

Zeigen Sie, dass das Schaubild der Funktion f mit $f(x) = x^2 \cdot e^x$, $x \in \mathbb{R}$, zwei Punkte mit waagrechter Tangente besitzt.
Bestimmen Sie den Abstand dieser beiden Punkte. (3 VP)

Aufgabe 3

Gegeben ist die Funktion f mit $f(x) = x^3 - e^{2x-2}$, $x \in \mathbb{R}$.
Zeigen Sie, dass es eine Stammfunktion F von f gibt, deren Schaubild den Punkt $P(1\,|\,1)$ als Tiefpunkt besitzt. (4 VP)

Aufgabe 4

Gegeben ist die Funktion f durch $f(x) = \dfrac{x^2 - 2x - 1}{x^2 - 1}$, $x \in \mathbb{R} \setminus \{-1; 1\}$.

a) Bestimmen Sie die erste Ableitung der Funktion und geben Sie die Asymptoten des Schaubildes an.

b) Eine der beiden abgebildeten Kurven K_1 und K_2 stellt das Schaubild der Funktion f dar. Entscheiden Sie, welche Kurve das ist und begründen Sie Ihre Wahl. (5 VP)

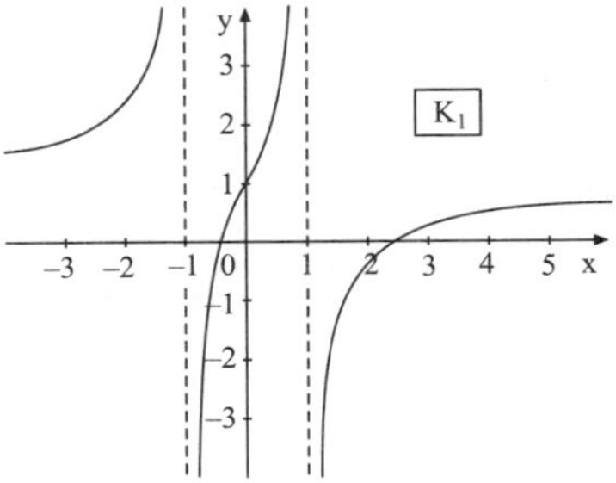

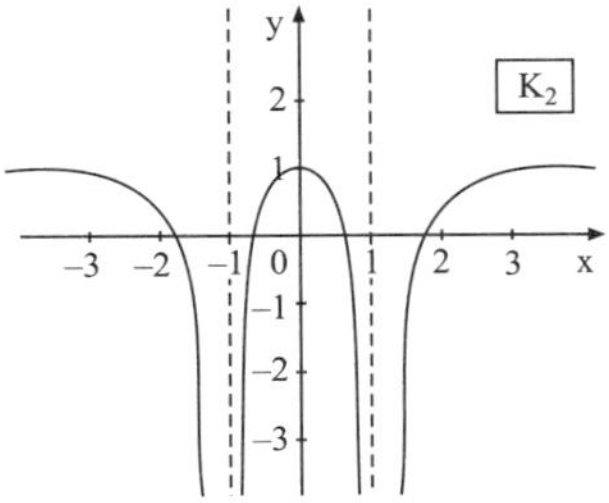

Aufgabe 5

Ermitteln Sie eine Koordinatengleichung der Ebene, die durch die drei Punkte $P(1\,|\,1\,|\,5)$, $Q(2\,|\,1\,|\,3)$ und $R(0\,|\,-1\,|\,7)$ festgelegt ist.
Veranschaulichen Sie die Ebene mithilfe ihrer Spurgeraden in einem Koordinatensystem. (5 VP)

Aufgabe 6

Beschreiben Sie, welche unterschiedlichen Lagen zwei verschiedene Geraden g und h im Raume zueinander haben können.
Erläutern Sie die einzelne Fälle jeweils durch selbst gewählte Beispiele. (5 VP)

Lösung

Aufgabe 1

a) Durch Probieren erhält man die Lösung $x_1 = 2$ der Gleichung

$$x^3 - 4x^2 + 3x + 2 = 0,$$

denn es gilt

$$2^3 - 4 \cdot 2^2 + 3 \cdot 2 + 2 = 8 - 16 + 6 + 2 = 0.$$

Polynomdivision liefert weiter:

$$\begin{array}{l} (x^3 - 4x^2 + 3x + 2) : (x - 2) = x^2 - 2x - 1 \\ \underline{-(x^3 - 2x^2)} \\ \quad - 2x^2 + 3x \\ \quad \underline{-(-2x^2 + 4x)} \\ \qquad\quad - x + 2 \\ \qquad\quad \underline{-(-x + 2)} \\ \qquad\qquad 0 \end{array}$$

Die weiteren Lösungen ergeben sich nun aus der quadratischen Gleichung:

$$x^2 - 2x - 1 = 0; \;\; x_{2,3} = 1 \pm \sqrt{2}.$$

Die Gleichung $x^3 - 4x^2 + 3x + 2 = 0$ hat die Lösungsmenge $L = \{2; 1 - \sqrt{2}; 1 + \sqrt{2}\}$.

b) Bei der Gleichung

$$e^{4x} - 4e^{2x} + 3 = 0$$

führt die Substitution $u = e^{2x}$ auf eine quadratische Gleichung für u:

$$u^2 - 4u + 3 = 0; \;\; u_{1,2} = 2 \pm \sqrt{1}; \;\; u_1 = 1, u_2 = 3.$$

Aus $u_1 = 1$ ergibt sich: $1 = e^{2x}$; $2x = \ln 1 = 0$; $x_1 = 0$.

Aus $u_2 = 3$ ergibt sich: $3 = e^{2x}$; $2x = \ln 3$; $x_2 = \frac{1}{2}\ln 3$.

Die Gleichung $e^{4x} - 4e^{2x} + 3 = 0$ hat die Lösungsmenge $L = \left\{0; \frac{1}{2}\ln 3\right\}$.

Aufgabe 2

Gegeben ist die Funktion f mit $f(x) = x^2e^x$; $x \in \mathbb{R}$.
Ableitung von f:

$$f'(x) = 2x \cdot e^x + x^2 \cdot e^x = x \cdot (2+x) \cdot e^x$$

Punkte mit waagrechter Tangente:

$$f'(x) = 0;\ \ x(2+x) = 0;\ \ x_1 = 0;\ \ x_2 = -2;$$
$$f(0) = 0;\ \ P_1(0\,|\,0);$$
$$f(-2) = 4e^{-2};\ \ P_2(-2\,|\,4e^{-2}).$$

Abstand der Punkte P_1 und P_2:

$$\mathbf{d = \sqrt{4+16e^{-4}} = 2\sqrt{1+4e^{-4}}}$$

Aufgabe 3

Für eine Stammfunktion F von f mit $f(x) = x^3 - e^{2x-2}$ gilt:

$$F(x) = \frac{1}{4}x^4 - \frac{1}{2}e^{2x-2} + c,\ \ c \in \mathbb{R}.$$

Damit der Punkt $P(1\,|\,1)$ auf dem Schaubild von F liegt, muss gelten:

$$F(1) = 1;\ \ \frac{1}{4} - \frac{1}{2}e^{2-2} + c = 1;\ \ c = 1 - \frac{1}{4} + \frac{1}{2} = \frac{5}{4}.$$

Die Stammfunktion F mit $F(x) = \frac{1}{4}x^4 - \frac{1}{2}e^{2x-2} + \frac{5}{4}$, $x \in \mathbb{R}$, hat die Ableitungen:

$$F'(x) = f(x);\ \ F''(x) = f'(x) = 3x^2 - 2e^{2x-2}.$$

Wegen

$$F'(1) = f(1) = 1 - e^0 = 1 - 1 = 0;\ \ F''(1) = f'(1) = 3 - 2 = 1 > 0$$

hat die Stammfunktion F mit $F(x) = \frac{1}{4}x^4 - \frac{1}{2}e^{2x-2} + \frac{5}{4}$, $x \in \mathbb{R}$, den Punkt $P(1\,|\,1)$ als Tiefpunkt.

Aufgabe 4

a) Gegeben ist die Funktion f mit $f(x) = \frac{x^2 - 2x - 1}{x^2 - 1}$; $x \in \mathbb{R} \setminus \{-1; 1\}$.

Ableitung von f:

$$f'(x) = \frac{(2x-2)\cdot(x^2-1) - (x^2-2x-1)\cdot 2x}{(x^2-1)^2}$$
$$= \frac{2x^3 - 2x - 2x^2 + 2 - 2x^3 + 4x^2 + 2x}{(x^2-1)^2}$$
$$= \frac{2x^2+2}{(x^2-1)^2}.$$

Die Geraden x = –1 und x = 1 sind senkrechte Asymptoten des Schaubildes, denn $x_1 = -1$ und $x_2 = 1$ sind keine Nullstellen des Zählerpolynoms.

Wegen

$$\lim_{|x|\to\infty} f(x) = \lim_{|x|\to\infty} \frac{x^2-2x-1}{x^2-1} = \lim_{|x|\to\infty} \frac{1-\frac{2}{x}-\frac{1}{x^2}}{1-\frac{1}{x^2}} = 1$$

ist **die Gerade y = 1 waagrechte Asymptote.**

b) Wegen

$$f'(0) = \frac{2}{(-1)^2} = 2 \neq 0$$

ist K_1 das Schaubild von f, denn K_2 hat an der Stelle x = 0 ersichtlich einen Punkt mit waagrechter Tangente.

Oder:
Die Kurve K_2 schneidet die x-Achse in 4 Punkten.
Die Funktion f kann aber höchstens 2 Nullstellen haben, da die Bedingung f(x) = 0 auf die quadratische Gleichung $x^2 - 2x - 1 = 0$ führt, die höchstens zwei Lösungen hat.
Somit kann K_2 nicht das Schaubild von f darstellen.

Aufgabe 5

Eine Vektorgleichung der Ebene E durch die Punkte P(1 | 1 | 5), Q(2 | 1 | 3) und R(0 | –1 | 7) ist:

$$E:\ \vec{x} = \overrightarrow{OP} + s\cdot\overrightarrow{PQ} + t\cdot\overrightarrow{PR} = \begin{pmatrix}1\\1\\5\end{pmatrix} + s\cdot\begin{pmatrix}1\\0\\-2\end{pmatrix} + t\cdot\begin{pmatrix}-1\\-2\\2\end{pmatrix};\ s, t \in \mathbb{R}.$$

Für einen Normalenvektor $\vec{n} = \begin{pmatrix}n_1\\n_2\\n_3\end{pmatrix}$ der Ebene E muss gelten:

$$0 = \begin{pmatrix}1\\0\\-2\end{pmatrix}\cdot\begin{pmatrix}n_1\\n_2\\n_3\end{pmatrix} \quad\text{und}\quad 0 = \begin{pmatrix}-1\\-2\\2\end{pmatrix}\cdot\begin{pmatrix}n_1\\n_2\\n_3\end{pmatrix},$$

$$\left.\begin{array}{rl} n_1 \qquad - 2n_3 &= 0 \\ -n_1 - 2n_2 + 2n_3 &= 0 \end{array}\right| \begin{array}{l}(+)\\ \leftarrow\!\lrcorner\end{array};\quad \left.\begin{array}{rl} n_1 \qquad - 2n_3 &= 0 \\ -2n_2 \qquad &= 0 \end{array}\right|.$$

Eine Lösung des LGS ist $n_2 = 0$, $n_3 = 1$, $n_1 = 2$ und somit ist $\vec{n} = \begin{pmatrix}2\\0\\1\end{pmatrix}$ ein Normalenvektor von E.

Mit dem Ansatz E: $2x_1 + x_3 = a$ und P(1 | 1 | 5) ∈ E ergibt sich a = 7.

Eine Koordinatengleichung der Ebene ist
E: $2x_1 + x_3 = 7$.

Die Ebene E schneidet die
x_1-Achse ($x_2 = x_3 = 0$) im Punkt $S_1(3{,}5 \mid 0 \mid 0)$;
x_3-Achse ($x_1 = x_2 = 0$) im Punkt $S_3(0 \mid 0 \mid 7)$.
Die x_2-Achse ($x_1 = x_3 = 0$) schneidet die Ebene E nicht!

Somit sind zwei Spurgeraden parallel zu x_2-Achse und die dritte ist die Verbindungsgerade von S_1 und S_3.

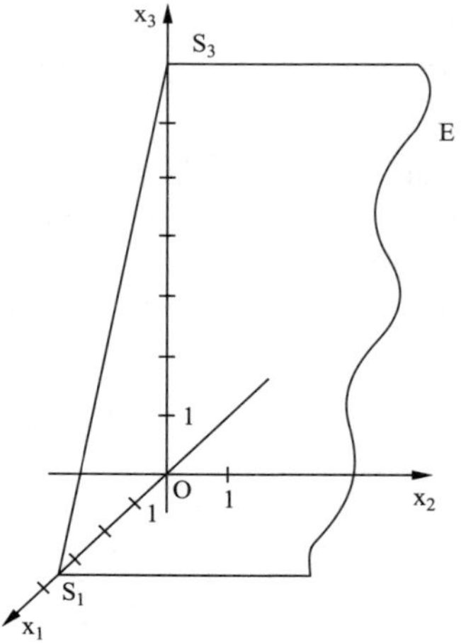

Aufgabe 6

Es gibt drei Fälle für die Lage zweier verschiedener Geraden g und h im Raum:

1. Fall: Die Geraden schneiden sich in genau einem Punkt.

Beispiel:

Die Geraden

$$g:\ \vec{x}=\begin{pmatrix}1\\1\\1\end{pmatrix}+t\cdot\begin{pmatrix}1\\0\\1\end{pmatrix},\ t\in\mathbb{R},\ \text{und}\ h:\ \vec{x}=\begin{pmatrix}1\\1\\1\end{pmatrix}+s\cdot\begin{pmatrix}1\\1\\0\end{pmatrix},\ s\in\mathbb{R},$$

haben für t = s = 0 den Punkt S(1 | 1 | 1) gemeinsam. Da ihre Richtungsvektoren linear unabhängig sind, schneiden sie sich genau im Punkt S.

2. Fall: Die Geraden sind parallel.

Beispiel:

Die Richtungsvektoren der Geraden

$$g:\ \vec{x}=\begin{pmatrix}1\\1\\0\end{pmatrix}+t\cdot\begin{pmatrix}1\\0\\1\end{pmatrix},\ t\in\mathbb{R},\ \text{und}\ h:\ \vec{x}=\begin{pmatrix}1\\1\\1\end{pmatrix}+s\cdot\begin{pmatrix}2\\0\\2\end{pmatrix},\ s\in\mathbb{R},$$

sind linear abhängig. Der Stützpunkt G(1 | 1 | 0) der Geraden g liegt nicht auf h, denn

aus $\begin{pmatrix}1\\1\\0\end{pmatrix}=\begin{pmatrix}1\\1\\1\end{pmatrix}+s\cdot\begin{pmatrix}2\\0\\2\end{pmatrix}$ folgt: $\left.\begin{array}{r}1=1+2s\\1=1\\0=1+2s\end{array}\right|$ und daraus der Widerspruch $\left.\begin{array}{r}s=0\\s=-\frac{1}{2}\end{array}\right|$.

3. Fall: Die Geraden sind windschief.

Beispiel:

Die Richtungsvektoren der Geraden

$$g:\ \vec{x}=\begin{pmatrix}1\\1\\0\end{pmatrix}+t\cdot\begin{pmatrix}1\\0\\1\end{pmatrix},\ t\in\mathbb{R},\ \text{und}\ h:\ \vec{x}=\begin{pmatrix}1\\1\\1\end{pmatrix}+s\cdot\begin{pmatrix}1\\1\\0\end{pmatrix},\ s\in\mathbb{R},$$

sind linear unabhängig, also sind g und h nicht parallel.

Aus $\begin{pmatrix}1\\1\\0\end{pmatrix}+t\cdot\begin{pmatrix}1\\0\\1\end{pmatrix}=\begin{pmatrix}1\\1\\1\end{pmatrix}+s\cdot\begin{pmatrix}1\\1\\0\end{pmatrix}$ folgt $\left.\begin{array}{r}1+t=1+s\\1=1+s\\t=1\end{array}\right|$.

Die letzten beiden Gleichungen liefern t = 1 und s = 0. Einsetzen in die erste Gleichung führt zum Widerspruch 1 + 1 = 1 + 0.

Die Geraden schneiden sich daher auch nicht. g und h sind in diesem Beispiel windschief.

Gegeben ist die Funktion f durch $f(x) = 4xe^{-\frac{1}{2}x^2}$; $x \in \mathbb{R}$.
Ihr Schaubild ist die Kurve K.

a) Skizzieren Sie K mithilfe Ihres grafikfähigen Taschenrechners.
Welche Eigenschaften von K können dem Funktionsterm f(x) ohne Verwendung von Ableitungen entnommen werden? Begründen Sie Ihre Antworten.
Die Kurve K und die erste Winkelhalbierende begrenzen im 1. Feld eine Fläche. Diese Fläche rotiert um die x-Achse.
Bestimmen Sie näherungsweise das Volumen des dabei entstehenden Rotationskörpers.

b) Die Kurve K hat einen Hoch- und einen Tiefpunkt.

Zeigen Sie durch Rechnung, dass der Punkt $H\left(1 \,\middle|\, \frac{4}{\sqrt{e}}\right)$ der Hochpunkt der Kurve K ist.
Bestimmen Sie den Parameter a bei der Funktion h mit $h(x) = \frac{ax}{x^2+1}$ so, dass das Schaubild C von h durch den Hoch- und Tiefpunkt von K verläuft.
Die Gerade $x = z$, $0 < z < 1$, schneidet aus den Kurven K und C eine Strecke aus. Bestimmen Sie näherungsweise den z-Wert, für den diese Strecke maximale Länge hat.

c) Die abgebildete Kurve $\overline{K}$ ist aus K durch eine Kongruenzabbildung entstanden. Beschreiben Sie diesen Sachverhalt genauer.
Geben Sie für die zu $\overline{K}$ gehörige Funktion g einen Funktionsterm an und begründen Sie Ihr Ergebnis.
Die Extrempunkte von K bestimmen mit den Extrempunkten von $\overline{K}$ ein Trapez.
Berechnen Sie den Inhalt dieses Trapezes.

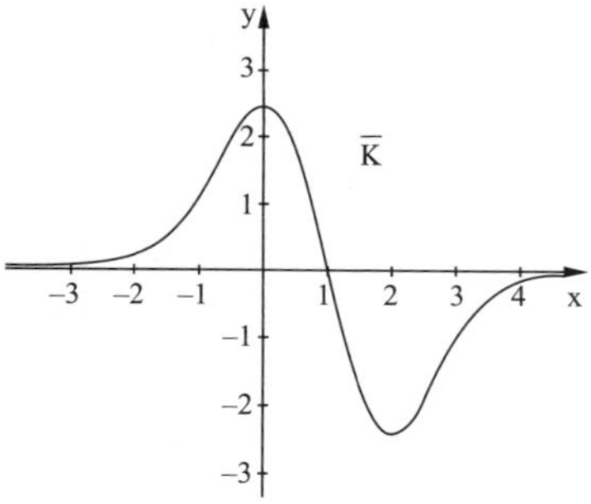

d) Untersuchen Sie, wie viele Tangenten man vom Punkt $P\left(\frac{8}{3} \,\middle|\, 0\right)$ aus an die Kurve K legen kann.

(19 VP)

Lösung

a) Gegeben ist die Funktion f durch

$f(x) = 4xe^{-\frac{1}{2}x^2}$; $x \in \mathbb{R}$.

Ihr Schaubild ist die Kurve K.

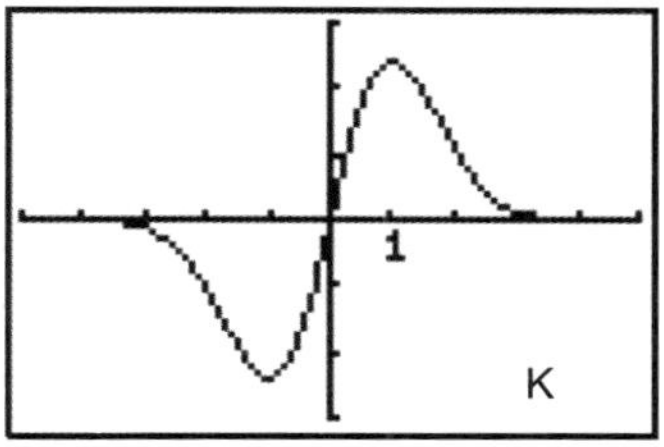

Eigenschaften von K, die man ohne Verwendung von Ableitungen bestimmen kann:

Schnittpunkt von K mit der x-Achse:

$f(x) = 0$; $x = 0$; $N(0\,|\,0) = O$.

Die x-Achse ist waagrechte Asymptote von K, denn es gilt:

$$\lim_{|x| \to \infty} f(x) = \lim_{|x| \to \infty} \left(4xe^{-\frac{1}{2}x^2}\right) = 0.$$

K ist punktsymmetrisch zum Ursprung, da für alle $x \in \mathbb{R}$ gilt:

$$f(-x) = 4(-x)e^{-\frac{1}{2}(-x)^2} = -4xe^{-\frac{1}{2}x^2} = -f(x)$$

Mit dem GTR bestimmt man näherungsweise den Schnittpunkt von K mit der 1. Winkelhalbierenden y = x zu

$S(1{,}665\,|\,1{,}665)$.

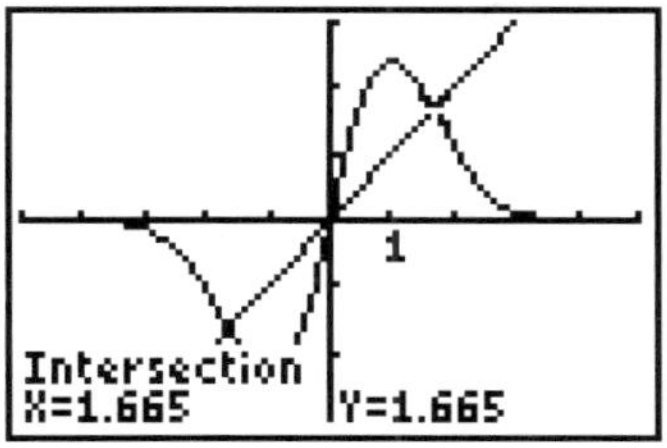

Für das Volumen des beschriebenen Rotationskörpers ergibt sich:

$$\mathbf{V} \approx \pi \int_0^{1{,}665} \left(\left(4xe^{-\frac{1}{2}x^2}\right)^2 - x^2\right) dx = \pi \int_0^{1{,}665} (16x^2e^{-x^2} - x^2)\, dx \overset{\text{GTR}}{\approx} \mathbf{14{,}41}.$$

b) Ableitung von f:

$$f'(x) = 4e^{-\frac{1}{2}x^2} + 4x \cdot (-x) \cdot e^{-\frac{1}{2}x^2} = 4e^{-\frac{1}{2}x^2}(1 - x^2).$$

Es gilt:

$$f(1) = 4 \cdot 1 \cdot e^{-\frac{1}{2} \cdot 1} = \frac{4}{\sqrt{e}} \quad \text{und} \quad f'(1) = 4e^{-\frac{1}{2} \cdot 1}(1 - 1) = 0.$$

Also liegt der Punkt $H\left(1 \,\middle|\, \frac{4}{\sqrt{e}}\right)$ auf K und die Kurve hat dort eine waagrechte Tangente.

Für $0 < x < 1$ gilt $f'(x) > 0$, für $x > 1$ ist $f'(x) < 0$.

D. h. f' hat an der Stelle 1 einen Vorzeichenwechsel von plus nach minus.

Somit ist $H\left(1 \,\middle|\, \frac{4}{\sqrt{e}}\right)$ der Hochpunkt der Kurve.

Wegen der Punktsymmetrie der Kurve K ist $T\left(-1 \,\middle|\, -\frac{4}{\sqrt{e}}\right)$ der Tiefpunkt von K.

Das Schaubild C der Funktion h mit $h(x) = \frac{ax}{x^2+1}$ soll durch den Punkt H verlaufen. Dazu muss gelten:

$$h(1) = \frac{4}{\sqrt{e}};\ \frac{a}{2} = \frac{4}{\sqrt{e}};\ a = \frac{8}{\sqrt{e}}.$$

Damit erhält man:

$$\mathbf{h(x) = \frac{8x}{\sqrt{e}(x^2+1)}}.$$

Wegen der Punktsymmetrie beider Kurven liegt auch der Tiefpunkt T von K auf C.

Die Länge der Strecke, die die Gerade x = z, 0 < z < 1, aus den Kurven K und C ausschneidet, wird beschrieben durch die Funktion d mit

$$d(z) = |f(z) - h(z)| = \left| 4ze^{-\frac{1}{2}z^2} - \frac{8z}{\sqrt{e}(z^2+1)} \right|.$$

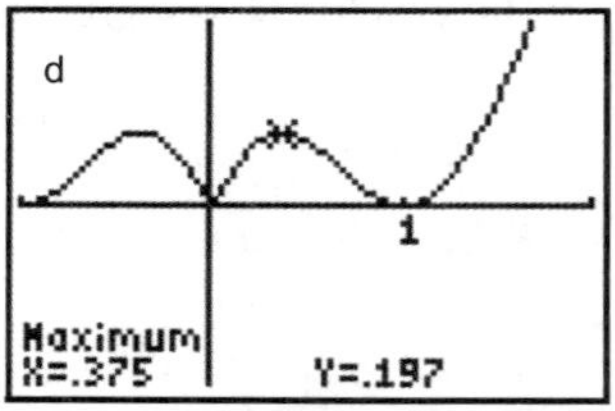

Mit dem GTR erhält man das Maximum von d an der Stelle $z \approx 0{,}375$ zu $d_{max} \approx 0{,}197$.

c) **Die Kurve $\overline{K}$ entsteht aus K durch eine Verschiebung um eine Einheit in Richtung der positiven x-Achse und anschließender Spiegelung an der x-Achse.**

Die Verschiebung um eine Einheit nach rechts führt K in die Kurve K_1 über mit der Gleichung:

$$g_1(x) = f(x-1) = 4(x-1)e^{-\frac{1}{2}(x-1)^2}.$$

Bei der Spiegelung an der x-Achse geht K_1 über in $\overline{K}$. Für die Gleichung von $\overline{K}$ ergibt sich somit:

$$\mathbf{g(x) = -g_1(x) = -4(x-1)e^{-\frac{1}{2}(x-1)^2}}.$$

Die Extrempunkte von $\overline{K}$ sind die Bildpunkte der Extrempunkte von K:

Der Hochpunkt $H\left(1 \,\middle|\, \frac{4}{\sqrt{e}}\right)$ von K geht über in den Tiefpunkt $\overline{T}\left(2 \,\middle|\, -\frac{4}{\sqrt{e}}\right)$ von $\overline{K}$.

Der Tiefpunkt $T\left(-1 \,\middle|\, -\frac{4}{\sqrt{e}}\right)$ von K geht über in den Hochpunkt $\overline{H}\left(0 \,\middle|\, \frac{4}{\sqrt{e}}\right)$ von $\overline{K}$.

Das aus den vier Punkten gebildete Trapez hat die Grundseiten

$$a = 2 - (-1) = 3;\ c = 1 - 0 = 1$$

und die Höhe

$$h = \frac{4}{\sqrt{e}} - \left(-\frac{4}{\sqrt{e}}\right) = \frac{8}{\sqrt{e}}.$$

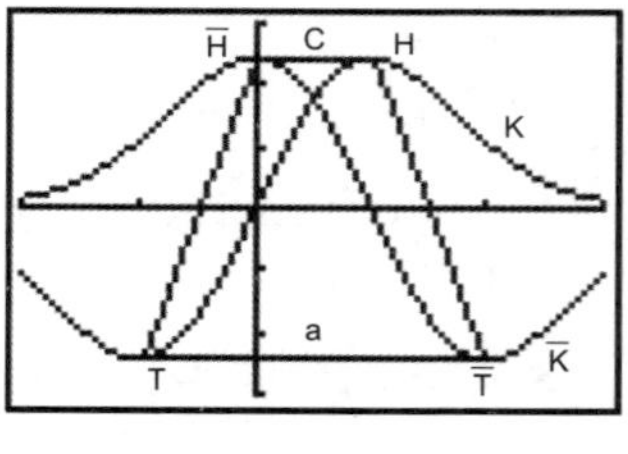

Sein Flächeninhalt ist somit:

$$\mathbf{A} = \frac{1}{2}(a+c)\cdot h = \frac{1}{2}(3+1)\cdot\frac{8}{\sqrt{e}} = \mathbf{\frac{16}{\sqrt{e}}} \approx \mathbf{9{,}7}\,.$$

d) Die Tangente in einem Punkt $B(u\,|\,f(u))$ auf K hat die Gleichung:

$$t:\ y = f'(u)(x-u) + f(u) = 4e^{-\frac{1}{2}u^2}(1-u^2)(x-u) + 4ue^{-\frac{1}{2}u^2}.$$

Der Punkt $P\left(\frac{8}{3}\,\middle|\,0\right)$ liegt auf t, wenn gilt:

$$0 = 4e^{-\frac{1}{2}u^2}(1-u^2)\left(\frac{8}{3}-u\right) + 4ue^{-\frac{1}{2}u^2};\quad 0 = (1-u^2)\left(\frac{8}{3}-u\right) + u;$$

$$0 = u^3 - \frac{8}{3}u^2 + \frac{8}{3}.$$

Mithilfe des GTR sieht man, dass die Funktion k mit

$$k(u) = u^3 - \frac{8}{3}u^2 + \frac{8}{3},$$

die drei verschiedenen Nullstellen

$u_1 \approx -0{,}869;\ u_2 \approx 1{,}535;\ u_3 \approx 2$

besitzt. Da sie als ganzrationale Funktion vom Grad 3 nicht mehr als drei haben kann, gilt:
Von P aus lassen sich genau drei Tangenten an K legen.

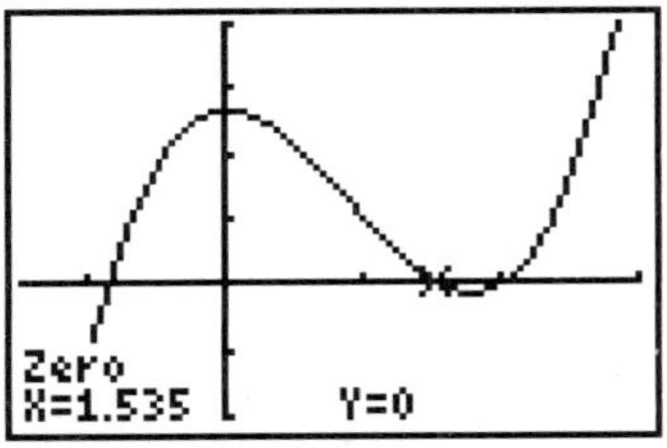

Aufgabe I 2.1

In einer medizinischen Zeitschrift ist zu lesen, dass eine im menschlichen Körper vorhandene Nikotinmenge kontinuierlich abgebaut wird, wobei sich die Nikotinkonzentration im Körper bei einem Gelegenheitsraucher jeweils nach 2 Stunden, bei einem starken Raucher nach jeweils 30 Minuten halbiert.

a) Ist zum Zeitpunkt $t = 0$ die Nikotinmenge N_0 (in mg) im Körper, so kann die zum Zeitpunkt t (t in Stunden) noch vorhandene Nikotinmenge N(t) (in mg) durch eine Gleichung der Form $N(t) = N_0 \cdot e^{-kt}$ beschrieben werden, wenn kein weiteres Nikotin zugeführt wird.
Dabei verringert sich die Nikotinmenge im Körper jeweils um p % pro Stunde.
Bestimmen Sie diese Prozentzahl für einen starken Raucher und einen Gelegenheitsraucher.

b) Beim Rauchen einer Zigarette einer bestimmten Sorte werden etwa 2 mg Nikotin unmittelbar aufgenommen. Bei einer Versuchsreihe muss ein Gelegenheitsraucher 8-mal jeweils zu Beginn einer vollen Stunde eine dieser Zigaretten rauchen. Danach wird die Nikotinmenge im Körper gemessen.
Geben Sie eine rekursiv definierte Folge an, welche die stündlichen Messwerte beschreibt.
Der gleiche Versuch wird mit einem starken Raucher durchgeführt.
Vergleichen und deuten Sie die Ergebnisse der beiden Testpersonen.
(Es wird angenommen, dass die Testpersonen zu Beginn der Versuchsreihe kein Nikotin im Körper haben. Die Zeit zum Rauchen der Zigarette wird vernachlässigt.)

(8 VP)

Aufgabe I 2.2

Zwei leere Behälter B_1 und B_2 werden durch separate Leitungen 6 Minuten lang mit Wasser gefüllt.
Die Zuflussgeschwindigkeiten in Liter pro Minute werden durch die beiden abgebildeten Schaubilder beschrieben.

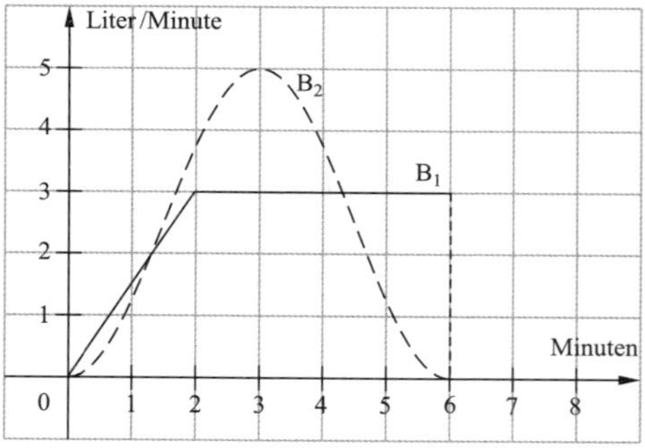

a) Beantworten und begründen Sie anhand der Schaubilder:
In welchem Behälter ist nach einer Minute, in welchem nach 3 Minuten mehr Wasser enthalten?
Wie unterscheiden sich die beiden Füllvorgänge am Ende?

b) Die Zuflussgeschwindigkeit beim Behälter B_2 kann näherungsweise durch eine Funktion f_2 mit

$$f_2(t) = a \cdot (1 - \cos(k \cdot t))$$

($f_2(t)$ in Liter pro Minute, t in Minuten) beschrieben werden.
Bestimmen Sie a und k.
Zu welchen Zeitpunkten befindet sich in beiden Behältern gleich viel Wasser?

(11 VP)

Lösung

Aufgabe I 2.1

a) Bei einem starken Raucher beträgt die Halbwertszeit des Nikotins 0,5 Stunden, d. h. es gilt:

$$N(0{,}5) = \frac{1}{2}N_0;\; N_0e^{-k \cdot 0{,}5} = \frac{1}{2}N_0;\; e^{-0{,}5k} = \frac{1}{2};\; -0{,}5k = -\ln 2;\; k_S = 2\ln 2 \approx 1{,}386.$$

Für einem Gelegenheitsraucher, bei dem das Nikotin die Halbwertszeit 2 Stunden hat, erhält man entsprechend:

$$N(2) = \frac{1}{2}N_0;\; N_0e^{-k2} = \frac{1}{2}N_0;\; e^{-2k} = \frac{1}{2};\; -2k = -\ln 2;\; k_G = \frac{\ln 2}{2} \approx 0{,}347.$$

Die relative Änderung der Nikotinmenge während einer Stunde ist

$$\frac{f(t) - f(t+1)}{f(t)} = \frac{N_0e^{-kt} - N_0e^{-k(t+1)}}{N_0e^{-kt}} = \frac{N_0e^{-kt}(1 - e^{-k})}{N_0e^{-kt}} = 1 - e^{-k}.$$

Die prozentuale Änderung bei einem starken Raucher ist somit:

$$p\,\% = 1 - e^{-1{,}386} \approx 0{,}75 = \mathbf{75\,\%}.$$

Bei einem Gelegenheitsraucher:

$$p\,\% = 1 - e^{-0{,}347} \approx 0{,}293 = \mathbf{29{,}3\,\%}.$$

b) Die Folge (u_n) gebe zu jeder Stunde die Nikotinmenge im Körper des Gelegenheitsrauches an.
Zu Beginn der Versuchsreihe werden 2 mg Nikotin aufgenommen. Während einer Stunde verringert sich die Nikotinmenge um 29,3 % (vgl. a) und wird anschließend sofort wieder um 2 mg erhöht. Die Folge lässt sich daher rekursiv definieren durch:

$$u_{n+1} = u_n - 0{,}293 \cdot u_n + 2;$$

$$u_0 = 2 \quad (n \in \{0; ...; 7\}).$$

n	u(n)
1.000	3.414
2.000	4.414
3.000	5.120
4.000	5.620
5.000	5.973
6.000	6.223
7.000	6.400

n=1

Mit dem GTR erhält man die nebenstehende Tabelle für die weiteren Folgenglieder.

Entsprechend erhält man für einen starken Raucher die Folge:

$$v_{n+1} = v_n - 0{,}75 \cdot v_n + 2;$$

$$v_0 = 2 \quad (n \in \{0; ...; 7\}).$$

n	v(n)
1.000	2.500
2.000	2.625
3.000	2.656
4.000	2.664
5.000	2.666
6.000	2.667
7.000	2.667

n=1

Die entsprechenden Folgenglieder werden wieder mit dem GTR bestimmt.

Bei beiden Versuchspersonen zeigt sich, dass sich die Nikotinmenge im Körper einem Grenzwert nähert.
Trotz gleicher Versuchsbedingungen ist dieser aber bei einem Gelegenheitsraucher deutlich höher als bei einem starken Raucher.

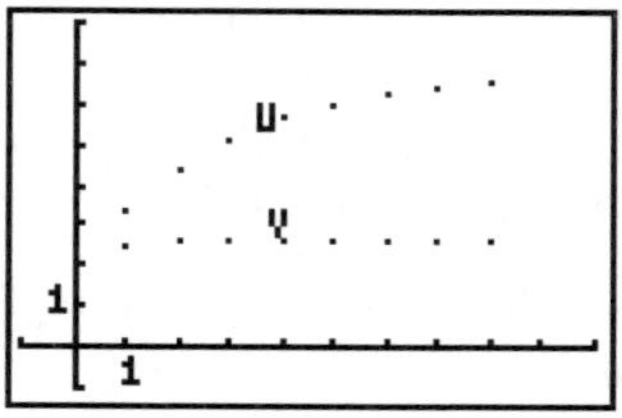

Aufgabe I 2.2

a) Die Zuflussgeschwindigkeit beim Behälter B_1 ist während der ersten Minute stets größer als die bei B_2. Also gilt auch:
Nach einer Minute ist im Behälter B_1 mehr Wasser enthalten als im Behälter B_2.

Wird die Zuflussgeschwindigkeit bei einem Behälter durch die (stetige) Funktion f beschrieben, so ist die Wassermenge V (in Liter) in dem Behälter nach t_0 Minuten gegeben durch

$$V = \int_0^{t_0} f(t)\,dt,$$

wobei V dem Inhalt der Fläche unter dem Schaubild von f über dem Intervall $[0; t_0]$ entspricht.

Da die Fläche über dem Intervall [0; 3] unter dem Schaubild zu B_2 einen ersichtlich größeren Inhalt hat als die Fläche unter dem Schaubild zu B_1, gilt:
Nach 3 Minuten ist im Behälter B_2 mehr Wasser enthalten als im Behälter B_1.

Gegen Ende des Füllvorgangs wird beim Behälter B_2 die Wasserzufuhr allmählich beendet, während beim Behälter B_1 der Zufluss abrupt unterbrochen wird.

b) **Bestimmung von a und k:**
Aus dem Schaubild entnimmt man die zwei Bedingungen:

$$\left.\begin{array}{l} f_2(6)=0 \\ f_2(3)=5 \end{array}\right| \quad \text{bzw.} \quad \left.\begin{array}{l} a\cdot(1-\cos(6k))=0 \\ a\cdot(1-\cos(3k))=5 \end{array}\right|.$$

Da offensichtlich a nicht 0 sein kann und die Funktion f_2 die Periode 6 haben muss, folgt aus der 1. Gleichung:

$$\cos(6k)=1;\ \ 6k=2\pi;\ \ k=\tfrac{\pi}{3}.$$

Einsetzen in die zweite Gleichung liefert:

$$a\cdot(1-\cos\pi)=5;\ \ 2a=5;\ \ a=2{,}5.$$

Somit gilt für f_2:

$$\mathbf{f_2(t)=2{,}5\cdot\left(1-\cos\left(\frac{\pi}{3}t\right)\right).}$$

Zeitpunkte, bei denen in beiden Behältern gleiche Wassermengen sind:
Zum Zeitpunkt $t=0$ sind beide Behälter leer, die Wassermengen somit trivialerweise gleich.
Vergleicht man anschaulich die Flächen unter den Schaubildern von f_2 und f_1, so kann man weitere solche Zeitpunkte in der Nähe von 2 Minuten und gegen Ende des Füllvorgangs vermuten.

Die Zuflussgeschwindigkeit (in Liter/Minute) beim Behälter B_1 wird beschrieben durch

$$f_1(t) = \begin{cases} \frac{3}{2}t & \text{für } 0 \le t \le 2 \\ 3 & \text{für } 2 < t \le 6 \end{cases}.$$

Die Wassermenge (in Liter) im Behälter B_1 zu einem Zeitpunkt t ist dann gegeben durch:

$$V_1(t) = \begin{cases} \frac{3}{4}t^2 & \text{für } 0 \le t \le 2 \\ \frac{1}{2}\cdot 2\cdot 3 + 3\cdot(t-2) = 3t-3 & \text{für } 2 < t \le 6 \end{cases},$$

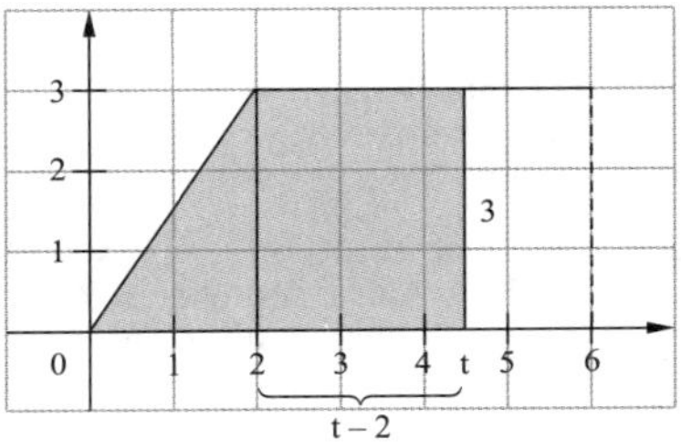

im Behälter B_2 durch:

$$V_2(t) = \int_0^t f_2(x)\,dx = 2{,}5\cdot\int_0^t \left(1-\cos\left(\frac{\pi}{3}x\right)\right)dx$$

$$= 2{,}5\cdot\left(t - \frac{3}{\pi}\sin\left(\frac{\pi}{3}t\right)\right) \quad \text{für } 0 \le t \le 6.$$

Gesucht ist ein Zeitpunkt t für den die Wassermengen gleich sind, d. h. für den gilt:

$$V_1(t) = V_2(t).$$

Man wird dazu z. B. die Schaubilder von V_1 und V_2 mithilfe des GTR auf Schnittpunkte untersuchen.

Untersuchung für $0 \le t \le 2$:

$$0{,}75\cdot t^2 = 2{,}5\cdot\left(t - \frac{3}{\pi}\sin\left(\frac{\pi}{3}t\right)\right)$$

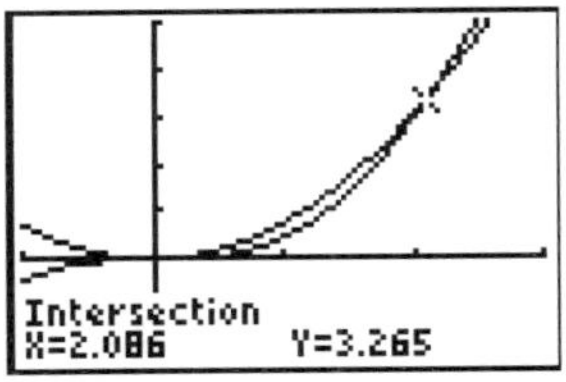

Neben der trivialen Lösung t = 0 gibt es keine weiteren Lösungen im Bereich $0 \le t \le 2$.

Untersuchung für $2 < t \le 6$:

$$3t - 3 = 2{,}5\cdot\left(t - \frac{3}{\pi}\sin\left(\frac{\pi}{3}t\right)\right)$$

Man erhält zunächst die Lösung t = 6.
Zoomt man den Bereich an der Stelle t = 2, so sieht man zwei weitere Schnittpunkte, wobei t = 2,08 die einzige weitere Lösung größer 2 ist.

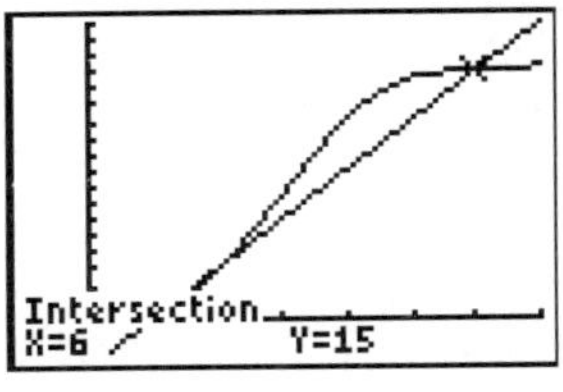

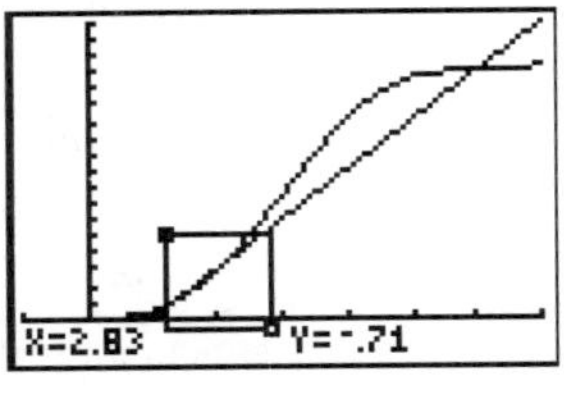

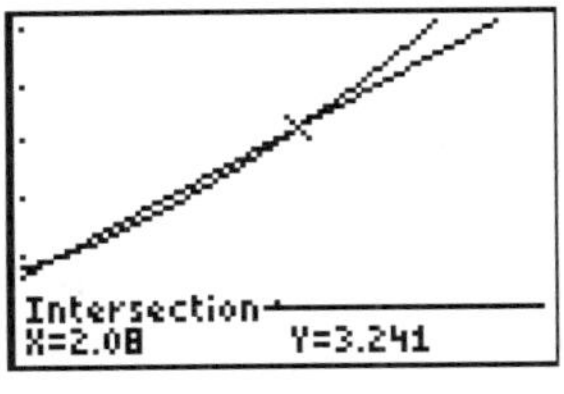

Nach 2,08 Minuten sind die Wassermengen in beiden Behältern erstmals gleich. Sie enthalten dann beide etwa 3,24 Liter Wasser.

Auch am Ende des Füllvorgangs, nach 6 Minuten ist in beiden Behältern gleich viel Wasser enthalten, nämlich jeweils 15 Liter.

Aufgabe I 3.1

Zwei geradlinig verlaufende Straßen a und b bilden an ihrer Kreuzung einen Winkel von 90°. Die beiden Straßen sollen durch einen Radweg c verbunden werden.

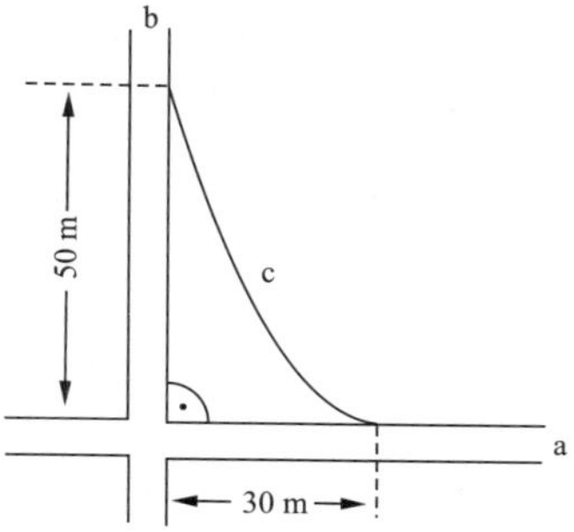

a) Wählt man ein Koordinatensystem so, dass die x-Achse den oberen Rand der Straße a und die y-Achse den rechten Rand der Straße b darstellt, so lässt sich der Radweg c näherungsweise durch eine Funktion f mit der Gleichung

$$f(x) = -\frac{(x-d)^3}{k}$$

beschreiben. (x, f(x) in Metern)
Bestimmen Sie d und k.
Unter welchen Winkeln mündet der Radweg c in die Straße a und b?
Wie groß ist der Flächeninhalt der Fläche zwischen den beiden Straßen und dem Radweg?

b) Auf der Fläche zwischen den beiden Straßen und dem Radweg soll ein Bürogebäude mit möglichst großer Grundfläche errichtet werden. Der Grundriss des Gebäudes soll ein Dreieck sein, von dem zwei Seiten direkt an den Straßen a und b anliegen.
Wie groß kann die Grundfläche des Gebäudes maximal werden? (9 VP)

Aufgabe I 3.2

a) Zu jedem $n \in \mathbb{N}_0$ ist eine Funktion f_n mit der Gleichung

$$f_n(x) = 10\,(x-n)\,e^{-x}\ ;\ x \in \mathbb{R}$$

gegeben. Das zugehörige Schaubild ist die Kurve K_n.
Untersuchen Sie das Verhalten von f_n für $x \to \infty$.
Skizzieren Sie für zwei selbst gewählte Werte von n die Schaubilder K_n in ein gemeinsames Koordinatensystem und stellen Sie einige gemeinsame Eigenschaften dieser Kurven zusammen.
Zeigen Sie, dass für alle $n \in \mathbb{N}_0$ und für alle $x \in \mathbb{R}$ gilt:

$$f_n'(x) = -f_{n+1}(x).$$

Auf welcher Kurve liegen die Hochpunkte aller Kurven K_n?

b) Die Kurven K_{n+1} und K_n bestimmen zusammen mit der y-Achse eine nach rechts unbeschränkte Fläche.
Zeigen Sie, dass der Inhalt dieser Fläche nicht von n abhängt.
Für jedes $n > 0$ bestimmt die Kurve K_n mit der x-Achse eine nach rechts unbeschränkte Fläche mit dem endlichen Inhalt A_n.
Begründen Sie, dass die Folge (A_n) der Flächeninhalte eine Nullfolge ist. (10 VP)

Lösung

Aufgabe I 3.1

a) Man wählt das Koordinatensystem so, dass die x-Achse den oberen Rand der Straße a und die y-Achse den rechten Rand der Straße b beschreibt.

Für die Funktion f mit $f(x) = -\frac{(x-d)^3}{k}$ muss dann gelten:

$$f(30) = 0;\; 30 - d = 0;\; d = 30.$$

$$f(0) = 50;\; -\frac{(0-30)^3}{k} = 50;\; k = \frac{30^3}{50} = 540.$$

Somit:

$$f(x) = -\frac{(x-30)^3}{540}.$$

Ableitung von f:

$$f'(x) = -3 \cdot \frac{(x-30)^2}{540} = -\frac{(x-30)^2}{180}.$$

An der Stelle $x = 30$ gilt:

$$f'(30) = 0,$$

d. h. das Schaubild von f berührt dort die x-Achse.

Der Radweg c mündet daher ohne Knick in die Straße a.

Für den Steigungswinkel α der Tangente an das Schaubild von f an der Stelle $x = 0$ erhält man:

$$\tan\alpha = f'(0) = -\frac{(-30)^2}{180} = -5; \quad \alpha \approx -78{,}69^\circ.$$

Der Radweg c mündet daher unter dem Winkel $\beta \approx 90^\circ - 78{,}69^\circ \approx 11{,}3^\circ$ in die Straße b.

Den Flächeninhalt (in m^2) der Fläche zwischen den zwei Straßen und dem Radweg bestimmt man mithilfe des GTR:

$$\mathbf{A} = \int_0^{30} \left(-\frac{(x-30)^3}{540}\right) dx \overset{\text{GTR}}{=} \mathbf{375}.$$

b) Damit die zur Verfügung stehende Fläche optimal ausgenutzt wird, muss die dritte Seite des Gebäudes tangential zum Radweg c verlaufen.
Der Gebäudegrundriss ist ein rechtwinkliges Dreieck.

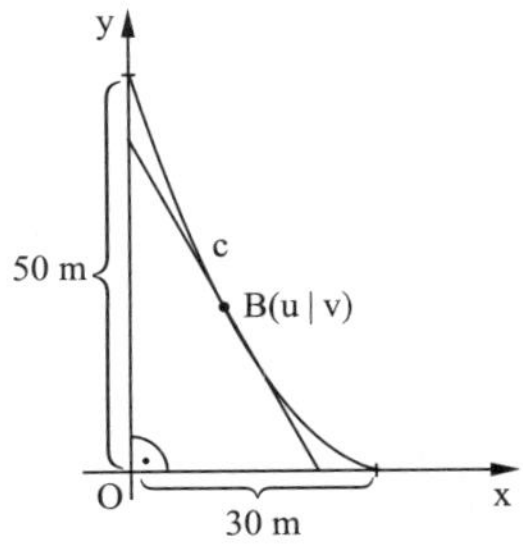

Wählt man einen Punkt $B(u \mid f(u))$, $0 < u < 30$, auf dem Schaubild von f, so hat die Tangente t in B die Gleichung:

$$t:\; y = f'(u) \cdot (x-u) + f(u)$$
$$= -\frac{(u-30)^2}{180} \cdot (x-u) - \frac{(u-30)^3}{540}.$$

Ordinate des Schnittpunktes von t mit der y-Achse:

$$y_1 = -\frac{(u-30)^2}{180}\cdot(0-u)-\frac{(u-30)^3}{540}$$
$$= \frac{3(u-30)^2\cdot u-(u-30)^3}{540}$$
$$= \frac{(u-30)^2\cdot(2u+30)}{540}$$

Abszisse x_1 des Schnittpunktes von t mit der x-Achse:

$$0 = -\frac{(u-30)^2}{180}\cdot(x_1-u)-\frac{(u-30)^3}{540};$$
$$\frac{(u-30)^2}{180}\cdot(x_1-u) = -\frac{(u-30)^3}{540};$$
$$x_1-u = -\frac{1}{3}(u-30);$$
$$x_1 = \frac{2}{3}u+10$$

Der Flächeninhalt des rechtwinkligen Dreiecks, das durch den Ursprung O und die Schnittpunkte von t mit den Koordinatenachsen bestimmt wird, ist dann in Abhängigkeit von u gegeben durch:

$$A_G(u) = \frac{1}{2}\cdot x_1\cdot y_1$$
$$= \frac{1}{2}\cdot\left(\frac{2}{3}u+10\right)\cdot\frac{(u-30)^2\cdot(2u+30)}{540}$$

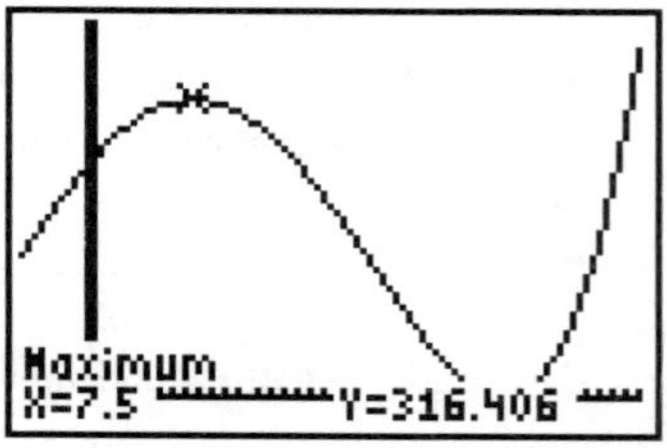

Das Maximum der Funktion A_G im Bereich $]\,0;30\,[$ bestimmt man nun mit dem GTR:

Die größtmögliche Grundfläche des Bürogebäudes hätte den Flächeninhalt 316,4 m².

Aufgabe I 3.2

a) Zu jedem $n \in \mathbb{N}_0$ ist eine Funktion f_n mit der Gleichung $f_n(x) = 10\cdot(x-n)e^{-x}$ gegeben.

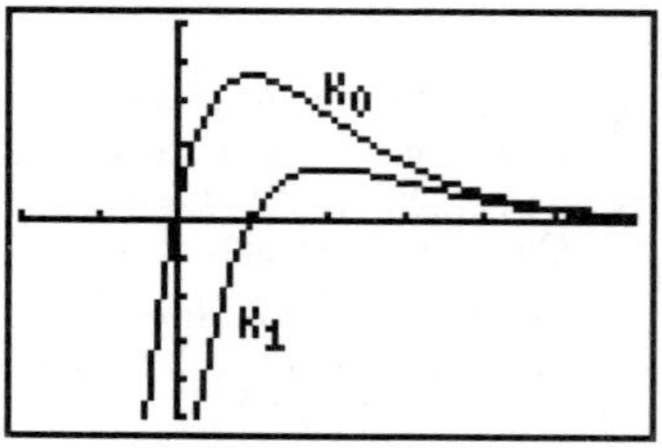

Verhalten für $x \to \infty$:

$$\lim_{x\to\infty} f_n(x) = \lim_{x\to\infty}(10\cdot x\cdot e^{-x}-10n\cdot e^{-x}) = 0$$

Mithilfe des GTR skizziert man etwa die Schaubilder K_0 und K_1.

Gemeinsame Eigenschaften von K_0 und K_1:
- Sie haben einen Schnittpunkt mit der x-Achse.
- Die x-Achse ist waagrechte Asymptote.
- Sie haben einen Hochpunkt.
- Sie haben einen Wendepunkt.

Für die **Ableitung von f_n** erhält man:

$$\begin{aligned} f_n'(x) &= 10 \cdot e^{-x} + 10 \cdot (x-n) \cdot (-1) \cdot e^{-x} \\ &= 10 \cdot (1 - x + n) e^{-x} \\ &= -10 \cdot (x - (n+1)) e^{-x} \\ &= -f_{n+1}(x). \end{aligned}$$

Extrempunkte von K_n:

$$f_n'(x) = -f_{n+1}(x) = 0; \;\; x - (n+1) = 0; \;\; x = n+1;$$

$$\begin{aligned} f_n''(n+1) &= -f_{n+1}'(n+1) = f_{n+2}(n+1) = 10 \cdot (n+1-(n+2)) e^{-(n+1)} \\ &= -10 \cdot e^{-(n+1)} < 0; \end{aligned}$$

$$f_n(n+1) = 10 \cdot (n+1-n) e^{-(n+1)} = 10 \cdot e^{-(n+1)}.$$

Die Kurve K_n hat somit den Hochpunkt $H_n(n+1 \mid 10 \cdot e^{-(n+1)})$ als einzigen Extrempunkt.

Ortskurve der Hochpunkte:

$$\left.\begin{array}{l} x = n+1 \\ y = 10 \cdot e^{-(n+1)} \end{array}\right\} \Rightarrow \; y = 10 \cdot e^{-x}.$$

Die Hochpunkte aller Kurven K_n liegen auf der Kurve mit der Gleichung $y = 10 \cdot e^{-x}$.

b) Bestimmung des Inhaltes A der nach rechts unbeschränkten Fläche, die von K_n und K_{n+1} zusammen mit der y-Achse festgelegt wird.
Zunächst gilt für jedes $n \in \mathbb{N}_0$ und alle $x \in \mathbb{R}$:

$$f_{n+1}(x) = 10 \cdot (x - (n+1)) \cdot e^{-x} = 10 \cdot (x-n) \cdot e^{-x} - 10 \cdot e^{-x} < f_n(x).$$

Der Inhalt, der von K_n, K_{n+1}, der y-Achse und der Geraden $x = c$, $c > 0$, begrenzten Fläche ist dann:

$$A_c = \int_0^c (f_n(x) - f_{n+1}(x))\,dx = \int_0^c 10 \cdot e^{-x}\,dx = [-10 \cdot e^{-x}]_0^c = -10 \cdot e^{-c} + 10.$$

A ergibt sich dann als Grenzwert:

$$A = \lim_{c \to \infty} A_c = 10.$$

Der Flächeninhalt A ist somit unabhängig von n.

Einzige Nullstelle von f_n ist $x_n = n$.
Eine Stammfunktion von f_n ist $-f_{n-1}$, da nach Teilaufgabe a gilt:

$$f_{n-1}' = -f_n \quad \text{bzw.:} \quad (-f_{n-1})' = -f_{n-1}' = f_n.$$

Für die Inhalte A_n erhält man damit:

$$\begin{aligned} A_n &= \lim_{c \to \infty} \int_n^c f_n(x)dx = \lim_{c \to \infty} [-f_{n-1}(x)]_n^c = \lim_{c \to \infty} [-10 \cdot (x-(n-1))e^{-x}]_n^c \\ &= \lim_{c \to \infty} [-10 \cdot (c-n+1) \cdot e^{-c} + 10 \cdot (n-n+1) \cdot e^{-n}] \\ &= 10 \cdot e^{-n} \end{aligned}$$

Wegen $\lim\limits_{n \to \infty} A_n = \lim\limits_{n \to \infty} (10 \cdot e^{-n}) = 0$ ist die Folge (A_n) eine Nullfolge.

Auf der abgebildeten Karte (Maßstab 1 : 100 000) sind die beiden geradlinigen Flugbahnen (1) und (2) zweier Flugzeuge F_1 und F_2 über einem ebenen Gelände verzeichnet.
Das Flugzeug F_1 fliegt auf der Strecke (1) in 5 km Höhe parallel zum Boden.
Alle weiteren notwendigen Angaben sind der Karte zu entnehmen.

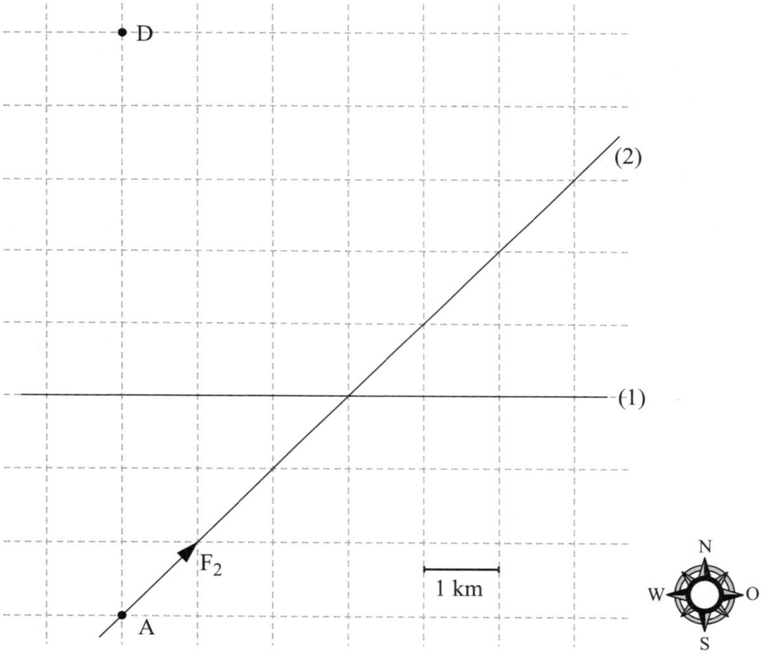

a) Im Punkt D am Boden steht ein Radargerät:
Berechnen Sie die kleinste Entfernung des Flugzeuges F_1 zum Radargerät.

b) Auf der Linie (2) befindet sich im Punkt A in 6 km Höhe das zweite Flugzeug F_2 im Sinkflug in nord-östlicher Richtung mit dem Sinkwinkel 10°.
Wie nahe können sich die Flugzeuge F_1 und F_2 im ungünstigsten Fall kommen?

(15 VP)

Lösung

a) Zunächst wird ein geeignetes Koordinatensystem festgelegt.
Als x_1-Achse nehmen wir die senkrechte Projektion der Linie (1) auf die Bodenfläche.
Als x_2-Achse wird die Orthogonale dazu durch den Punkt D gewählt.
Die x_3-Achse durch den Schnittpunkt O der beiden Geraden zeigt senkrecht nach oben.
Der Karte entnimmt man dann die Koordinaten des Radargerätes in diesem Koordinatensystem:

D(0 | 5 | 0).

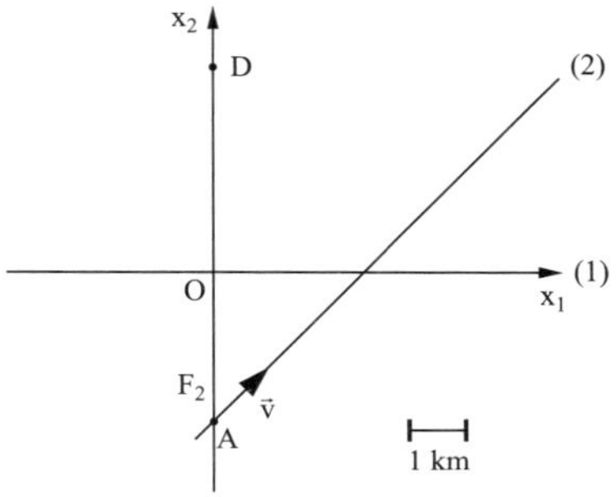

Die Bahnkurve (1) kann durch eine Gerade g beschrieben werden mit dem Stützpunkt P(0 | 0 | 5) und dem Richtungsvektor $\vec{u} = \begin{pmatrix} 1 \\ 0 \\ 0 \end{pmatrix}$.

Eine Gleichung von g ist somit:

$$g:\ \vec{x} = \begin{pmatrix} 0 \\ 0 \\ 5 \end{pmatrix} + t \cdot \begin{pmatrix} 1 \\ 0 \\ 0 \end{pmatrix};\ t \in \mathbb{R}.$$

Der Abstand von D zu g ist gleich dem Abstand der Punkte D und P, da DP in der x_2x_3-Ebene liegt und somit orthogonal zu g ist:

$$d = d(D; g) = |\overrightarrow{DP}| = \left| \begin{pmatrix} 0 \\ -5 \\ 5 \end{pmatrix} \right| = \sqrt{50} = 5\sqrt{2} \approx 7,1.$$

Die kleinste Entfernung des Flugzeuges F_1 zum Radargerät in D beträgt ungefähr 7,1 km.

b) Der Punkt A hat in unserem Koordinatensystem die Koordinaten A(0 | −3 | 6). Die Fluglinie (2) kann durch eine Gerade h dargestellt werden mit dem Stützpunkt A.
Da das Flugzeug F_2 sich in nord-östliche Richtung im Sinkflug bewegt, wird seine Flugrichtung durch den Vektor

$$\vec{v} = \begin{pmatrix} 1 \\ 1 \\ x \end{pmatrix} = \underbrace{\begin{pmatrix} 1 \\ 1 \\ 0 \end{pmatrix}}_{\vec{a}} + \underbrace{\begin{pmatrix} 0 \\ 0 \\ x \end{pmatrix}}_{\vec{b}}$$ mit x < 0 beschrieben,

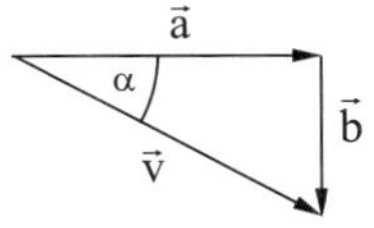

wobei sich x < 0 aus dem Sinkwinkel α = 10° wie folgt ergibt (s. Skizze):

$$\tan 10° = \frac{|\vec{b}|}{|\vec{a}|} = \frac{|x|}{\sqrt{2}};\ x = -\sqrt{2} \cdot \tan 10° \approx -0,25.$$

Somit gilt näherungsweise $\vec{v} = \begin{pmatrix} 1 \\ 1 \\ -0{,}25 \end{pmatrix}$ und für die Gerade h erhält man die Gleichung:

$$h:\ \vec{x} = \begin{pmatrix} 0 \\ -3 \\ 6 \end{pmatrix} + s \cdot \begin{pmatrix} 1 \\ 1 \\ -0{,}25 \end{pmatrix};\ s \in \mathbb{R}.$$

Für einen zu den beiden Vektoren $\vec{u} = \begin{pmatrix} 1 \\ 0 \\ 0 \end{pmatrix}$ und $\vec{v} = \begin{pmatrix} 1 \\ 1 \\ -0{,}25 \end{pmatrix}$ orthogonalen Vektor $\vec{n} = \begin{pmatrix} n_1 \\ n_2 \\ n_3 \end{pmatrix}$ gilt:

$$\left.\begin{matrix} 0 = \vec{u} \cdot \vec{n} \\ 0 = \vec{v} \cdot \vec{n} \end{matrix}\right|;\quad \left.\begin{matrix} n_1 = 0 \\ n_1 + n_2 - 0{,}25 n_3 = 0 \end{matrix}\right|.$$

Eine Lösung des LGS ist $n_1 = 0$, $n_3 = 4$, $n_2 = 1$.
Somit ist

$$\vec{n}_0 = \frac{1}{\sqrt{17}} \begin{pmatrix} 0 \\ 1 \\ 4 \end{pmatrix}$$

ein zu $\vec{u}$ und $\vec{v}$ orthogonaler Einheitsvektor.
Der Abstand der beiden windschiefen Geraden g und h ergibt sich damit zu:

$$d = \left| \frac{1}{\sqrt{17}} \begin{pmatrix} 0 \\ 1 \\ 4 \end{pmatrix} \cdot \left[\begin{pmatrix} 0 \\ -3 \\ 6 \end{pmatrix} - \begin{pmatrix} 0 \\ 0 \\ 5 \end{pmatrix} \right] \right| = \frac{1}{\sqrt{17}} \approx 0{,}24.$$

Im ungünstigsten Fall könnten die beiden Flugzeuge nur einen Abstand von 240 m haben!

Aufgabe II 2.1

Eine senkrechte quadratische Pyramide ist 8 m hoch, ihre Grundseite ist 4 m lang. Bestimmen Sie den Punkt P im Inneren der Pyramide, der von den vier Seitenflächen der Pyramide den gleichen Abstand hat und von der Grundfläche doppelt so weit entfernt ist wie von einer Seitenfläche.

(8 VP)

Aufgabe II 2.2

Gegeben sind vier verschiedene Punkte A_1, A_2, A_3 und A_4 im Raum mit den Ortsvektoren $\vec{a}_i = \overrightarrow{OA_i}$ bezüglich eines Ursprungs O.

a) In einem Dreieck schneiden sich die drei Seitenhalbierenden im Schwerpunkt des Dreiecks.
Der Schwerpunkt teilt jede Seitenhalbierende im Verhältnis 2 : 1.
Zeigen Sie, dass für den Ortsvektor $\vec{s}$ des Schwerpunktes S des Dreiecks $A_1A_2A_3$ gilt:

$$\vec{s} = \frac{1}{3}(\vec{a}_1 + \vec{a}_2 + \vec{a}_3).$$

b) Der Schwerpunkt Z des Vierecks $A_1A_2A_3A_4$ hat den Ortsvektor

$$\vec{z} = \frac{1}{4}(\vec{a}_1 + \vec{a}_2 + \vec{a}_3 + \vec{a}_4).$$

Zeigen Sie, dass der Punkt Z die Strecke A_4S im Verhältnis 3 : 1 teilt.

(7 VP)

Lösung

Aufgabe II 2.1

Als Ursprung eines Koordinatensystems wählen wir den Mittelpunkt O der Grundfläche. Die x_1- und die x_2-Achse verlaufen parallel zu den Quadratseiten der Grundfläche durch O, die x_3-Achse ist die Symmetrieachse der Pyramide durch O und die Pyramidenspitze S. Die Eckpunkte der Pyramide haben in diesem Koordinatensystem die Koordinaten:

$$A_1(2|-2|0),\quad A_2(2|2|0),\quad A_3(-2|2|0),\quad A_4(-2|-2|0),\quad S(0|0|8).$$

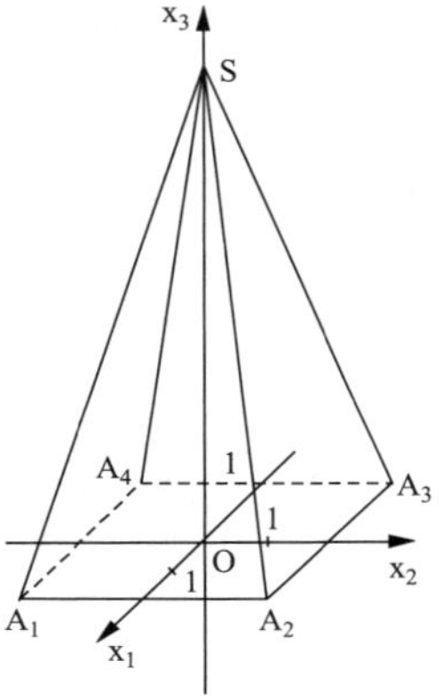

Ein Punkt P, der von den vier Seitenflächen gleich weit entfernt ist, muss aufgrund der Symmetrie der Figur auf der x_3-Achse liegen, d. h. man kann für ihn ansetzen:

$$M(0|0|m) \text{ mit } 0 < m < 8.$$

Sein Abstand von der Grundfläche ist $d_0 = m$.

Die Ebene E, in der die Seitenfläche A_1A_2S liegt, hat als Vektorgleichung:

$$E\colon\ \vec{x} = \overrightarrow{OS} + s\cdot\overrightarrow{SA_1} + t\cdot\overrightarrow{SA_2}$$
$$= \begin{pmatrix}0\\0\\8\end{pmatrix} + s\cdot\begin{pmatrix}2\\-2\\-8\end{pmatrix} + t\cdot\begin{pmatrix}2\\2\\-8\end{pmatrix};\ s,t\in\mathbb{R}.$$

Für einen Normalenvektor $\vec{n} = \begin{pmatrix}n_1\\n_2\\n_3\end{pmatrix}$ von E muss gelten:

$$\begin{pmatrix}2\\-2\\-8\end{pmatrix}\cdot\vec{n} = 0;\quad \begin{pmatrix}2\\2\\-8\end{pmatrix}\cdot\vec{n} = 0;\quad \left.\begin{matrix}2n_1 - 2n_2 - 8n_3 = 0\\ 2n_1 + 2n_2 - 8n_3 = 0\end{matrix}\right|\ \begin{matrix}(-1)\\ \hookleftarrow\end{matrix}\ ;\quad \left.\begin{matrix}2n_1 - 2n_2 - 8n_3 = 0\\ 4n_2 \qquad\quad = 0\end{matrix}\right|.$$

Eine Lösung ist $n_2 = 0,\ n_3 = 1,\ n_1 = 4$, d. h. $\vec{n} = \begin{pmatrix}4\\0\\1\end{pmatrix}$ ist ein Normalenvektor von E.

Mit dem Ansatz $E\colon 4x_1 + x_3 = c$ und $S(0|0|8)\in E$ ergibt sich schließlich:

$$E\colon 4x_1 + x_3 = 8.$$

HNF von E: $\dfrac{4x_1 + x_3 - 8}{\sqrt{17}} = 0.$

Der Punkt $M(0|0|m)$ soll von der Grundfläche doppelt soweit entfernt sein wie von einer Seitenfläche, d. h.

$$m = 2\cdot d(M;E);\quad m = 2\cdot\frac{|m-8|}{\sqrt{17}};\quad |m-8| = \frac{\sqrt{17}}{2}\cdot m;$$

$$m - 8 = -\frac{\sqrt{17}}{2}\cdot m \quad\text{oder}\quad m - 8 = \frac{\sqrt{17}}{2}\cdot m;$$

$$m\left(1+\frac{\sqrt{17}}{2}\right)=8 \text{ oder } m\left(1-\frac{\sqrt{17}}{2}\right)=8;$$

$$m=\frac{8}{1+\frac{\sqrt{17}}{2}}\approx 2{,}613 \text{ oder } m=\frac{8}{1-\frac{\sqrt{17}}{2}}\approx -7{,}536.$$

Da $m>0$ sein muss, erhält man für den gesuchten Punkt

$P\left(0\,\middle|\,0\,\middle|\,\frac{16}{2+\sqrt{17}}\right)\approx P(0\,|\,0\,|\,2{,}613)$.

Aufgabe II 2.2

a) Der Mittelpunkt M der Strecke A_2A_3 hat den Ortsvektor

$$\overrightarrow{OM}=\overrightarrow{OA}_2+\frac{1}{2}\cdot\overrightarrow{A_2A_3}$$
$$=\vec{a}_2+\frac{1}{2}\cdot(\vec{a}_3-\vec{a}_2)=\frac{1}{2}\cdot(\vec{a}_2+\vec{a}_3).$$

Für den Ortsvektor des Schwerpunktes S des Dreiecks $A_1A_2A_3$ erhält man damit (s. Skizze):

$$\vec{s}=\overrightarrow{OS}=\overrightarrow{OA}_1+\frac{2}{3}\cdot\overrightarrow{A_1M}$$
$$=\vec{a}_1+\frac{2}{3}\cdot\left(\frac{1}{2}(\vec{a}_2+\vec{a}_3)-\vec{a}_1\right)$$
$$=\vec{a}_1+\frac{1}{3}\cdot\vec{a}_2+\frac{1}{3}\cdot\vec{a}_3-\frac{2}{3}\vec{a}_1$$
$$=\frac{1}{3}\cdot(\vec{a}_1+\vec{a}_2+\vec{a}_3)$$

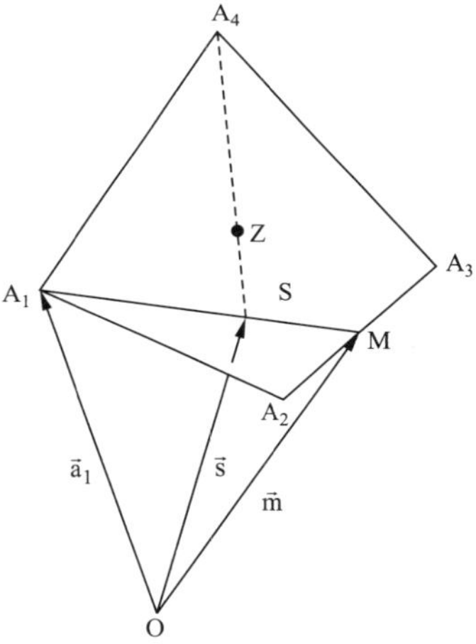

b) Es gilt

$$\overrightarrow{A_4Z}=\frac{1}{4}\cdot(\vec{a}_1+\vec{a}_2+\vec{a}_3+\vec{a}_4)-\vec{a}_4=\frac{1}{4}\cdot(\vec{a}_1+\vec{a}_2+\vec{a}_3-3\vec{a}_4);$$

$$\overrightarrow{ZS}=\frac{1}{3}\cdot(\vec{a}_1+\vec{a}_2+\vec{a}_3)-\frac{1}{4}\cdot(\vec{a}_1+\vec{a}_2+\vec{a}_3+\vec{a}_4)$$
$$=\frac{1}{12}\cdot(\vec{a}_1+\vec{a}_2+\vec{a}_3-3\vec{a}_4).$$

Wegen

$$\overrightarrow{A_4Z}=\frac{1}{4}\cdot(\vec{a}_1+\vec{a}_2+\vec{a}_3-3\vec{a}_4)=\frac{3}{12}\cdot(\vec{a}_1+\vec{a}_2+\vec{a}_3-3\vec{a}_4)=3\cdot\overrightarrow{ZS}$$

teilt der Punkt Z die Strecke A_4S im Verhältnis 3 : 1.

Abiturprüfung Mathematik ab 2004 (Baden-Württemberg)
Übungsaufgaben für den Pflichtteil – Satz B

Aufgabe 1

Bestimmen Sie die Lösungsmenge der Gleichung: $\frac{2x-1}{2x-3} = 2 + \frac{3}{x(2x-3)}$ (3 VP)

Aufgabe 2

Bestimmen Sie für $0 \le x \le 2\pi$ die Lösungsmenge der Gleichung

$$(\cos x)^2 - 2 \cdot \cos x - 3 = 0$$

(2 VP)

Aufgabe 3

Geben Sie für die Funktion f mit $f(x) = 4x^3 + \frac{2}{x^3} - 3e^{-4x}$, $x \in \mathbb{R} \setminus \{0\}$, eine Stammfunktion an. (2 VP)

Aufgabe 4

Gegeben ist die Funktion f durch

$$f(x) = x^2 + \frac{1}{x}, \quad x \in \mathbb{R} \setminus \{0\}.$$

Ihr Schaubild hat einen Tiefpunkt und schneidet die x-Achse in einem Punkt.

a) Berechnen Sie den Schnittpunkt mit der x-Achse und die Abszisse des Tiefpunktes.

b) Bestimmen Sie eine Gleichung der Tangente im Punkt $P(1 \mid f(1))$ des Schaubildes von f.
Untersuchen Sie, ob die Gerade durch die Punkte P und $Q(-2 \mid 3)$ orthogonal zu dieser Tangente ist.

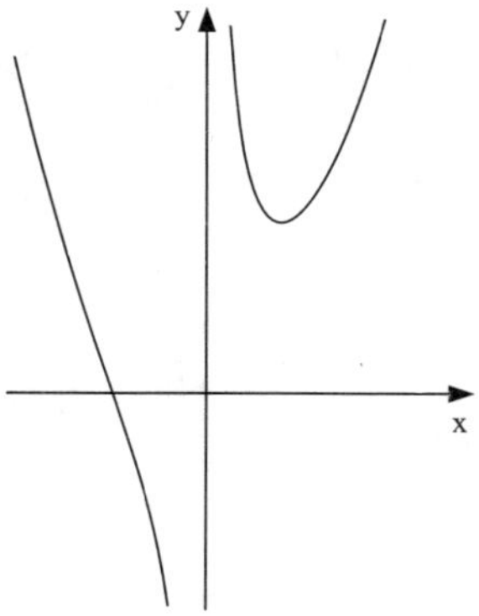

(4 VP)

Aufgabe 5

Gegeben ist eine Funktion f, deren Funktionsgleichung die Form

$$f(x) = 10(x + b)e^{ax}$$

hat.
Die Figur zeigt zwei Kurven K und C, von denen eine das Schaubild von f, die andere das Schaubild der Ableitung f' darstellt.

a) Welche Kurve stellt die Funktion f dar? Begründen Sie ihre Aussage.

b) Bestimmen Sie die Funktionsgleichung von f.

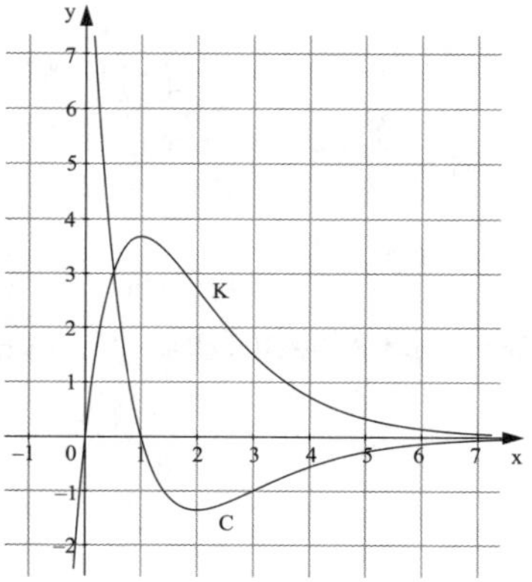

(4 VP)

Aufgabe 6

Lösen Sie das lineare Gleichungssystem:

$$\begin{aligned} -x_1 + 4x_2 \quad &= 2 \\ 2x_1 - 9x_2 + x_3 &= -2 \\ 3x_1 \quad + x_3 &= 9 \end{aligned}$$

Deuten Sie die Lösung geometrisch. (3 VP)

Aufgabe 7

Gegeben ist die Ebene $E: x_1 + 2x_2 - 2x_3 = 4$ und die Gerade g durch die Punkte $P(5\,|\,1\,|\,1)$ und $Q(3\,|\,1\,|\,0)$.

a) Stellen Sie die Ebene E mithilfe ihrer Spurgeraden sowie die Gerade g in einem Koordinatensystem dar.

b) Welche Gleichung hat die zu E parallele Ebene F durch den Punkt Q?

c) Begründen Sie, dass g parallel zu E ist und bestimmen Sie den Abstand von E zu g. (8 VP)

Lösung

Aufgabe 1

Die Gleichung

$$\frac{2x-1}{2x-3} = 2 + \frac{3}{x(2x-3)}$$

hat die Definitionsmenge $D = \mathbb{R} \setminus \left\{0; \frac{3}{2}\right\}$.

Multiplikation mit dem Hauptnenner $x(2x - 3)$ führt auf:

$$\frac{(2x-1)x(2x-3)}{2x-3} = 2x(2x-3) + \frac{3x(2x-3)}{x(2x-3)}; \quad 2x^2 - x = 4x^2 - 6x + 3;$$

$$0 = 2x^2 - 5x + 3; \quad 0 = x^2 - \frac{5}{2}x + \frac{3}{2}; \quad x_{1,2} = \frac{5}{4} \pm \sqrt{\frac{25}{16} - \frac{3}{2}} = \frac{5}{4} \pm \frac{1}{4};$$

$$x_1 = 1, \; x_2 = \frac{3}{2}.$$

Da x_2 nicht in der Definitionsmenge liegt, ist die **Lösungsmenge der Gleichung: L = {1}.**

Aufgabe 2

Bei der Gleichung

$$(\cos x)^2 - 2 \cdot \cos x - 3 = 0$$

führt die Substitution u = cos x zunächst auf die quadratische Gleichung

$$u^2 - 2u - 3 = 0$$

für u. Ihre Lösungen lauten:

$$u_{1,2} = 1 \pm \sqrt{1+3} = 1 \pm 2; \quad u_1 = -1; \quad u_2 = 3.$$

Aus $u_1 = -1$ ergibt sich die Gleichung für x:

$$-1 = \cos x$$

Sie hat im Intervall $[0; 2\pi]$ nur die Lösung $x_1 = \pi$.

$u_2 = 3$ führt auf die Gleichung:

$$3 = \cos x$$

für x. Wegen $-1 \le \cos x \le 1$ für alle $x \in \mathbb{R}$ ist sie unlösbar.

Die Gleichung $(\cos x)^2 - 2 \cdot \cos x - 3 = 0$ hat für $0 \le x \le 2\pi$ die Lösungsmenge $L = \{\pi\}$.

Aufgabe 3

Eine Stammfunktion von f mit

$$f(x) = 4x^3 + \frac{2}{x^3} - 3e^{-4x} = 4x^3 + 2x^{-3} - 3e^{-4x}, \quad x \in \mathbb{R} \setminus \{0\},$$

ist die Funktion F mit

$$\mathbf{F(x) = 4 \cdot \frac{1}{4}x^4 + 2 \cdot \frac{1}{-2}x^{-2} - 3 \cdot \frac{1}{-4}e^{-4x} = x^4 - \frac{1}{x^2} + \frac{3}{4}e^{-4x}, \quad x \in \mathbb{R} \setminus \{0\}.}$$

Aufgabe 4

a) Ableitung der Funktion f mit $f(x) = x^2 + \frac{1}{x}$:

$$f'(x) = 2x - \frac{1}{x^2} = \frac{2x^3 - 1}{x^2}.$$

Schnittpunkt N des Schaubildes mit der x-Achse:

$$f(x) = 0; \quad x^2 + \frac{1}{x} = 0; \quad x^3 + 1 = 0; \quad x^3 = -1; \; x = -1;$$

Schnittpunkt: N(–1 | 0).

Bestimmung des x-Wertes des Tiefpunktes:

$$f'(x) = 0; \quad 2x^3 - 1 = 0; \quad x^3 = \frac{1}{2}; \quad \mathbf{x_T = \frac{1}{\sqrt[3]{2}}}.$$

b) Tangente im Punkt P(1 | 2):

$$t:\ y = f'(1)(x-1) + f(1) = 1 \cdot (x-1) + 2 = x + 1.$$

Die Gerade g durch die Punkte P(1 | 2) und Q(–2 | 3) hat die Steigung:

$$m_g = \frac{3-2}{-2-1} = -\frac{1}{3},$$

die Tangente in P die Steigung $m_t = f'(1) = 1$.

Wegen

$$m_g \cdot m_t = -\frac{1}{3} \cdot 1 = -\frac{1}{3} \neq -1$$

sind die Gerade g und die Tangente t nicht orthogonal zueinander.

Aufgabe 5

a) Die Kurve C schneidet an der Stelle $x_0 = 1$ die x-Achse. K hat dort einen Hochpunkt. Also ist K das Schaubild von f und C das Schaubild von f', denn nur dann gilt $f'(1) = 0$.

b) Die Funktionsgleichung von f hat die Form:

$$f(x) = 10 \cdot (x+b)e^{ax}.$$

Ableitung:

$$f'(x) = 10 \cdot e^{ax} + 10 \cdot (x+b) \cdot a \cdot e^{ax} = 10 \cdot (ax + ab + 1)e^{ax}.$$

Da K die x-Achse im Ursprung schneidet und an der Stelle $x_0 = 1$ einen Extrempunkt hat, muss gelten:

$$f(0) = 0; \quad 10 \cdot (0+b) \cdot e^{a \cdot 0} = 0; \quad 10b = 0; \quad b = 0.$$

$$f'(1) = 0; \ 10 \cdot (a \cdot 1 + a \cdot 0 + 1) \cdot e^{a \cdot 1} = 0; \ 10 \cdot (a+1) \cdot e^{a} = 0; \ a = -1.$$

Die Funktion f ist somit gegeben durch: $\mathbf{f(x) = 10 \cdot xe^{-x}}$.

Aufgabe 6

Lösen des LGS nach dem Gauß-Verfahren:

$$\left.\begin{array}{rcl} -x_1 + 4x_2 & = & 2 \\ 2x_1 - 9x_2 + x_3 & = & -2 \\ 3x_1 \quad + x_3 & = & 9 \end{array}\right| \cdot (2) \cdot (3) \ ; \quad \left.\begin{array}{rcl} -x_1 + 4x_2 & = & 2 \\ -x_2 + x_3 & = & 2 \\ 12x_2 + x_3 & = & 15 \end{array}\right| (12); \quad \left.\begin{array}{rcl} -x_1 + 4x_2 & = & 2 \\ -x_2 + x_3 & = & 2 \\ 13x_3 & = & 39 \end{array}\right|$$

Aus der Dreiecksform des LGS liest man ab: $\mathbf{x_3 = 3;\ x_2 = 1;\ x_1 = 2.}$

Jede der drei Ausgangsgleichungen des linearen Gleichungssystems stellt eine Ebene dar. Es gibt genau einen Punkt, der in allen drei Ebenen liegt, nämlich: P(2 | 1 | 3).

Aufgabe 7

a) Die Ebene E: $x_1 + 2x_2 - 2x_3 = 4$ schneidet
die x_1-Achse ($x_2 = x_3 = 0$) im Punkt $S_1(4|0|0)$,
die x_2-Achse($x_1 = x_3 = 0$) im Punkt $S_2(0|2|0)$,
die x_3-Achse($x_1 = x_2 = 0$) im Punkt $S_3(0|0|-2)$.
Mithilfe der Spurgeraden S_1S_2, S_2S_3 und S_1S_3 lässt sich die Ebene E nun darstellen.
Die Gerade g ist die Verbindungsgerade der Punkte $P(5|1|1)$ und $Q(3|1|0)$.

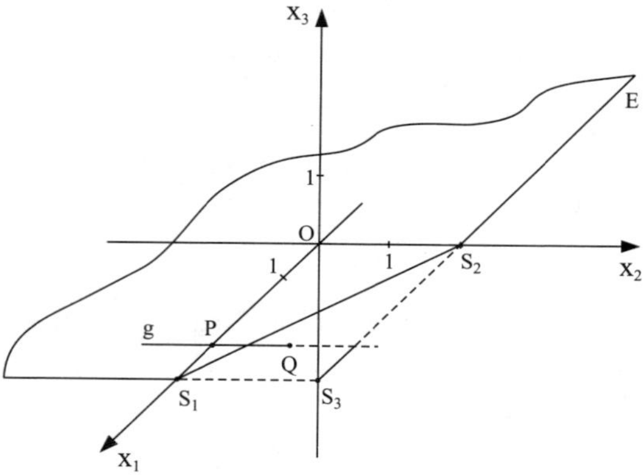

b) Eine zu E parallele Ebene F lässt sich durch eine Gleichung der Form

$$F:\; x_1 + 2x_2 - 2x_3 = a$$

darstellen.

Da $Q(3|1|0)$ auf F liegen soll, erhält man durch Einsetzen der Koordinaten von Q:

$$3 + 2\cdot 1 - 2\cdot 0 = a;\; a = 5.$$

Die zu E parallele Ebene durch den Punkt Q ist somit:

$$\mathbf{F:\; x_1 + 2x_2 - 2x_3 = 5.}$$

c) Eine Vektorgleichung der Geraden g durch P und Q ist

$$g:\; \vec{x} = \overrightarrow{OP} + t\cdot\overrightarrow{PQ} = \begin{pmatrix}5\\1\\1\end{pmatrix} + t\cdot\begin{pmatrix}-2\\0\\-1\end{pmatrix};\; t\in\mathbb{R}.$$

Für den Richtungsvektor $\vec{u} = \begin{pmatrix}-2\\0\\-1\end{pmatrix}$ von g und den Normalenvektor $\vec{n} = \begin{pmatrix}1\\2\\-2\end{pmatrix}$ von E gilt:

$$\vec{u}\cdot\vec{n} = -2\cdot 1 + 0\cdot 2 + (-1)\cdot(-2) = 0.$$

Die Vektoren $\vec{u}$ und $\vec{n}$ sind daher orthogonal.

Das bedeutet aber, dass die Gerade g und die Ebene E parallel sind.

Um den Abstand von E zu g zu bestimmen, genügt es, den Abstand eines Punktes auf g zur Ebene E zu berechnen.

HNF von E:

$$\frac{x_1 + 2x_2 - 2x_3 - 4}{3} = 0.$$

Wir wählen den Punkt $P(5|1|1)$ auf g. Dann gilt:

$$\mathbf{d(g;E)} = d(P;E) = \frac{|5+2-2-4|}{3} = \mathbf{\frac{1}{3}}.$$

Aufgabe I 1.1

Ein künstlich angelegter Teich kann maximal 150 m^3 Wasser aufnehmen. Der Teich ist zunächst leer. Dann pumpt eine Pumpe pro Minute 250 Liter Wasser in den Teich. Über einen kleinen Kanal fließt ein Teil des Wassers wieder ab. Dabei wird die Wasserentnahme so gesteuert, dass pro Minute etwa 0,2 % der gerade im Teich vorhandenen Wassermenge abfließen.

a) Begründen Sie, dass es sich bei dieser Situation um beschränktes Wachstum handelt.
Geben Sie eine Funktion an, mit der die Wassermenge im Teich in Abhängigkeit von der Zeit beschrieben werden kann.

b) Reicht das Fassungsvermögen des Teiches aus, wenn die Pumpe ständig läuft? Wie viel Liter Wasser pro Minute müsste die Pumpe in den Teich pumpen, damit sich auf Dauer eine konstante Wassermenge von 120 m^3 im Teich einstellt?

c) Nach wie viel Stunden ändert sich die Wassermenge im Teich nur noch um weniger als 10 Liter pro Minute?

(11 VP)

Aufgabe I 1.2

Erläutern Sie das Newton-Verfahren für die näherungsweise Bestimmung von Nullstellen.

(6 VP)

Lösung

Aufgabe I 1.1

a) Die Zeit t wird in Minuten gemessen. Zum Zeitpunkt t = 0 beginnt die Pumpe den Teich zu füllen. $f(t)$ sei die Wassermenge in m^3 im Teich zum Zeitpunkt t.

Da pro Minute 0,25 m^3 Wasser in den Teich fließen und gleichzeitig 0,2 % des vorhandenen Wassers abfließen, ist die momentane Änderungsrate $\left(\text{in } \frac{m^3}{min}\right)$ des Wassers im Teich gegeben durch

$$f'(t) = 0{,}25 - 0{,}002 \cdot f(t) = 0{,}002 \cdot (125 - f(t)).$$

Dies stellt aber die Differenzialgleichung für beschränktes exponentielles Wachstum dar.

Für die Wachstumsfunktion f gilt daher:

$$f(t) = 125 - a \cdot e^{-0{,}002 \cdot t}.$$

Wegen $f(0)=0$ folgt weiter:

$$0=125-a\cdot e^{0};\quad a=125.$$

Die Wassermenge im Teich wird somit durch die Funktion

$$f(t)=125-125\cdot e^{-0{,}002\cdot t}=125\cdot(1-e^{-0{,}002\cdot t})$$

beschrieben.

b) Wegen

$$\lim_{t\to\infty} f(t)=\lim_{t\to\infty} 125\cdot(1-e^{-0{,}002\cdot t})=125$$

ist mit maximal 125 m^3 Wasser im Teich zu rechnen, wenn die Pumpe ständig läuft.
Das Fassungsvermögen des Teiches von 150 m^3 reicht daher aus.

Wird durch die Pumpe x m^3 Wasser pro Minute in den Teich gepumpt, so ist die momentane Änderungsrate gegeben durch:

$$f'(t)=x-0{,}002\cdot f(t)=0{,}002\cdot\left(\frac{x}{0{,}002}-f(t)\right).$$

Damit sich im Grenzfall 120 m^3 Wasser im Teich befinden, muss gelten:

$$\frac{x}{0{,}002}=120;\quad x=0{,}24.$$

Die Pumpe müsste 0,24 m^3 = 240 l pro Minute in den Teich pumpen.

c) Die momentane Änderungsrate der Wassermenge ist gegeben durch

$$f'(t)=125\cdot 0{,}002\cdot e^{-0{,}002\cdot t}=0{,}25\cdot e^{-0{,}002\cdot t}.$$

Sie ist monoton abnehmend. Gesucht ist der Zeitpunkt, bei dem

$$f'(t)=0{,}01$$

gilt.

1. Möglichkeit:
Gibt man den Term für f'(t) und die Gleichung y = 0,01 in den GTR ein (in einem geeigneten Fenster, z. B. x_{max} = 5000, y_{max} = 0,02), so lässt sich der Zeitpunkt durch Schnitt der beiden zugehörigen Kurven bestimmen:
Nach ungefähr 1609 Minuten, d. h. etwa 26,8 Stunden ändert sich die Wassermenge im Teich nur noch um weniger als 10 Liter pro Minute.

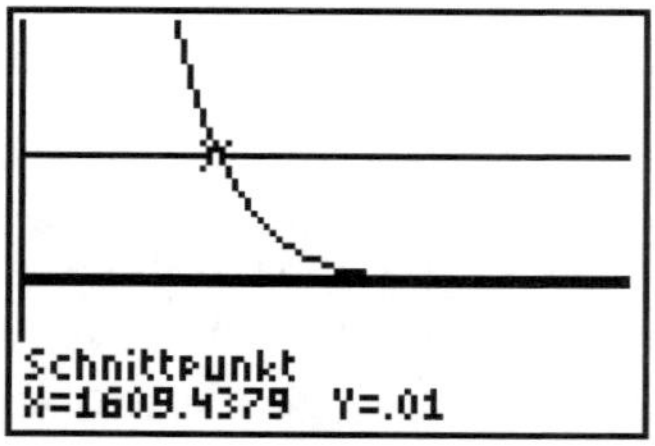

2. Möglichkeit:
Man berechnet den Zeitpunkt direkt:

$$\begin{aligned} f'(t) &= 0{,}01 \\ 0{,}25 \cdot e^{-0{,}002 \cdot t} &= 0{,}01 \\ e^{-0{,}002 \cdot t} &= 0{,}04 \\ -0{,}002 \cdot t &= \ln 0{,}04 \\ t &= -\frac{\ln 0{,}04}{0{,}002} \approx 1609{,}4 \end{aligned}$$

Aufgabe I 1.2

Die Nullstellen einer Funktion lassen sich nicht immer exakt nach einem vorgegebenen Verfahren berechnen. Das Newton-Verfahren liefert in solchen Fällen für differenzierbare Funktionen eine Möglichkeit, Nullstellen näherungsweise zu bestimmen.
Weiß man, dass eine Funktion f in einem Intervall [a; b] eine Nullstelle z besitzt, d. h. dass f(z) = 0 gilt, so sucht man zunächst – eventuell mithilfe des Schaubildes von f – einen Wert x_0, der bereits möglichst nahe bei z liegt.
Schneidet man nun die Tangente im Punkt $P_0(x_0 \mid f(x_0))$ mit der x-Achse, so ist die Abszisse x_1 des Schnittpunktes häufig bereits ein viel besserer Näherungswert für z als der **Startwert** x_0.
Nun verfährt man ebenso mit der Tangente im Punkt $P_1(x_1 \mid f(x_1))$ und erhält als Abszisse x_2 des Schnittpunktes wiederum einen verbesserten Näherungswert für z.

Wiederholt man dieses Verfahren, so ergibt sich (unter bestimmten Bedingungen) eine Folge $x_0, x_1, x_2, x_3, \ldots$ von immer besseren Näherungswerten für z.

Die Folgenglieder lassen sich nach einer **Iterationsvorschrift** berechnen, die man erhält, wenn man die Tangente

$$t_n:\ y = f'(x_n) \cdot (x - x_n) + f(x_n)$$

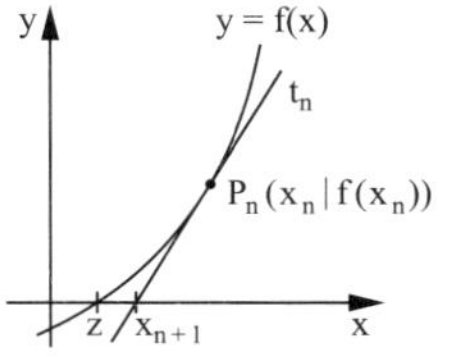

im Punkt $P_n(x_n \mid f(x_n))$ mit der x-Achse schneidet (falls $(f'(x_n) \neq 0)$):

$$0 = f'(x_n) \cdot (x - x_n) + f(x_n);$$

$$x - x_n = -\frac{f(x_n)}{f'(x_n)};$$

$$x = x_n - \frac{f(x_n)}{f'(x_n)}, \quad (f'(x_n) \neq 0).$$

Iterationsvorschrift mit dem Startwert x_0: $x_{n+1} = x_n - \frac{f(x_n)}{f'(x_n)}$.

Das Newton-Verfahren führt nicht immer zum Erfolg, manchmal konvergiert die Folge (x_n) nicht gegen die Nullstelle z. In solchen Fällen kann dies häufig durch einen geeigneteren Startwert x_0 erreicht werden.

Aufgabe I 2.1

a) Bei einem Fluss nimmt das Wasser während des Fließvorgangs Sauerstoff aus der Luft auf. Bei einer Messung an einer Stelle des Flusses wird eine Sauerstoffkonzentration von $7\frac{\text{mg}}{\ell}$ festgestellt. Unter bestimmten Bedingungen und vereinfachten Annahmen gilt für die Änderungsrate der Sauerstoffkonzentration K(t) im Wasser näherungsweise:

$$K'(t) = 1{,}2 \cdot e^{-0{,}4 \cdot t}; \text{ t in Tagen seit der Messung, K(t) in } \frac{\text{mg}}{\ell}.$$

Bestimmen Sie einen Funktionsterm für K(t) und skizzieren Sie das Schaubild dazu. Interpretieren Sie das Ergebnis.

b) Tatsächlich ändert sich die Sauerstoffkonzentration im Verlauf eines Tages. Neben der Aufnahme aus der Luft wird Sauerstoff auch im Wasser u. a. durch bestimmte Arten von Algen in Abhängigkeit von der Sonnenlichteinstrahlung produziert. Gleichzeitig wird während des ganzen Tages Sauerstoff von allen Organismen im Wasser verbraucht.
Eine Messung an einer Stelle des Flusses über einen ganzen Tag hinweg ergab ein Minimum der Sauerstoffkonzentration im Wasser von $4{,}2\frac{\text{mg}}{\ell}$ um 4.00 Uhr nachts und ein Maximum von $11{,}8\frac{\text{mg}}{\ell}$ um 16.00 Uhr am Nachmittag.
Die Messwerte können näherungsweise durch eine Sinusfunktion beschrieben werden. Geben Sie einen geeigneten Funktionsterm an und skizzieren Sie das Schaubild dazu. Wie groß war nach diesem Modell die Sauerstoffkonzentration um 0.00 Uhr?
Um wie viel Uhr war die Zunahme der Konzentration am größten?
Berechnen Sie die mittlere Sauerstoffkonzentration im Wasser zwischen 6.00 Uhr morgens und 20.00 Uhr abends. (11 VP)

Aufgabe I 2.2

Das Profil eines Flussbettes und des angrenzenden Ufers wird näherungsweise beschrieben durch die Funktion f mit

$$f(x) = \frac{20x^2}{x^2 + 2500}$$

(alle Maße in Meter).

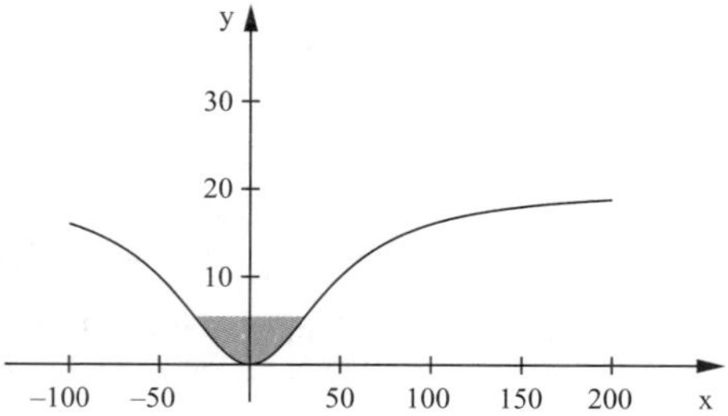

Aufgrund von Trockenheit sinkt der Wasserspiegel täglich.
Im Punkt P(150 | ?) des Ufers steht ein Turm, von dem aus man durch ein kleines Fenster in 5 Meter Höhe auf den Fluss blicken kann.
Nach einer gewissen Zeit ist der Wasserspiegel aus dem Fenster nicht mehr zu sehen. Wie tief ist dann der Fluss (an seiner tiefsten Stelle) höchstens?

(6 VP)

Lösung

Aufgabe I 2.1

a) Da K eine Stammfunktion von K' ist, kann man für einen Funktionsterm für K(t) ansetzen:

$$K(t)=\frac{1}{-0,4}\cdot 1,2\cdot e^{-0,4\cdot t}+c=-3\cdot e^{-0,4\cdot t}+c.$$

Die Sauerstoffkonzentration zum Zeitpunkt t = 0 betrug $7\frac{mg}{\ell}$.

Aus dieser Anfangsbedingung ergibt sich die Konstante c:

$$7=K(0)=-3+c;\quad c=10.$$

Die Sauerstoffkonzentration wird somit durch

$$\mathbf{K(t)=-3\cdot e^{-0,4\cdot t}+10}$$

beschrieben (t in Tagen seit der Messung, K(t) in $\frac{mg}{\ell}$).

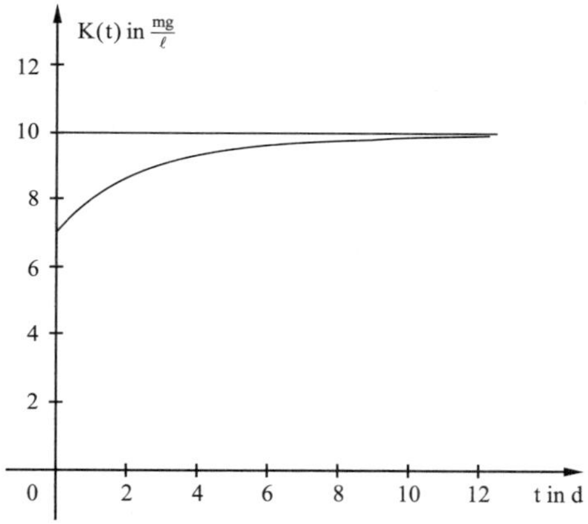

Es handelt sich bei diesem Vorgang um **beschränktes exponentielles Wachstum**. Wegen

$$\lim_{t\to\infty} K(t)=10$$

nähert sich die Konzentration (unter den gegebenen Annahmen) einem **Sättigungswert** von $10\frac{mg}{\ell}$ an.

b) **Für die gesuchte trigonometrische Funktion** machen wir den Ansatz:

$$C(t)=a\cdot\sin(k\cdot t+b)+c\quad (C(t)\text{ in }\frac{mg}{\ell},\ t\text{ in h seit 0.00 Uhr}).$$

Zu bestimmen sind a, k, b und c.

Das Minimum $4,2\frac{mg}{\ell}$ der Konzentration liegt bei $t_{min}=4$, das Maximum $11,8\frac{mg}{\ell}$ bei $t_{max}=16$.

Daraus ergibt sich zunächst die Periodendauer T (in h) der Sinusfunktion aus:

$$t_{max}-t_{min}=\frac{1}{2}\cdot T;\quad T=2\cdot(t_{max}-t_{min})=2\cdot(16-4)=24,$$

und damit:

$$k=\frac{2\cdot\pi}{T}=\frac{\pi}{12}.$$

c ist der Mittelwert aus Minimum und Maximum:

$$c=\frac{11,8+4,2}{2}=8.$$

Für a gilt:

$$|a| = \frac{11{,}8 - 4{,}2}{2} = 3{,}8.$$

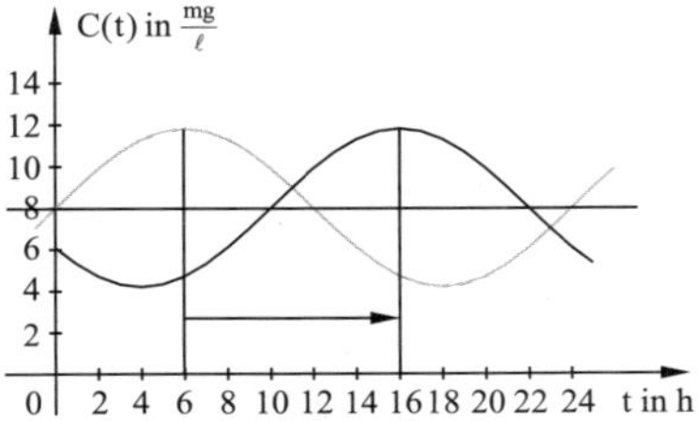

Das Schaubild der gesuchten Funktion entsteht nun durch eine Verschiebung in t-Richtung entweder aus (einem Teil) der Kurve mit der Gleichung

$$y = 3{,}8 \cdot \sin\left(\frac{\pi}{12} \cdot t\right) + 8$$

um t = 10 nach rechts (siehe obere Abbildung), oder aus (einem Teil) der Kurve mit der Gleichung

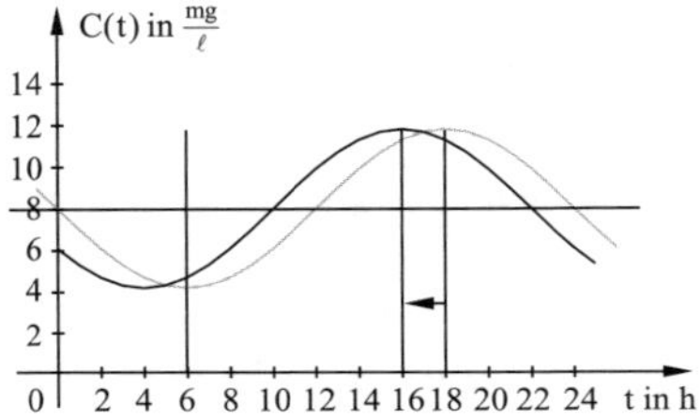

$$y = -3{,}8 \cdot \sin\left(\frac{\pi}{12} \cdot t\right) + 8$$

um t = 2 nach links (siehe untere Abbildung).

Man erhält so für $0 \le t \le 24$:

$$\mathbf{C(t) = 3{,}8 \cdot \sin\left[\frac{\pi}{12} \cdot (t - 10)\right] + 8}$$

$$\mathbf{= 3{,}8 \cdot \sin\left[\frac{\pi}{12} \cdot t - \frac{5\pi}{6}\right] + 8}$$

oder

$$\mathbf{C(t) = -3{,}8 \cdot \sin\left[\frac{\pi}{12} \cdot (t + 2)\right] + 8 = -3{,}8 \cdot \sin\left[\frac{\pi}{12} \cdot t + \frac{\pi}{6}\right] + 8.}$$

Schaubild von C:

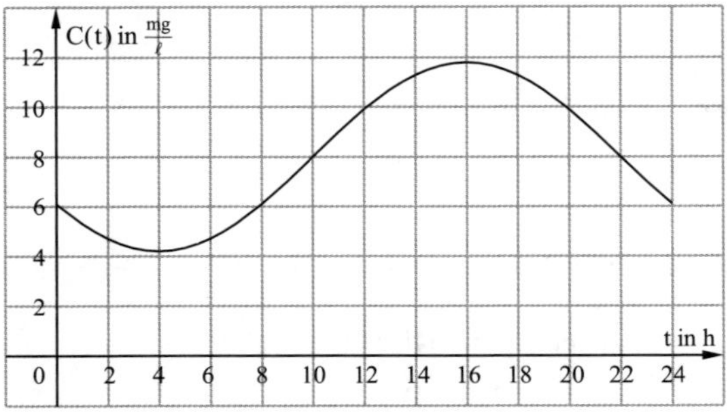

Andere Möglichkeit für die Bestimmung von b:

Mit dem Ansatz $C(t) = 3{,}8 \cdot \sin\left(\frac{\pi}{12} t + b\right) + 8$ folgt aus C(16) = 11,8:

$$3{,}8 \cdot \sin\left[\frac{\pi}{12} \cdot 16 + b\right] + 8 = 11{,}8; \ \sin\left(\frac{4}{3}\pi + b\right) = 1; \ \frac{4}{3}\pi + b = \frac{\pi}{2}; \ b = -\frac{5}{6}\pi$$

Entsprechend ergibt sich aus dem Ansatz $C(t) = -3{,}8 \cdot \sin\left(\frac{\pi}{12} t + b\right) + 8$ der Wert $b = \frac{\pi}{6}$.

Für die weitere Rechnung wird die Funktion C im Bereich $0 \le t \le 24$ durch den ersten Term für C(t) beschrieben.

Sauerstoffkonzentration um 0.00 Uhr:

$$C(0) = 3{,}8 \cdot \sin\left(-\frac{5}{6}\pi\right) + 8 = 6{,}1.$$

Um Mitternacht betrug die Sauerstoffkonzentration im Wasser 6,1 $\frac{mg}{\ell}$.

Größte Zunahme der Konzentration:
Die Änderung der Konzentration wird durch die Ableitung C' von C beschrieben. Eine *Zunahme* der Konzentration liegt vor, wenn C'(t) > 0 ist.

Mit dem GTR erhält man an der Stelle t = 10 ein positives Maximum von C'. Es ist im betrachteten Bereich global.

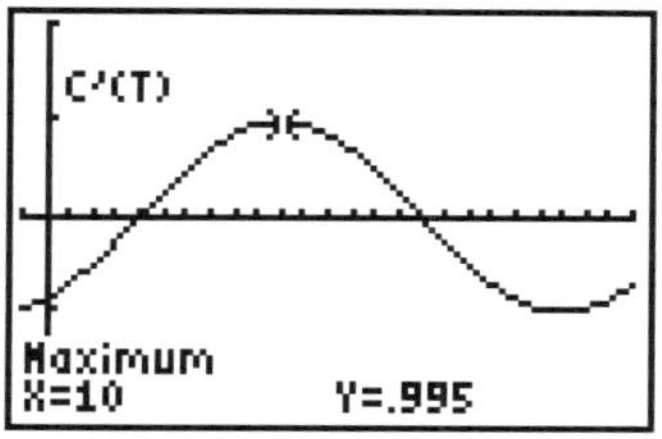

Oder:

Die größte positive Ableitung hat die Sinusfunktion C an der Wendestelle t_w, die in der Mitte zwischen $t_{min} = 4$ und $t_{max} = 16$ liegt, d. h. es gilt $t_w = 10$.

Um 10.00 Uhr war die Zunahme der Sauerstoffkonzentration am größten.
(Sie betrug zu diesem Zeitpunkt ungefähr 1,0 $\frac{mg}{\ell}$ pro h.)

Mittlere Sauerstoffkonzentration:
Der Mittelwert der Funktion C zwischen t = 6 und t = 20 ist:

$$M = \frac{1}{20-6} \cdot \int_6^{20} C(t)\,dt$$

$$= \frac{1}{20-6} \cdot \int_6^{20} \left(3{,}8 \cdot \sin\left(\frac{\pi}{12} \cdot t - \frac{5}{6}\pi\right) + 8\right) dt$$

$$\overset{\text{GTR}}{\approx} \frac{1}{14} \cdot 131{,}828 \approx 9{,}4.$$

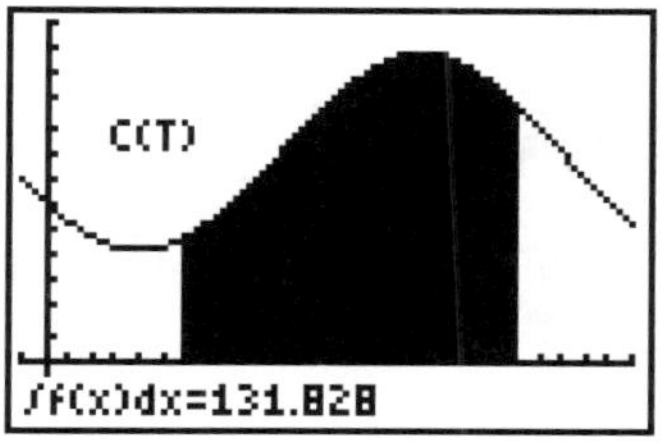

Zwischen 6.00 Uhr morgens und 20.00 Uhr abends betrug die mittlere Sauerstoffkonzentration im Wasser des Flusses ungefähr 9,4 $\frac{mg}{\ell}$.

Aufgabe I 2.2

Das Flussbett wird näherungsweise beschrieben durch die Funktion f mit

$$f(x) = \frac{20x^2}{x^2 + 2500}.$$

Der Turm steht im Punkt P(150 | f(150)) = P(150 | 18).
Das Fenster in 5 m Höhe hat somit die Koordinaten F(150 | 23).

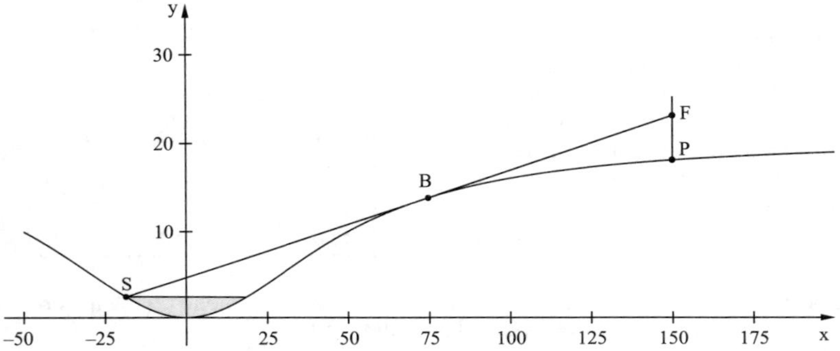

Ist S der tiefste Punkt des Flussbettes, der von F aus gerade noch zu sehen ist, so verläuft der „Sehstrahl" FS tangential zur Böschungslinie.

Zu bestimmen ist daher die entsprechende Tangente von F aus an das Schaubild von f. Sie schneidet das Schaubild im Punkt S.

Die y-Koordinate von S gibt dann die noch maximal mögliche Tiefe des Flusses an.

Ableitung von f:

$$f'(x) = \frac{40x \cdot (x^2 + 2500) - 20x^2 \cdot 2x}{(x^2 + 2500)^2} = \frac{100000 \cdot x}{(x^2 + 2500)^2}.$$

Die Tangente t an das Schaubild von f in einem Punkt B(u | f(u)) hat die Gleichung:

$$t\colon y = f'(u) \cdot (x - u) + f(u) = \frac{100000 \cdot u}{(u^2 + 2500)^2} \cdot (x - u) + \frac{20u^2}{u^2 + 2500}.$$

Der Punkt F(150 | 23) liegt auf der Tangente t, wenn gilt:

$$23 = \underbrace{\frac{100000 \cdot u}{(u^2 + 2500)^2} \cdot (150 - u) + \frac{20 \cdot u^2}{u^2 + 2500}}_{h(u)}.$$

Die Gleichung kann gelöst werden, indem man die Kurve mit der Gleichung y = h(u) mit der Geraden y = 23 schneidet.

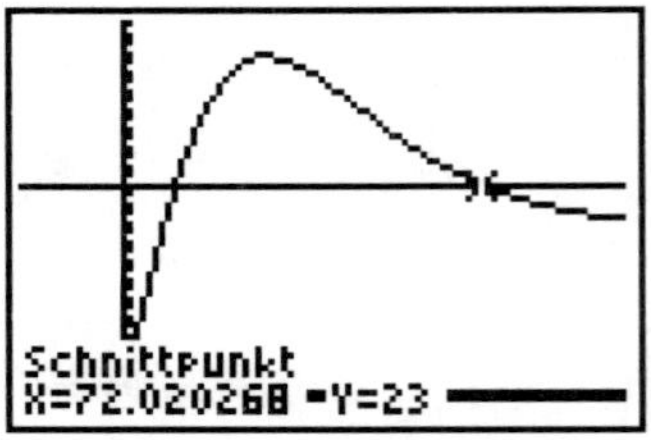

Mithilfe des GTR ergibt sich

$$u \approx 72{,}02.$$

(Die zweite Lösung $u \approx 10{,}89$ führt auf eine Tangente an das Schaubild, die „durch die Böschung" verlaufen würde, also keine Lösung des Problems ist.)

Ebenfalls mithilfe des GTR (Tangente zeichnen im DRAW-Menü beim TI 83) oder durch Einsetzen erhält man als Gleichung für die gesuchte Tangente:

$t: y = 0{,}122x + 4{,}717.$

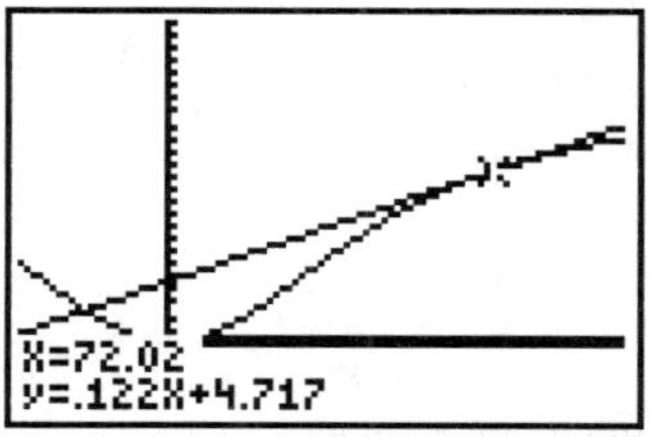

Ebenso bestimmt man nun den Schnittpunkt S der Tangente t mit dem Schaubild von f:

$S(-18{,}647 \,|\, 2{,}442).$

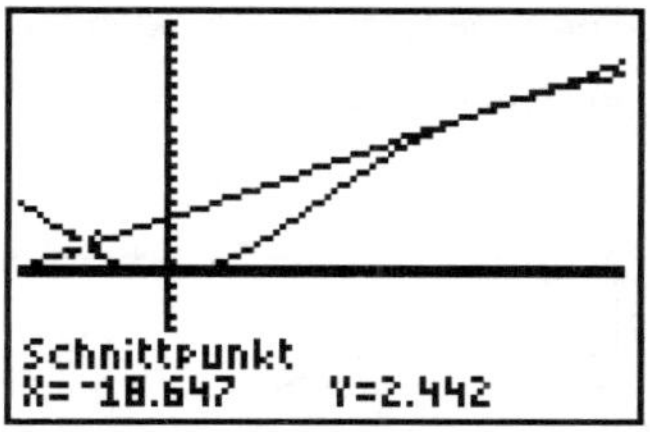

Der Fluss kann daher an seiner tiefsten Stelle höchstens noch etwa 2,44 m tief sein.

Abiturprüfung Mathematik ab 2004 (Baden-Württemberg)
Übungsaufgaben für den Wahlteil – Satz B: Aufgabe I 3, Analysis

Über einen Feldweg führt eine 5 m breite massive Brücke. Der achsensymmetrische Aufriss des Brückenkörpers ist unten abgebildet. Der Brückenbogen hat die Form einer Parabel 4. Ordnung und ist in der Mitte 4 m hoch. Die Böschungslinien können näherungsweise durch Parabeln 2. Ordnung beschrieben werden, deren Scheitel in den Punkten S und T liegen.

Alle weiteren Maße sind der Zeichnung zu entnehmen.

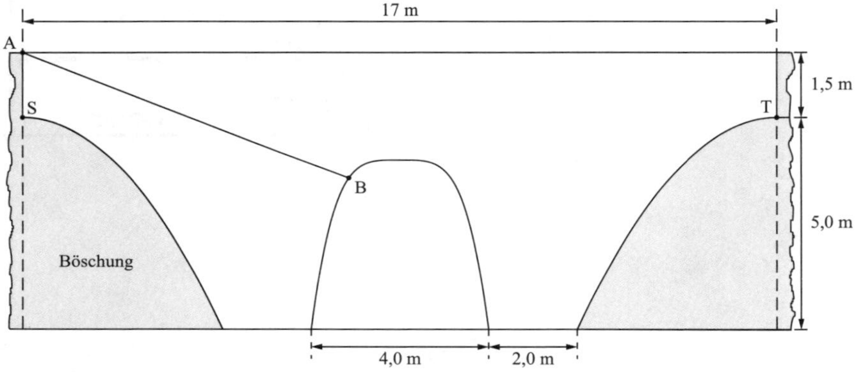

a) Kann das abgebildete Fahrzeug unter der Brücke durchfahren?

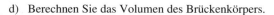

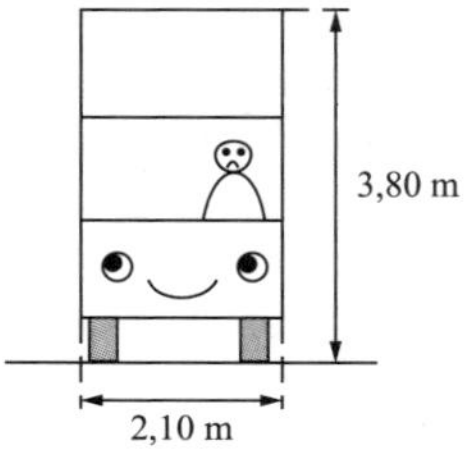

b) Vom Punkt A aus soll ein möglichst kurzer Kabelkanal AB in der Brückenfront zur Unterführung gezogen werden.
Wie lang wird der Kanal?
Wie hoch liegt der Endpunkt B des Kanals im Brückenbogen über dem Feldweg?

c) Lässt sich ein dünner rechteckiger Metallrahmen, der 4,60 m breit und 5 m lang ist, unter der Brücke durchführen?

d) Berechnen Sie das Volumen des Brückenkörpers.

(17 VP)

Lösung

a) Wir betrachten zunächst den Brückenbogen in der Vorderfront der Brücke und wählen ein Koordinatensystem wie in der Figur gezeichnet.

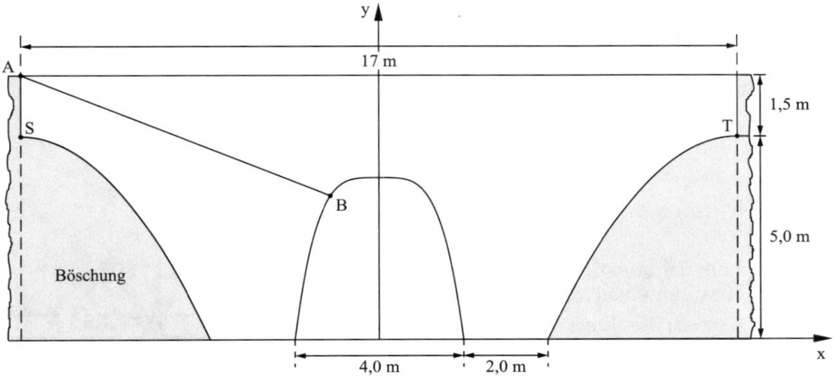

Der Brückenbogen wird darin durch eine Parabel 4. Ordnung beschrieben, die ihren Scheitel im Punkt R(0 | 4) hat.

Die Parabel hat daher eine Gleichung der Form:

$$y = f(x) = a \cdot x^4 + 4.$$

Da der Brückenbogen unten 4 m breit ist, liegt der Punkt P(2 | 0) auf der Parabel.

Punktprobe für P liefert:

$$0 = a \cdot 2^4 + 4; \quad 0 = 16a + 4; \quad a = -\frac{1}{4}.$$

D. h. die Parabel hat in unserem Koordinatensystem die Gleichung:

$$y = f(x) = -\frac{1}{4}x^4 + 4.$$

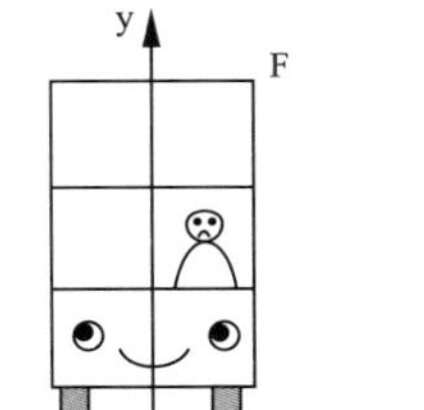

Das Fahrzeug hat dann die größte Chance unter der Brücke durchzukommen, wenn es mitten auf dem Weg, d. h. symmetrisch zur y-Achse fährt.

Die rechte obere Ecke des Fahrzeuges hat dann die Koordinaten F(1,05 | 3,80).

Wegen

$$f(1{,}05) = -\frac{1}{4}1{,}05^4 + 4 \approx 3{,}696 < 3{,}80$$

ist das Fahrzeug zu groß, **kann also nicht unter der Brücke durchfahren.**

b) Der Punkt A hat die Koordinaten: A(−8,5 | 6,5).

(Die Brücke ist 17 m lang und 6,5 m hoch. Die Vorderfront ist symmetrisch zur y-Achse.)

Der Punkt B liegt auf dem Brückenbogen, d. h. auf der Parabel 4. Ordnung. Für ihn gilt daher:

$$B(u \mid f(u)) = B\left(u \,\middle|\, -\frac{1}{4}u^4 + 4\right), \quad -2 < u < 2.$$

Für den Abstand der beiden Punkte A und B erhält man:

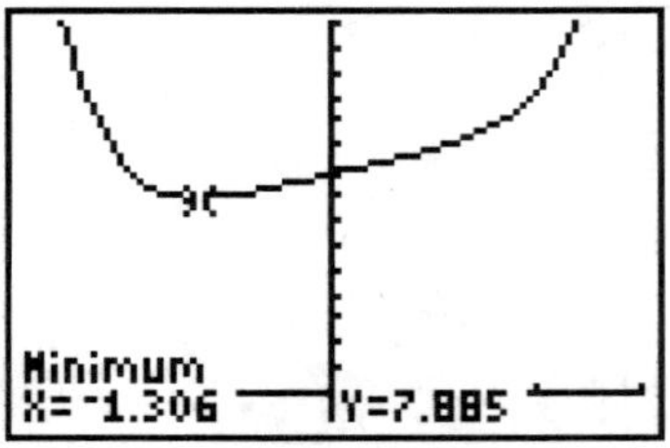

$$d(u) = \sqrt{(u+8,5)^2 + \left(-\frac{1}{4}u^4 + 4 - 6,5\right)^2}$$

$$= \sqrt{(u+8,5)^2 + \left(-\frac{1}{4}u^4 - 2,5\right)^2}$$

Das Minimum der Funktion d im Bereich $-2 < u < 2$ bestimmt man mithilfe des GTR:

Für $u = -1,306$ ist die Strecke AB am kleinsten.
Ihre Länge beträgt dann: $d_{min} \approx 7,89$ m.

Um die Höhe des Punktes B über dem Weg zu berechnen, bestimmt man den Funktionswert von $u = -1,306$:

$$f(-1,306) = -\frac{1}{4}(-1,306)^4 + 4 \approx 3,273.$$

Der Punkt B liegt etwa 3,27 m über dem Weg.

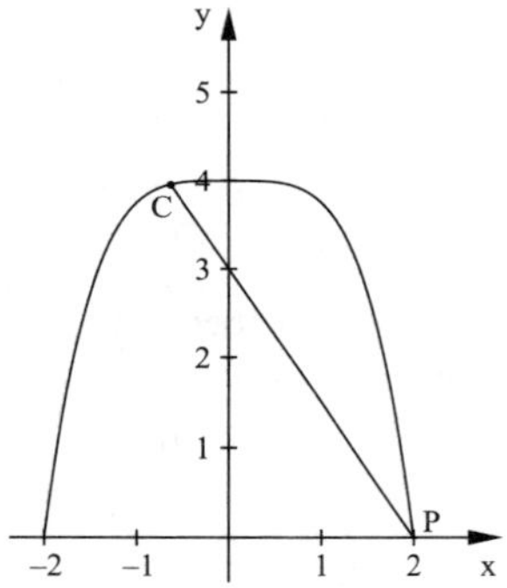

c) Da der Brückenbogen nur 4 m breit und 4 m hoch ist, kann der rechteckige Rahmen der Länge 5 m und der Breite 4,60 m nicht vertikal und nicht horizontal unter der Brücke durchgeführt werden.

Wenn überhaupt, so kann das nur „verkantet" geschehen, wobei z. B. eine Kante des Rahmens beim Punkt P(2 | 0) und die andere in einem Punkt C(v | f(v)) eingeführt wird .

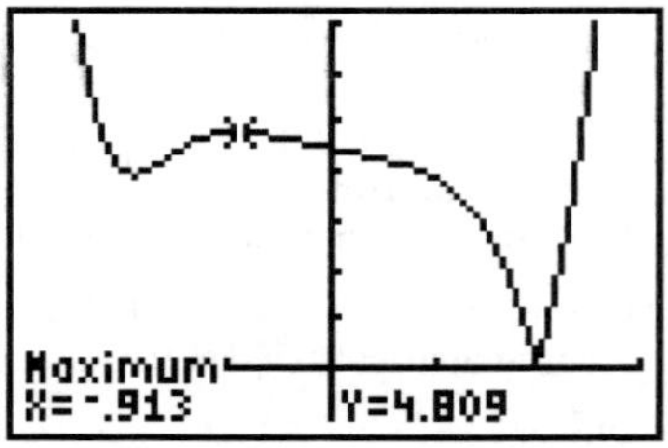

Der Abstand von P und C ergibt sich wie oben:

$$d_1(v) = \sqrt{(v-2)^2 + \left(-\frac{1}{4}v^4 + 4\right)^2}$$

Mit dem GTR bestimmt man das Maximum von d_1 im Bereich $-2 < v < 2$.

Für $v = -0,913$ ist die Strecke PC am größten, nämlich $d_{1,max} \approx 4,8$ m lang.

Da der Rahmen nur 4,60 m breit ist, könnte man ihn auf diese Weise unter der Brücke hindurchführen. (Falls er dünn genug ist!)

d) Der Brückenkörper ist ein Quader der Länge 17 m, der Höhe 6,5 m und der Breite 5 m, von dem die Brückenunterführung und die Böschungen unter dem Brückenkörper abzuziehen sind.

Volumen des Quaders:

$$V_{Qu} = 17 \cdot 6{,}5 \cdot 5\,m^3 = 552{,}5\,m^3.$$

Das Volumen der Unterführung ist (wie bei einem Zylinder) $V_U = G \cdot h$, wobei h = 5 m die Brückenbreite und G der Inhalt der Fläche unter der Parabel ist. Es gilt:

$$G = \int_{-2}^{2} \left(-\frac{1}{4}x^4 + 4\right)dx \overset{GTR}{\approx} 12{,}8\,m^2.$$

Damit ergibt sich für das Volumen der Unterführung:

$$V_U = G \cdot h = 12{,}8 \cdot 5\,m^3 = 64{,}0\,m^3.$$

Um das Volumen der Böschung zu bestimmen, müssen auch die Parabelgleichungen der Böschungslinien bekannt sein. Da die Brückenfront achsensymmetrisch ist, genügt es, die linke Parabel zu behandeln. Wir wählen hierfür ein neues Koordinatensystem wie unten gezeichnet. Darin hat die Parabel den Scheitel S(0 | 5). Sie schneidet hier die positive x-Achse im Punkt Q.

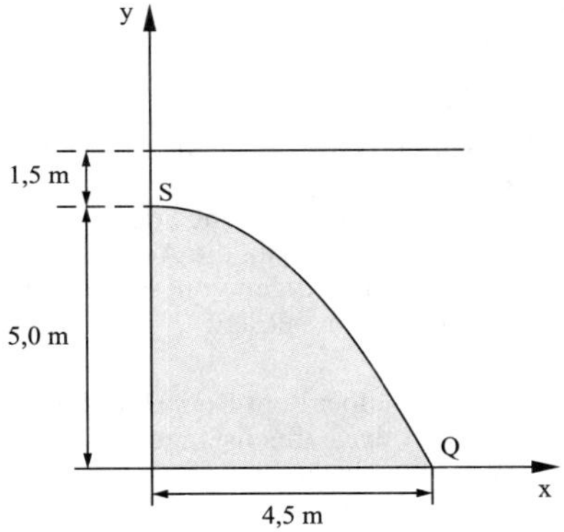

Aus der Aufrisszeichnung entnimmt man wegen

$$\frac{(17\,m - 4\,m - 2\,m - 2\,m)}{2} = 4{,}5\,m$$

für diesen Schnittpunkt: Q(4,5 | 0).

Mit dem Ansatz

$$g(x) = a \cdot x^2 + 5$$

und der Punktprobe für Q folgt wie oben:

$$g(x) \approx -0{,}247x^2 + 5.$$

Die Fläche unter der Böschungsparabel ist:

$$G_B \approx \int_{0}^{4{,}5} (-0{,}247x^2 + 5)dx \overset{GTR}{\approx} 15{,}0\,m^2.$$

Das Volumen der gesamten Böschung (links und rechts) ist dann:

$$V_{Bö} = 2 \cdot G_B \cdot h \approx 2 \cdot 15 \cdot 5\,m^3 = 150\,m^3$$

Das Volumen des Brückenkörpers ist nun:

$$\mathbf{V} = V_{Qu} - V_U - V_{Bö} \approx (552{,}5 - 64{,}0 - 150)\,m^3 = \mathbf{338{,}5\,m^3}$$

Abiturprüfung Mathematik ab 2004 (Baden-Württemberg)
Übungsaufgaben für den Wahlteil – Satz B: Aufgabe II 1, Geometrie

Ein Turm steht auf einem ebenen Gelände. Er hat die Form eines senkrechten Prismas mit quadratischer Grundfläche, dem eine senkrechte quadratische Pyramide als Dach aufgesetzt ist.
Eine 8 m lange Fahnenstange ist im Mittelpunkt M des Dachbodens befestigt und durchstößt im Schwerpunkt der Dachfläche FGS das Dach.
Auf der Spitze S des Daches ist ein senkrechter Metallstab als Blitzableiter befestigt.
(Siehe Zeichnung, alle Maße in Meter.)

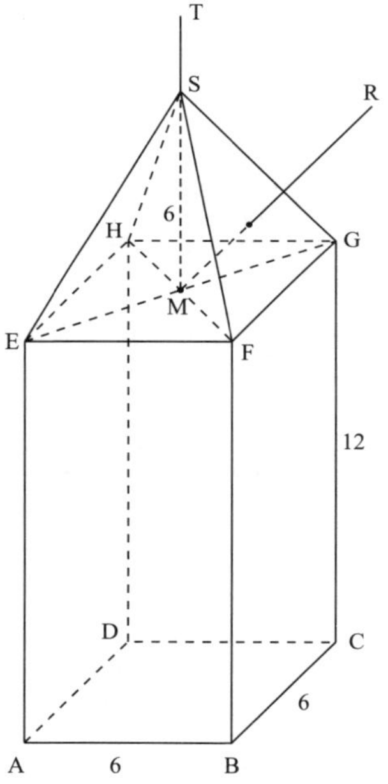

a) Um den Dachstuhl zu verstärken, wird ein Stützbalken im Innern des Daches eingezogen.
Er geht vom Punkt F aus und stützt die Dachkante HS senkrecht ab.
Bestimmen Sie die Länge des Balkens.
(Von der Dicke des Balkens ist abzusehen.)

b) Eine Person steht am Boden vor der Seitenfläche ABFE des Turms. Sie beobachtet, dass sie einen Abstand von mindestens 4 m von der Seitenfläche haben muss, damit sie die Spitze T des Blitzableiters sehen kann.
Berechnen Sie die Länge des Blitzableiters, wenn die Augenhöhe (Abstand der Augen vom Boden) der Person 1,60 m beträgt.

c) Wie hoch über dem Boden ist die Spitze R der Fahnenstange?
Welchen Abstand hat sie von der Dachfläche FGS? Um die Fahnenstange zu sichern, wird sie durch ein Stahlseil mit der Turmspitze S verbunden.
Das Seil wird in einem Punkt Q außerhalb des Daches an der Stange befestigt und bildet dort mit der Stange einen Winkel von 60°. Wie lang ist das Stahlseil?

(17 VP)

Lösung

a) Es gibt mehrere geeignete Koordinatensysteme für die Bearbeitung der Aufgabe. Wir wählen als Ursprung O den Mittelpunkt der Grundfläche ABCD.

Die x_1-Achse und die x_2-Achse verlaufen parallel zu den Grundkanten des Turms, die x_3-Achse ist dann die Achse des Turms und geht durch die Turmspitze S.

In diesem Koordinatensystem gilt für die Eckpunkte des Turms:

A(3 | −3 | 0); B(3 | 3 | 0); C(−3 | 3 | 0);
D(−3 | −3 | 0); E(3 | −3 | 12); F(3 | 3 | 12);
G(−3 | 3 | 12); H(−3 | −3 | 12); S(0 | 0 | 18);
M(0 | 0 | 12).

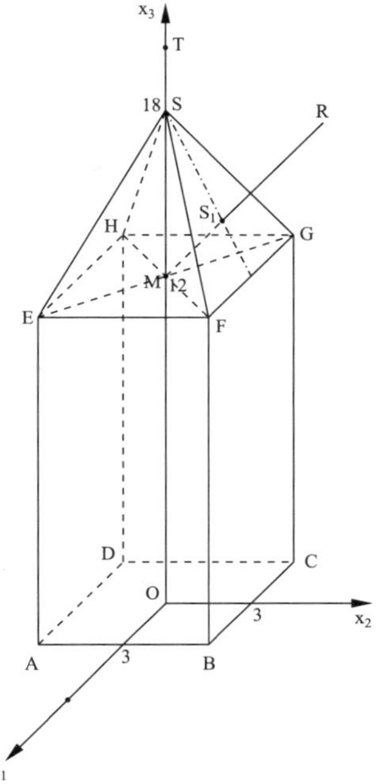

Die Kante HS wird durch die Strecke

$$k: \vec{x} = \overrightarrow{OH} + v \cdot \overrightarrow{HS} = \begin{pmatrix} -3 \\ -3 \\ 12 \end{pmatrix} + v \cdot \begin{pmatrix} 3 \\ 3 \\ 6 \end{pmatrix}; \quad 0 \le v \le 1$$

beschrieben.

Die Länge des Stützbalkens ist gleich dem Abstand d_1 des Punktes H von k.

Es sei K(−3+3v | −3+3v | 12+6v) ein Punkt auf k.

1. Möglichkeit:
Der Abstand d_1 ist gleich dem Minimum der Funktion

$$d(v) = |\overrightarrow{FK}| = \left| \begin{pmatrix} -6+3v \\ -6+3v \\ 6v \end{pmatrix} \right| = \sqrt{2(3v-6)^2 + 36v^2};$$

$0 \le v \le 1$.

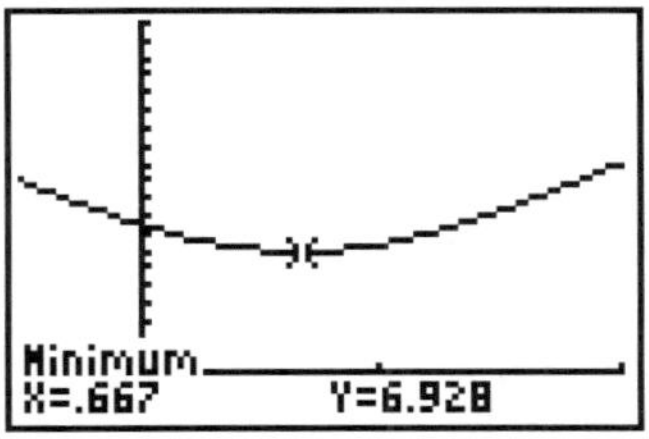

Mit dem GTR ergibt sich für $v \approx 0{,}667$ das Minimum:

$$d_1 = d_{min} \approx 6{,}93\,(m).$$

2. Möglichkeit:
Man bestimmt K so, dass der Vektor $\overrightarrow{FK} = \begin{pmatrix} -6+3v \\ -6+3v \\ 6v \end{pmatrix}$ und der Richtungsvektor $\vec{u} = \begin{pmatrix} 1 \\ 1 \\ 2 \end{pmatrix}$ von k orthogonal sind:

$$0 = \vec{u} \cdot \overrightarrow{FK} = (-6+3v) + (-6+3v) + 12v = 0; \quad v = \frac{2}{3}; \quad K(-1|-1|16).$$

Für den gesuchten Abstand gilt dann:

$$d_1 = |\overrightarrow{FK}| = \left| \begin{pmatrix} -4 \\ -4 \\ 4 \end{pmatrix} \right| = \sqrt{48} \approx 6{,}928\,(m).$$

3. Möglichkeit:
Man bestimmt eine Hilfsebene H_0, die orthogonal zur Strecke k ist und durch den Punkt F geht.

Ein Normalenvektor von H_0 ist der Richtungsvektor $\begin{pmatrix}1\\1\\2\end{pmatrix}$ von k.

Mit dem Ansatz $x_1 + x_2 + 2x_3 = c$ und $F(3|3|12) \in H_0$ erhält man:

$$H_0\colon\ x_1 + x_2 + 2x_3 = 30.$$

Schnittpunkt F_1 von k mit H_0:

$$(-3+3v)+(-3+3v)+2(12+6v)=30;\quad 18v=12;\quad v=\frac{2}{3};\quad F_1(-1|-1|16).$$

Der Abstand von F zur Kante HS ist dann wie oben:

$$d_1 = |\overrightarrow{FF_1}| = \left|\begin{pmatrix}-4\\-4\\4\end{pmatrix}\right| = \sqrt{48} \approx 6{,}928.$$

b) Die Person kann den Blitzableiter gerade sehen, wenn sie mindestens 4 m Abstand von der Seitenfläche ABFE hat. Ihre Augenhöhe ist 1,60 m. Die Augen des Beobachters bewegen sich daher im Grenzfall auf der Geraden

$$g\colon\ \vec{x} = \begin{pmatrix}7\\0\\1{,}6\end{pmatrix} + t\begin{pmatrix}0\\1\\0\end{pmatrix};\quad t \in \mathbb{R}.$$

Die Gerade g und die dazu parallele Kante EF liegen in einer Ebene E_1. Die Spitze T des Blitzableiters ergibt sich als Schnitt dieser Ebene mit der x_3-Achse.

Die Ebene E_1 ist durch die Punkte $E(3|-3|12)$, $F(3|3|12)$ und z. B. $V(7|0|1{,}6) \in g$ festgelegt. Eine Vektorgleichung von E_1 ist:

$$E_1\colon\ \vec{x} = \overrightarrow{OE} + r\cdot\overrightarrow{EV} + s\cdot\overrightarrow{EF} = \begin{pmatrix}3\\-3\\12\end{pmatrix} + r\cdot\begin{pmatrix}4\\3\\-10{,}4\end{pmatrix} + s\cdot\begin{pmatrix}0\\6\\0\end{pmatrix};\quad r, s \in \mathbb{R}.$$

Für einen Normalenvektor $\vec{n}_1 = \begin{pmatrix}n_1\\n_2\\n_3\end{pmatrix}$ von E_1 muss gelten:

$$\vec{n}_1 \cdot \begin{pmatrix}4\\3\\-10{,}4\end{pmatrix} = 0 \quad\text{und}\quad \vec{n}_1 \cdot \begin{pmatrix}0\\6\\0\end{pmatrix} = 0,\quad \text{d. h.}\quad \left.\begin{array}{l} 4n_1 + 3n_2 - 10{,}4n_3 = 0 \\ \qquad\ \ 6n_2 \qquad\qquad\ = 0 \end{array}\right|.$$

Eine Lösung ist $n_2 = 0$; $n_1 = 10{,}4$; $n_3 = 4$ bzw. $\vec{n}_1 = \begin{pmatrix}10{,}4\\0\\4\end{pmatrix}$.

Mit dem Ansatz $10{,}4x_1 + 4x_3 = a$ und $E(3|-3|12) \in E_1$ erhält man eine Koordinatengleichung von E_1: $10{,}4x_1 + 4x_3 = 79{,}2$.

Die Spitze des Blitzableiters ergibt sich als Schnitt von E_1 mit der x_3-Achse ($x_1 = x_2 = 0$): $T(0|0|19{,}8)$

Die Länge des Blitzableiters ist somit $d_2 = |\overrightarrow{ST}| = 1{,}8$ (m).

c) Der Schwerpunkt des Dreiecks FGS mit F(3 | 3 | 12), G(–3 | 3 | 12) und S(0 | 0 | 18) ist $S_1(0 | 2 | 14)$.

Die Fahnenstange wird durch die Gerade

$$h: \vec{x} = \overrightarrow{OM} + q \cdot \overrightarrow{MS_1} = \begin{pmatrix} 0 \\ 0 \\ 12 \end{pmatrix} + q \cdot \begin{pmatrix} 0 \\ 2 \\ 2 \end{pmatrix}; \quad q \in \mathbb{R};$$

beschrieben.

Da die Stange 8 m lang ist, muss man von M aus 8-mal den Einheitsvektor $\frac{1}{|\overrightarrow{MS_1}|} \cdot \overrightarrow{MS_1}$ abtragen, um R zu erhalten:

$$\overrightarrow{OR} = \overrightarrow{OM} + 8 \cdot \frac{1}{|\overrightarrow{MS_1}|} \cdot \overrightarrow{MS_1} = \begin{pmatrix} 0 \\ 0 \\ 12 \end{pmatrix} + 8 \cdot \frac{1}{\sqrt{8}} \cdot \begin{pmatrix} 0 \\ 2 \\ 2 \end{pmatrix} = \begin{pmatrix} 0 \\ 2\sqrt{8} \\ 12 + 2\sqrt{8} \end{pmatrix},$$

d. h., es ist $R(0 | 2\sqrt{8} | 12 + 2\sqrt{8}) \approx R(0 | 5{,}66 | 17{,}66)$.

Die Spitze R der Fahnenstange befindet sich etwa 17,66 m über dem Boden.

Die Dachfläche GFS mit F(3 | 3 | 12); G(–3 | 3 | 12) und S(0 | 0 | 18) liegt in der Ebene

$$E_2: \; \vec{x} = \overrightarrow{OS} + u \cdot \overrightarrow{SF} + v \cdot \overrightarrow{SG} = \begin{pmatrix} 0 \\ 0 \\ 18 \end{pmatrix} + u \cdot \begin{pmatrix} 3 \\ 3 \\ -6 \end{pmatrix} + s \cdot \begin{pmatrix} -3 \\ 3 \\ -6 \end{pmatrix}; \quad u, v \in \mathbb{R}.$$

Einen Normalenvektor von E_2 erhält man wie oben: $\vec{n}_2 = \begin{pmatrix} 0 \\ 2 \\ 1 \end{pmatrix}$.

Mit dem Ansatz $2x_2 + x_3 = a$ und $S(0|0|18) \in E_2$ erhält man eine Koordinatengleichung von $E_2: 2x_2 + x_3 = 18$.

HNF von $E_2: \frac{2x_2 + x_3 - 18}{\sqrt{5}} = 0$.

Der Abstand der Spitze der Fahnenstange von der Dachfläche GFS ist:

$$\mathbf{d_2} = \frac{|2 \cdot 2\sqrt{8} + 12 + 2\sqrt{8} - 18|}{\sqrt{5}} \approx \mathbf{4{,}91} \text{ (m)}.$$

Für den Befestigungspunkt Q des Stahlseils auf der Fahnenstange setzt man an:
$Q(0 | 2q | 12 + 2q)$ mit $q > 0$.

Der Winkel SQM hat das Maß 60°. Also muss gelten:

$$\frac{\overrightarrow{QS} \cdot \overrightarrow{QM}}{|\overrightarrow{QS}| \cdot |\overrightarrow{QM}|} = \cos 60°; \quad \frac{\begin{pmatrix} 0 \\ -2q \\ 6-2q \end{pmatrix} \cdot \begin{pmatrix} 0 \\ -2q \\ -2q \end{pmatrix}}{\sqrt{4q^2 + (6-2q)^2} \cdot \sqrt{8q^2}} = \frac{1}{2};$$

$$\frac{(8q - 12) \cdot q}{\sqrt{4q^2 + (6-2q)^2} \cdot \sqrt{8} \cdot q} = \frac{1}{2}; \quad \underbrace{\frac{8q - 12}{\sqrt{4q^2 + (6-2q)^2} \cdot \sqrt{8}}}_{g(q)} = \frac{1}{2};$$

Die Lösung der Gleichung kann man mit dem GTR bestimmen, indem man den Schnittpunkt der Kurve mit der Gleichung $y = g(q)$ und der Geraden $y = \frac{1}{2}$ bestimmt.

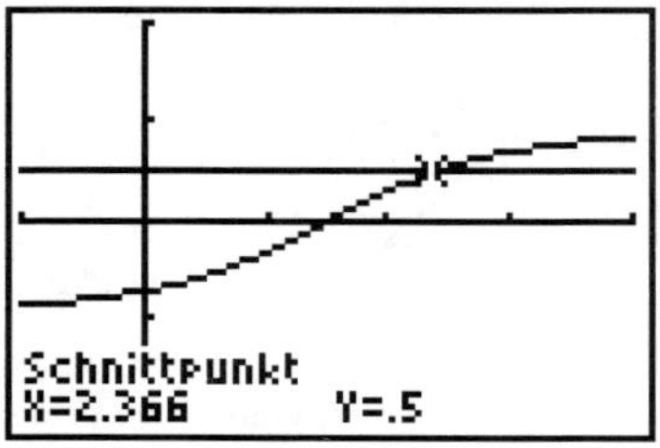

Es ergibt sich: $q \approx 2{,}37$ und somit für Q näherungsweise: $Q(0|4{,}74|16{,}74)$.
(Ein Vergleich der x_3-Koordinaten von Q, R und S_1 zeigt, dass Q wirklich auf der Fahnenstange und im Äußeren des Daches liegt.)

Die Länge des Stahlseiles ist somit in Meter:

$$\mathbf{d_4} = |\overrightarrow{QS}| = \left|\begin{pmatrix} 0 \\ -4{,}74 \\ 1{,}26 \end{pmatrix}\right| \approx \mathbf{4{,}9.}$$

In einem rechtwinkligem Koordinatensystem sind die Punkte $P_1(0|0|0)$, $P_2(2|0|-2)$, $P_3(2|2|-4)$ und $P_4(0|4|-4)$ gegeben.

a) Zeigen Sie, dass die Punkte P_1, P_2, P_3 und P_4 in einer Ebene liegen.
Diese vier Punkte sind Eckpunkte eines regelmäßigen Sechsecks $P_1P_2P_3P_4P_5P_6$.
Bestimmen Sie die Punkte P_5 und P_6.

Zeichnen Sie das Sechseck in einem Schrägbild des Koordinatensystems.
Das Sechseck wird um 90° um die Diagonale P_1P_4 gedreht. Bestimmen Sie die möglichen Lagen des Bildpunktes von P_2 bei einer solchen Drehung.

b) Das Sechseck wird durch eine Parallelverschiebung so abgebildet, dass der Punkt P_1 in einen Punkt $\overline{P_1}$ der Geraden $g\colon \vec{x} = \begin{pmatrix} 2 \\ 2 \\ 1 \end{pmatrix} + t \cdot \begin{pmatrix} 1 \\ 1 \\ 2 \end{pmatrix}$, $t \in \mathbb{R}$, übergeht.

Original- und Bildsechseck bestimmen dann gemeinsam ein Prisma.
Für welche Punkte $\overline{P_1}$ auf g hat das Prisma den Rauminhalt 36 (Volumeneinheiten)?
Gibt es einen Punkt $\overline{P_1}$ auf g, so dass sich ein senkrechtes Prisma ergibt?

(17 VP)

Lösung

a) Die Ebene E durch die drei Punkte $P_1(0|0|0)$, $P_2(2|0|-2)$ und $P_3(2|2|-4)$hat die Vektorgleichung:

$$E\colon\ \vec{x} = s \cdot \begin{pmatrix} 2 \\ 0 \\ -2 \end{pmatrix} + t \cdot \begin{pmatrix} 2 \\ 2 \\ -4 \end{pmatrix};\ s, t \in \mathbb{R}.$$

Ein Normalenvektor von E lässt sich hier unmittelbar ablesen: $\vec{n} = \begin{pmatrix} 1 \\ 1 \\ 1 \end{pmatrix}$.

Da die Ebene durch den Ursprung $P_1(0|0|0)$ geht, ist

$$E\colon x_1 + x_2 + x_3 = 0$$

eine Koordinatengleichung der Ebene.

Punktprobe für den Punkt $P_4(0|4|-4)$ zeigt, dass auch dieser Punkt in der Ebene E liegt.

Alle vier Punkte P_1, P_2, P_3 und P_4 liegen in einer Ebene.

Für die Punkte P_5 und P_6 gilt:

$$\overrightarrow{OP_5} = \overrightarrow{OP_4} + \overrightarrow{P_2P_1} = \begin{pmatrix} 0 \\ 4 \\ -4 \end{pmatrix} + \begin{pmatrix} -2 \\ 0 \\ 2 \end{pmatrix} = \begin{pmatrix} -2 \\ 4 \\ -2 \end{pmatrix};$$

$\mathbf{P_5(-2\,|\,4\,|\,-2);}$

$$\overrightarrow{OP_6} = \overrightarrow{OP_1} + \overrightarrow{P_3P_4} = \begin{pmatrix} 0 \\ 0 \\ 0 \end{pmatrix} + \begin{pmatrix} -2 \\ 2 \\ 0 \end{pmatrix} = \begin{pmatrix} -2 \\ 2 \\ 0 \end{pmatrix};$$

$\mathbf{P_6(-2\,|\,2\,|\,0).}$

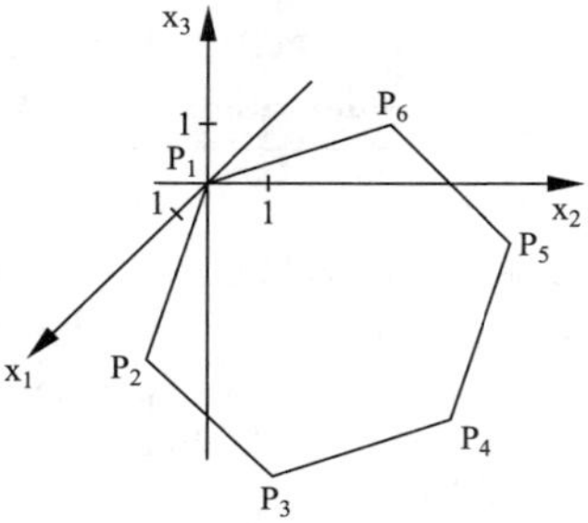

Bei der Drehung des Sechsecks um die Diagonale P_1P_4 bewegt sich der Punkt P_2 auf einem Kreis in der zu P_1P_4 senkrechten Ebene H durch P_2.

Den Mittelpunkt M dieses Kreises erhält man als Schnitt der Ebene H mit der Geraden P_1P_4 oder einfacher – da P_1P_4 Symmetrieachse des Sechsecks ist – als Mittelpunkt der Strecke $\overline{P_2P_6}$: $M(0\,|\,1\,|\,-1)$.

Da die Drehung den Drehwinkel $\alpha = 90^\circ$ hat, muss für einen Bildpunkt P_2' von P_2 gelten: Der Vektor $\overrightarrow{MP_2'}$ ist orthogonal zur Ebene E und hat den gleichen Betrag wie $\overrightarrow{MP_2}$.

D. h.:

$$|\overrightarrow{MP_2'}| = |\overrightarrow{MP_2}| = \left|\begin{pmatrix} 2 \\ -1 \\ -1 \end{pmatrix}\right| = \sqrt{6}.$$

Ein Normaleinheitsvektor von E ist $\vec{n}_0 = \frac{1}{\sqrt{3}}\begin{pmatrix} 1 \\ 1 \\ 1 \end{pmatrix}$.

Somit ergibt sich für einen Bildpunkt P_2':

$$\overrightarrow{OP_2'} = \overrightarrow{OM} + \sqrt{6}\cdot\vec{n}_0 = \begin{pmatrix} 0 \\ 1 \\ -1 \end{pmatrix} + \sqrt{2}\begin{pmatrix} 1 \\ 1 \\ 1 \end{pmatrix} = \begin{pmatrix} \sqrt{2} \\ 1+\sqrt{2} \\ -1+\sqrt{2} \end{pmatrix}; \quad \mathbf{P_2'(\sqrt{2}\,|\,1+\sqrt{2}\,|\,-1+\sqrt{2})},$$

oder

$$\overrightarrow{OP_2'} = \overrightarrow{OM} - \sqrt{6}\cdot\vec{n}_0 = \begin{pmatrix} 0 \\ 1 \\ -1 \end{pmatrix} - \sqrt{2}\begin{pmatrix} 1 \\ 1 \\ 1 \end{pmatrix} = \begin{pmatrix} -\sqrt{2} \\ 1-\sqrt{2} \\ -1-\sqrt{2} \end{pmatrix}; \quad \mathbf{P_2'(-\sqrt{2}\,|\,1-\sqrt{2}\,|\,-1-\sqrt{2})}.$$

b) Durch eine Parallelverschiebung wird das Sechseck so abgebildet, dass P_1 in einen Punkt $\overline{P}_1$ auf der Geraden

$$g:\ \vec{x} = \begin{pmatrix} 2 \\ 2 \\ 1 \end{pmatrix} + t\cdot\begin{pmatrix} 1 \\ 1 \\ 2 \end{pmatrix}; \quad t \in \mathbb{R},$$

übergeht.

Die Grundfläche des dabei entstehenden Prismas besteht aus sechs gleichseitigen Dreiecken mit der Seitenlänge:

$$a = |\overrightarrow{P_1P_2}| = \left|\begin{pmatrix} 2 \\ 0 \\ -2 \end{pmatrix}\right| = \sqrt{8}.$$

Der Flächeninhalt der Grundfläche ist daher:

$$G = 6 \cdot \frac{\sqrt{3}}{4} a^2 = 6 \cdot \frac{\sqrt{3}}{4} \cdot 8 = 12 \cdot \sqrt{3}$$ (siehe Formelsammlung – gleichseitiges Dreieck).

Für die Höhe h eines Prismas mit dieser Grundfläche und dem Volumen V = 36 muss gelten:

$$h = \frac{V}{G} = \frac{36}{12\sqrt{3}} = \frac{3}{\sqrt{3}} = \sqrt{3}.$$

Die Höhe in unserem Prisma ist aber gleich dem Abstand des Punktes $\overline{P}_1(2+t\,|\,2+t\,|\,1+2t) \in g$ von der Grundfläche, d. h. von der Ebene E.

HNF von E: $\frac{x_1 + x_2 + x_3}{\sqrt{3}} = 0.$

Damit folgt:

$$d(\overline{P}_1; E) = h; \quad \frac{|2+t+2+t+1+2t|}{\sqrt{3}} = \sqrt{3}; \quad |5+4t| = 3;$$

$$5 + 4t = 3 \quad \text{oder} \quad 5 + 4t = -3;$$

$$t = -\frac{1}{2} \quad \text{oder} \quad t = -2.$$

Das Prisma hat den Rauminhalt 36, wenn P_1 bei der Verschiebung in den Punkt $\overline{P}_1\left(\frac{3}{2} \,\middle|\, \frac{3}{2} \,\middle|\, 0\right)$ oder in den Punkt $\overline{P}_1^*(0\,|\,0\,|\,-3)$ übergeht.

Das entstehende Prisma ist dann senkrecht, wenn der Vektor $\overrightarrow{P_1\overline{P}_1} = \begin{pmatrix} 2+t \\ 2+t \\ 1+2t \end{pmatrix}$ und der Normalenvektor $\vec{n} = \begin{pmatrix} 1 \\ 1 \\ 1 \end{pmatrix}$ von E linear abhängig sind, d. h. wenn gilt:

$$\overrightarrow{P_1\overline{P}_1} = k\vec{n}; \quad \begin{pmatrix} 2+t \\ 2+t \\ 1+2t \end{pmatrix} = k\begin{pmatrix} 1 \\ 1 \\ 1 \end{pmatrix}; \quad \left|\begin{matrix} 2+t = k \\ 2+t = k \\ 1+2t = k \end{matrix}\right|; \quad \left|\begin{matrix} 2+t = k \\ 1+2t = 2+t \end{matrix}\right|.$$

Die Gleichungen haben die eindeutigen Lösungen t = 1 und k = 3.

Das Prisma ist senkrecht, wenn P_1 bei der Verschiebung in den Punkt $\overline{P}_1(3\,|\,3\,|\,3)$ übergeht.

Abiturprüfung Mathematik (Baden-Württemberg):
Analysis Aufgabe 1 (aus LK 1993 I 3)

Der Bestand an PKW in Privatbesitz hat sich in den vergangenen 40 Jahren stark erhöht und wird auch in den kommenden Jahren noch weiter steigen. Aus einer Statistik sind die folgenden Daten entnommen. (Sie beziehen sich jeweils auf die alten Bundesländer.)

Jahr	1950	1955	1960	1965	1970	1975	1980	1985	1990
Anzahl PKW in Millionen	0,7	1,9	4,9	9,7	14,4	18,2	23,2	26,1	30,6

a) Für die Jahre 1950 bis 1965 lässt sich der PKW-Bestand annähernd durch eine Exponentialfunktion beschreiben.
Bestimmen Sie aus den Daten der Jahre 1955 und 1965 die Funktionsgleichung.
Berechnen Sie für das Jahr 1950 die prozentuale Abweichung der Näherung vom Tabellenwert.
Wie groß wäre die prozentuale Abweichung vom Tabellenwert für das Jahr 1980, falls man immer noch die gleiche Näherung benützte?

Um eine bessere Näherung für die Jahre ab 1965 zu erhalten, arbeitet man jetzt mit der Funktion f, die gegeben ist durch

$$f(x) = \frac{18x}{\sqrt{x^2 + 18^2}} + 18; \quad x \in \mathbb{R}.$$

Ihr Schaubild sei K.

b) Fertigen Sie mithilfe des grafikfähigen Taschenrechners eine Zeichnung von K für $-25 \leq x \leq 25$ an. (Längeneinheit 0,2 cm)

c) Tragen Sie die Daten aus obiger Tabelle in das vorhandene Achsenkreuz so ein, dass K näherungsweise die Entwicklung des PKW-Bestandes beschreibt, sofern der Bestand von 1975 auf der y-Achse eingetragen wird.
Geben Sie die Bedeutung der Variablen x und f(x) in dem so gewählten mathematischen Modell an.
Bestimmen Sie die maximale prozentuale Abweichung der Werte aus dem mathematischen Modell von den tatsächlichen Werten aus der Statistik für die Jahre 1975 bis 1990.
Einige Prognosen sagen für das Jahr 2000 einen Bestand zwischen 31,0 und 34,3 Millionen und für das Jahr 2010 zwischen 30,5 und 34,7 Millionen Fahrzeugen in Privatbesitz voraus.
Überprüfen Sie, ob die Vorhersagen des mathematischen Modells im Bereich dieser Prognosen liegen.
Welcher maximale PKW-Bestand ist nach dem mathematischen Modell zu erwarten?

d) Berechnen Sie den Wert der ersten Ableitung von f bezogen auf das Jahr 2000 im mathematischen Modell.
Welche Bedeutung hat dieser Wert für die Entwicklung des PKW-Bestandes im Jahr 2000?
Für welchen Zeitpunkt liefert das mathematische Modell näherungsweise erstmals einen Bestandszuwachs pro Jahr, der kleiner ist als 50 000?
Die Fläche zwischen K und der x-Achse bezogen auf den Zeitraum von 1970 bis 1990 sei ein Maß für den Schadstoffausstoß der PKW in diesem Zeitraum.
Bestimmen Sie die konstante Anzahl der PKW, die in diesem Zeitraum den gleichen Schadstoffausstoß verursacht hätten.

Lösung

a) Für die Exponentialfunktion, die den PKW-Bestand näherungsweise beschreiben soll, setzt man an:

$$g(t) = a \cdot e^{kt},$$

wobei t die Zahl der Jahre ab 1955 angibt.
Aus den Daten der Jahre 1955 und 1965 ergibt sich (Anzahl der PKW in Millionen):

$$g(0) = a = 1{,}9; \quad g(10) = 1{,}9 \cdot e^{k \cdot 10} = 9{,}7; \quad k = \frac{1}{10} \cdot \ln\frac{9{,}7}{1{,}9} \approx 0{,}163.$$

Die Bestimmung von k kann man auch mit dem GTR (TI-83 im Hauptfenster: **MATH → Solver**) durchführen, wahrscheinlich aber nicht viel schneller als von Hand:

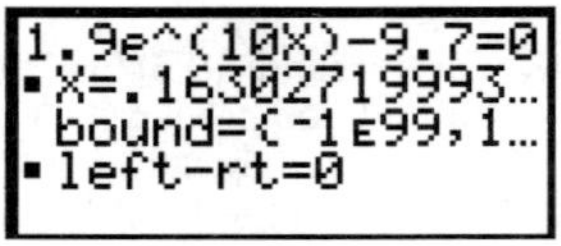

Die angenommene Wachstumsfunktion hat somit näherungsweise die Gleichung:

$$\mathbf{g(t) = 1{,}9 \cdot e^{0{,}163 \cdot t}}.$$

Aus ihr ergibt sich für das Jahr

1950: $g(-5) \approx 0{,}84$; Abweichung vom Tabellenwert: $\mathbf{d_1} = \frac{0{,}84 - 0{,}7}{0{,}7} = \mathbf{20\,\%}$;

1980: $g(25) \approx 111{,}8$; Abweichung vom Tabellenwert: $\mathbf{d_2} = \frac{111{,}8 - 23{,}2}{23{,}2} \approx \mathbf{382\,\%}$.

Es ist auch möglich, mit dem GTR direkt eine Gleichung der Funktion g durch eine *exponentielle Regression* aus den Daten der Jahre 1955 und 1965 zu bestimmen.

Beim TI-83 gibt man hierfür die Zeitangaben z. B. in die Liste L_1 und die zugehörigen PKW-Bestände in die Liste L_2 ein (**STAT → EDIT**) und wählt im **STAT-CALC**-Menü die exponentielle Regression aus. Weitere Eingabe wie abgebildet.

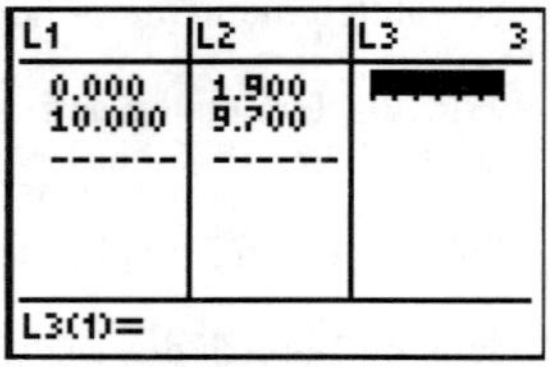

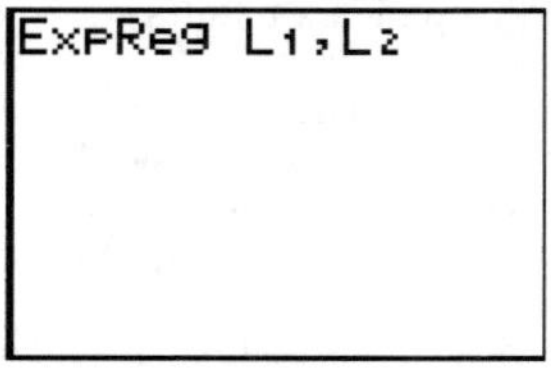

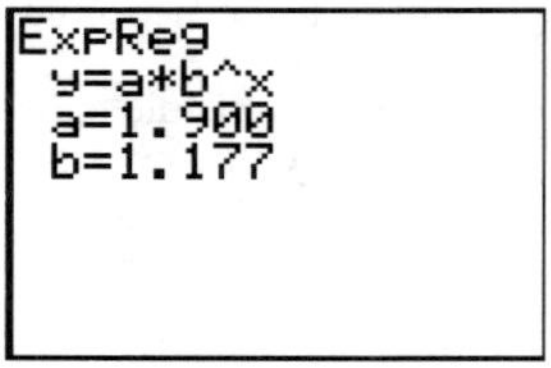

Als Lösung ergibt sich (nach entsprechender Umbenennung):

$$g(t) = 1{,}9 \cdot 1{,}177^t.$$

Dies ist gleichwertig mit der oben gefundenen Lösung, denn es gilt:

$$g(t) = 1{,}9 \cdot e^{0{,}163 \cdot t} = 1{,}9 \cdot (e^{0{,}163})^t = 1{,}9 \cdot 1{,}177^t.$$

b) Der Funktionsterm der Funktion f mit

$$f(x) = \frac{18x}{\sqrt{x^2 + 18^2}} + 18$$

wird in das **Y=**-Fenster des TI-83 eingegeben und die Wertetabelle im **TBLSET**-Fenster etwa wie angegeben angepasst. Mithilfe der Wertetabelle (**TABLE**-Fenster) lässt sich eine Zeichnung von K anfertigen.

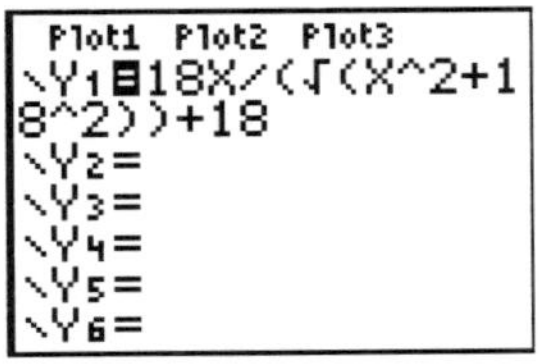

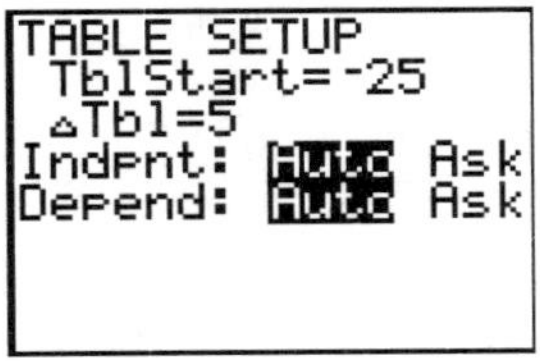

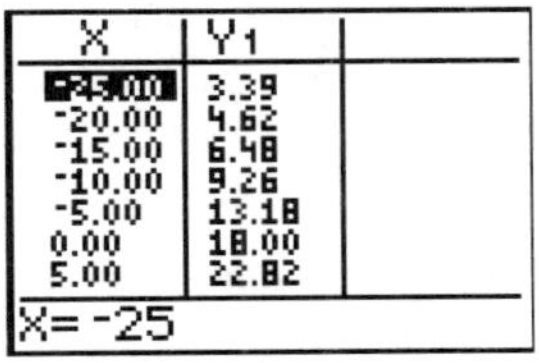

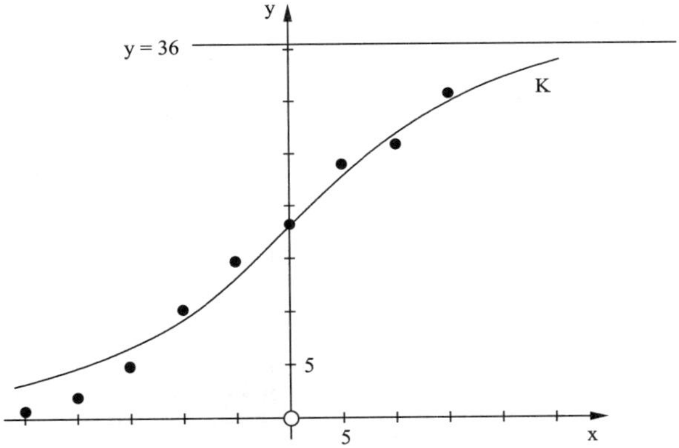

c) Wird der PKW-Bestand des Jahres 1975 auf der y-Achse eingetragen, so gibt x die Differenz der Jahre zum Jahr 1975 an und f(x) die jeweilige PKW-Anzahl in Millionen.
Die Daten der Tabelle können nun von Hand in das vorhandene Achsenkreuz eingetragen werden. Zur Veranschaulichung mit dem GTR überträgt man die Werte der Tabelle in Listen (TI-83: **STAT → Edit**) und stellt sie zusammen mit dem Schaubild von f (s. o.) im Graphikfenster dar (TI-83: **STATPLOT**).

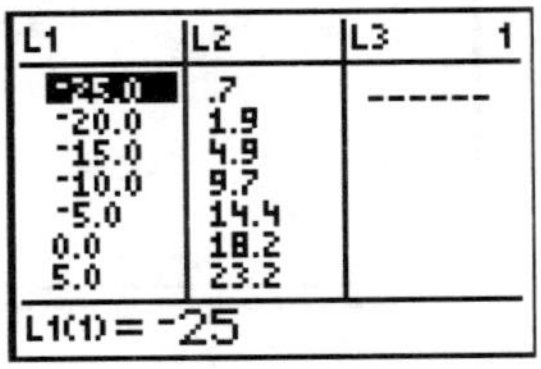

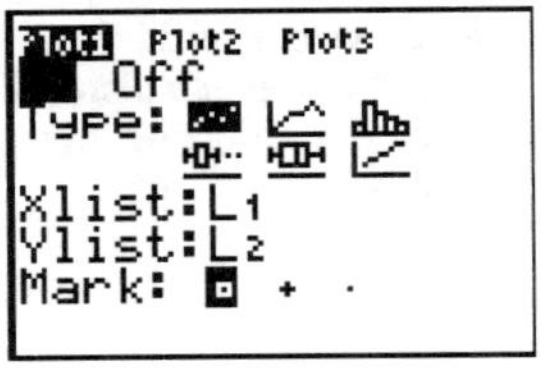

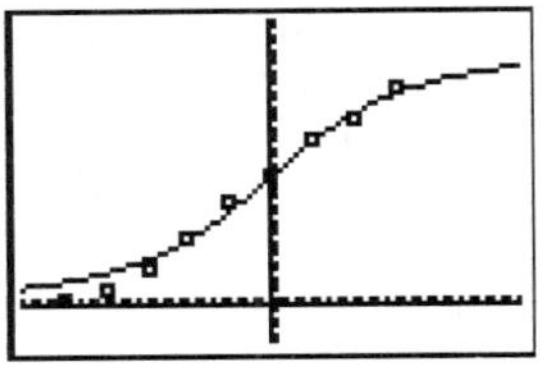

Prozentuale Abweichungen der mit der Funktion f berechneten Werte von den tatsächlichen Werten der Statistik in den Jahren:

$$1975:\ s_1 = \frac{|f(0)-18{,}2|}{18{,}2} = \frac{|18-18{,}2|}{18{,}2} \approx 1{,}1\ \%;$$

$$1980:\ s_2 = \frac{|f(5)-23{,}2|}{23{,}2} \approx \frac{|22{,}8-23{,}2|}{23{,}2} \approx 1{,}7\ \%;$$

$$1985:\ s_3 = \frac{|f(10)-26{,}1|}{26{,}1} \approx \frac{|26{,}7-26{,}1|}{26{,}1} \approx 2{,}3\ \%;$$

$$1990:\ s_4 = \frac{|f(15)-30{,}6|}{30{,}6} \approx \frac{|29{,}5-30{,}6|}{30{,}6} \approx 3{,}6\ \%.$$

Die maximale Abweichung von 3,6 % ergibt sich im Jahr 1990.

Der berechnete Bestand (in Millionen) im Jahr 2000 ist **f(25) = 32,6**.
Er liegt im Prognosebereich für dieses Jahr, d. h. zwischen 31,0 und 34,3.

Der berechnete Bestand (in Millionen) im Jahr 2010 ist **f(35) = 34,0**.
Auch er liegt im Prognosebereich, d. h. zwischen 30,5 und 34,7.

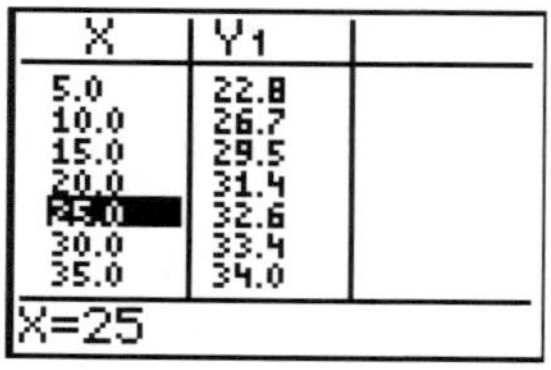

Anhand der Wertetabelle bzw. des Kurvenlaufes von K vermutet man, dass nach diesem Modell der PKW-Bestand einer **Sättigungsgrenze von 36 Millionen** Stück zustrebt.
Dies zeigt auch eine exakte Rechnung:

$$\lim_{x\to\infty} f(x) = \lim_{x\to\infty} \frac{18\sqrt{x^2}}{\sqrt{x^2+18^2}} + 18$$

$$= \lim_{x\to\infty} \frac{18}{\sqrt{1+\frac{18^2}{x^2}}} + 18 = 36$$

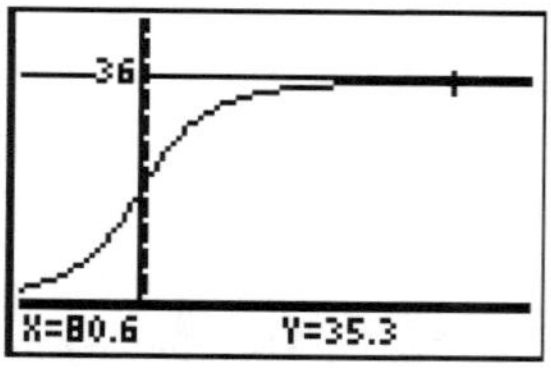

Allerdings bleibt die Frage, ob die dem Modell zugrunde liegenden Annahmen über einen längeren Zeitraum nach 2000 noch gültig sind.

d) Die Ableitung bezogen auf das Jahr 2000 erhält man für x = 25.
Man bestimmt sie mit dem TI-83 entweder im Hauptfenster mithilfe der **nDeriv**-Funktion aus dem **MATH**-Menü oder durch Zeichnen der Tangente an der Stelle x = 25 (**DRAW**-Menü).
Man erhält:

$$\mathbf{f'(25) \approx 0{,}20.}$$

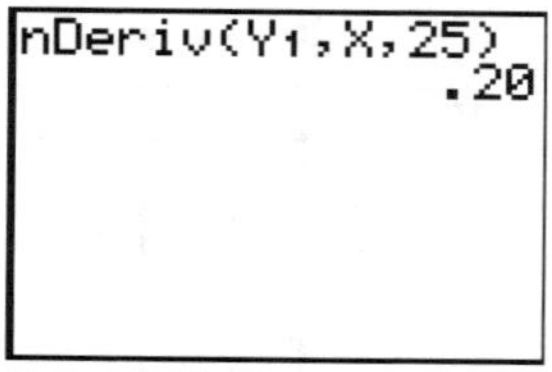

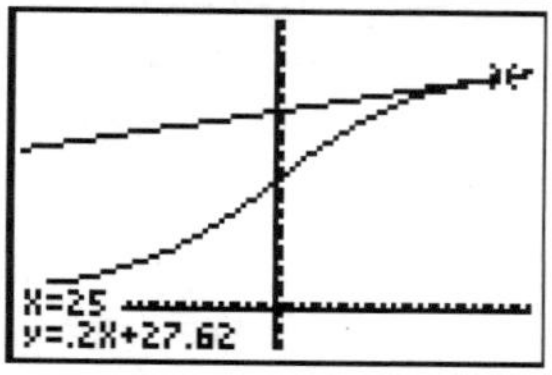

Die Ableitung gibt die momentane Änderung des PKW-Bestandes im Jahr 2000 an, gemessen in Millionen PKW pro Jahr.
Im Jahr 2000 ist also eine Zunahme von ungefähr 200 000 PKW zu erwarten.

Anmerkung:

Ohne Verwendung des GTR benötigt man für diese Rechnung die erste Ableitung von f:

$$f'(x)=\frac{18\sqrt{x^2+18^2}-18x\frac{2x}{2\sqrt{x^2+18^2}}}{x^2+18^2}=\frac{18^3}{\sqrt{x^2+18^2}^{\,3}}=18^3(x^2+18^2)^{-\frac{3}{2}}.$$

Um zu ermitteln, wann der Bestandszuwachs erstmals kleiner als 50 000 = 0,05 Millionen ist, zeichnet man mithilfe des GTR das Schaubild der Ableitungsfunktion f' (**nDeriv** aus dem **MATH**-Menü oder f'(x) wie oben berechnet) und schneidet es mit der Geraden y = 0,05 (**CALC** → **intersect**). Dabei ist die Einstellung eines geeigneten Graphikfensters (**WINDOW**-Fenster) hier wichtig.

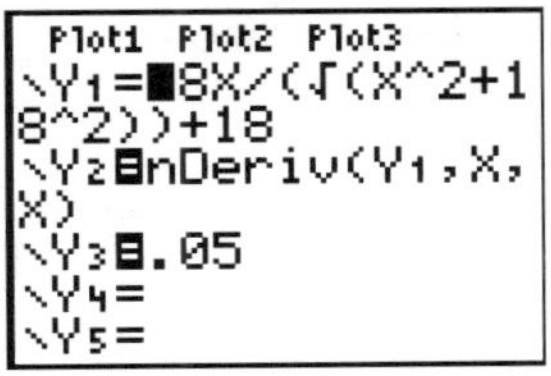

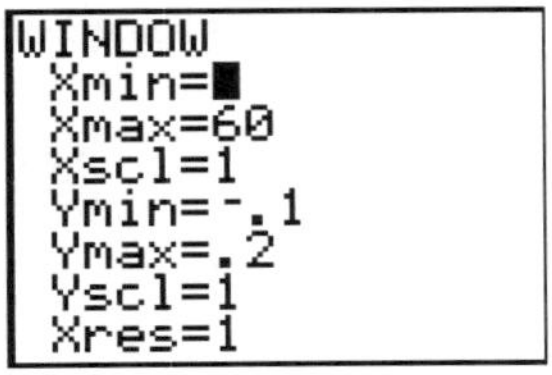

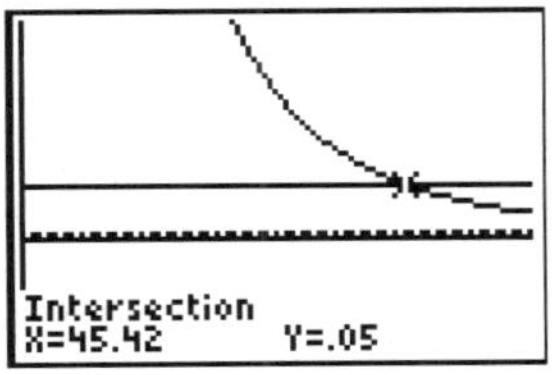

Man erhält so:

$f'(x) < 0{,}05$ für $x > 45{,}42$.

Im Jahr 2021 ist somit zum ersten Mal eine Zunahme von weniger als 50 000 PKW pro Jahr zu erwarten.

Die Fläche, die den Schadstoffausstoß der PKW im Zeitraum von 1970 bis 1990 beschreibt, wird durch die Kurve K, die x-Achse und die Geraden x = –5 und x = 15 begrenzt. Ihr Inhalt ist:

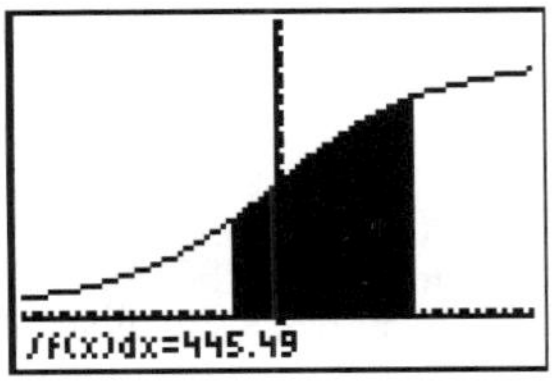

$$A=\int_{-5}^{15} f(x)\,dx=\int_{-5}^{15}\left(\frac{18x}{\sqrt{x^2+18^2}}+18\right)dx$$

$$\approx \mathbf{445{,}5}.$$

Für den **mittleren Bestand B** (in Millionen PKW) mit gleichem Schadstoffausstoß in den 20 Jahren von 1970 bis 1990 gilt somit:

$$\mathbf{B=\frac{1}{20}445{,}5\approx 22{,}3}.$$

Abiturprüfung Mathematik (Baden-Württemberg): Analysis Aufgabe 2 (aus GK 1996 A 3)

Gegeben ist die Funktion f durch

$$f(x) = (4 - e^x) \cdot e^x;\ x \in \mathbb{R}.$$

Ihr Schaubild sei K.
Gegeben ist weiterhin zu jedem $r > 0$ die Funktion g_r durch

$$g_r(x) = r \cdot e^x;\ x \in \mathbb{R}.$$

Ihr Schaubild sei C_r.

a) Untersuchen Sie K auf gemeinsame Punkte mit den Koordinatenachsen, Hoch-, Tief- und Wendepunkte sowie auf Asymptoten.
Zeichnen Sie K und C_1 für $-4 \le x \le 1{,}5$ in ein gemeinsames Achsenkreuz ein. (Längeneinheit 1 cm)

b) Die Kurve K und das Schaubild C_1 schneiden sich in einem Punkt P_1.
K schließt mit den Koordinatenachsen und der Parallelen zur y-Achse durch P_1 im ersten Feld eine Fläche ein.
Berechnen Sie ihren Inhalt.
In welchem Verhältnis teilt C_1 diese Fläche?

c) Zeigen Sie: Für $0 < r < 3$ schneiden sich K und C_r in einem Punkt P_r, der im ersten Feld liegt.
C_r schließt dann mit den Koordinatenachsen und der Parallelen zur y-Achse durch P_r eine Fläche mit dem Inhalt A(r) ein.
Für welchen Wert von r wird A(r) maximal?

d) Die Höhe einer Pflanze (in Meter) zur Zeit t (in Wochen seit dem Beginn der Beobachtung) soll zunächst durch eine Funktion h_1 mit

$$h_1(t) = 0{,}02 \cdot e^{kt}$$

näherungsweise beschrieben werden.
Wie hoch ist die Pflanze zu Beginn der Beobachtung?
Bestimmen Sie k, wenn die Höhe der Pflanze in den ersten 6 Wochen der Beobachtung um 0,48 m zugenommen hat.
Wie hoch müsste demnach die Pflanze 8 Wochen nach dem Beginn der Beobachtung sein?
Die Pflanze ist nach 8 Wochen tatsächlich nur 1,04 m hoch.
Die Höhe wird deshalb für $t \ge 6$ beschrieben durch die Funktion h_2 mit

$$h_2(t) = a - b \cdot e^{-0{,}536t}.$$

Bestimmen Sie a und b aus den beobachteten Höhen nach 6 und 8 Wochen.
Berechnen Sie $\lim\limits_{t \to \infty} h_2(t)$.

Welche Bedeutung hat dieser Wert für die Pflanze?

Lösung

a) K: $f(x) = (4 - e^x) \cdot e^x$; $x \in \mathbb{R}$

C_r: $g_r(x) = r \cdot e^x$; $x \in \mathbb{R}, r > 0$.

Untersuchung der Kurve K <u>ohne</u> GTR:

Schnittpunkte mit der x-Achse:

$f(x) = 0$: $(4 - e^x) \underbrace{\cdot e^x}_{\neq 0} = 0$; $e^x = 4$; $x = \ln 4$; **N(ln 4 | 0)**.

Schnittpunkt mit der y-Achse:

$f(0) = (4 - 1) \cdot 1 = 3$; **Y(0 | 3)**

Ableitungen:

Leitet man f in der vorgegebenen Form ab, so benötigt man die Produktregel:

$f'(x) = -e^x \cdot e^x + (4 - e^x) \cdot e^x = e^x \cdot (-e^x + 4 - e^x) = e^x \cdot (4 - 2e^x)$

$f''(x) = e^x \cdot (4 - 2e^x) + e^x \cdot (-2e^x) = e^x \cdot (4 - 4e^x)$

$f'''(x) = e^x \cdot (4 - 4e^x) + e^x (-4e^x) = e^x \cdot (4 - 8e^x)$

Multipliziert man den Term von f erst aus, so leitet man über die Kettenregel ab:

$f(x) = 4e^x - e^{2x}$; $f'(x) = 4e^x - 2 \cdot e^{2x}$, $f''(x) = 4e^x - 4e^{2x}$, $f'''(x) = 4e^x - 8e^{2x}$

Extrempunkte:

$f'(x) = 0$; $e^x \cdot (4 - 2e^x) = 0$; $e^x = 2$; $x = \ln 2$

$f''(\ln 2) = 4 \cdot 2 - 4 \cdot 4 = -8 < 0$;

H(ln 2 | 4)

Wendepunkte:

$f''(x) = 0$; $e^x (4 - 4e^x) = 0$; $e^x = 1$; $x = \ln 1 = 0$

$f'''(0) = 4 - 8 = -4 \neq 0$;

W(0 | 3) = Y

Asymptoten:

$f(x) = (4 \underbrace{- e^x}_{\to 0}) \underbrace{\cdot e^x}_{\to 0} \to 0$ für $x \to -\infty$.

y = 0 ist waagrechte Asymptote.

Schaubilder von K und C_1:

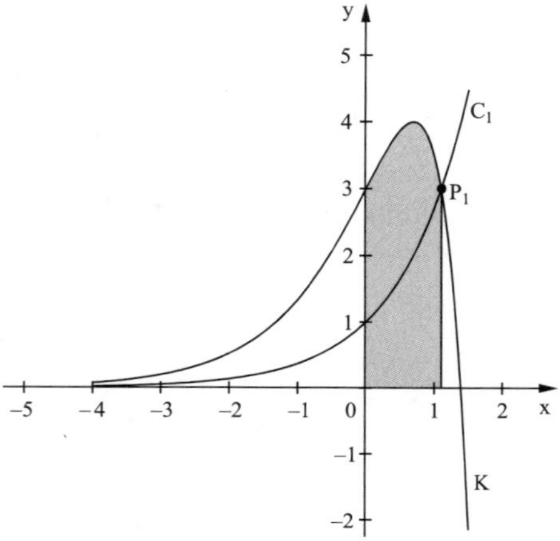

Untersuchung der Kurve K mithilfe des GTR:

In der Aufgabenstellung wird eine globale Untersuchung der Kurve K auf ganz ℝ verlangt. Dies ist mit dem GTR ohne weitere Zusatzinformationen über die Kurve nicht möglich, da das Graphikfenster des Rechners immer nur einen Ausschnitt der Kurve zeigt. Ändert man aber die Aufgabestellung etwa wie folgt ab:
Bestimmen Sie für $-5 \le x \le 3$ den Schnittpunkt mit der x-Achse, den Extrempunkt usw., so kann man wie folgt vorgehen:

Der Funktionsterm

$$f(x) = (4 - e^x) \cdot e^x$$

der Funktion f wird in das **Y=**-Fenster des TI-83 eingegeben, wobei das Graphikfenster im **WINDOW**-Menü geeignet gewählt wird.

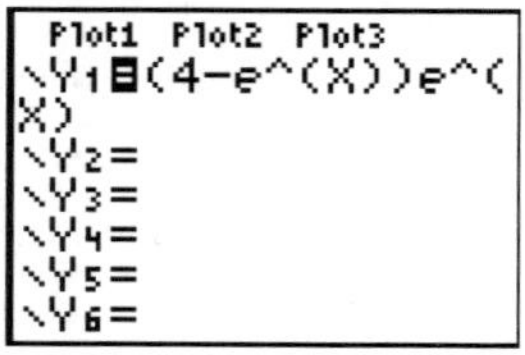

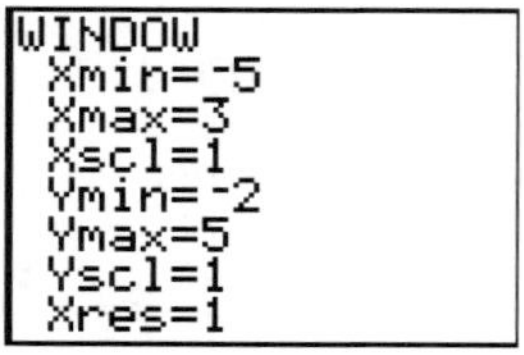

Man erhält nun mit den entsprechenden Befehlen des GTR:

Schnittpunkt mit der x-Achse: N(1,386 | 0)
TI-83: **CALC → zero**

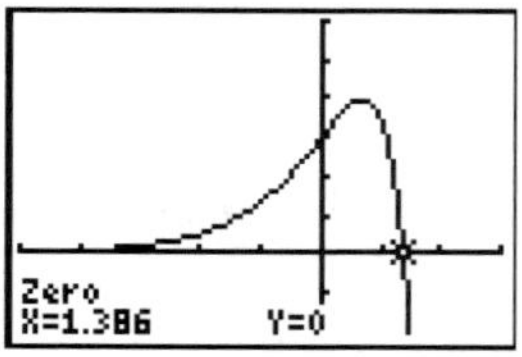

Schnittpunkt mit der y-Achse: Y(0 | 3)
TI-83: z. B. im **TRACE**-Modus x = 0 setzen oder f(0) = 3 im Hauptfenster des GTR oder (hier am einfachsten) direkt berechnen.

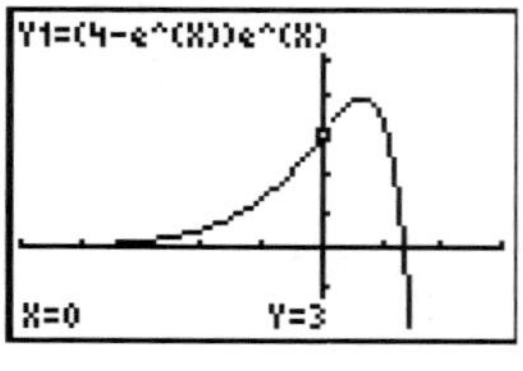

Hochpunkt: H(0,693 | 4)
TI-83: **CALC → maximum** im Graphikfenster oder im Hauptfenster mit der Funktion **fMax** (**MATH**-Menü).

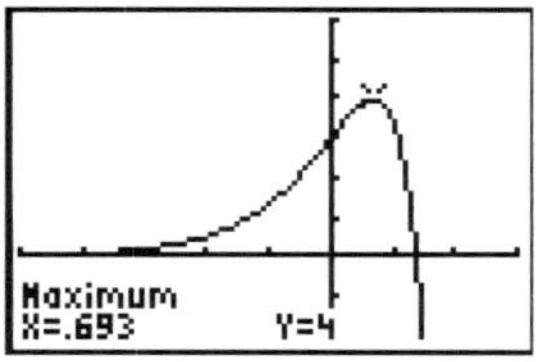

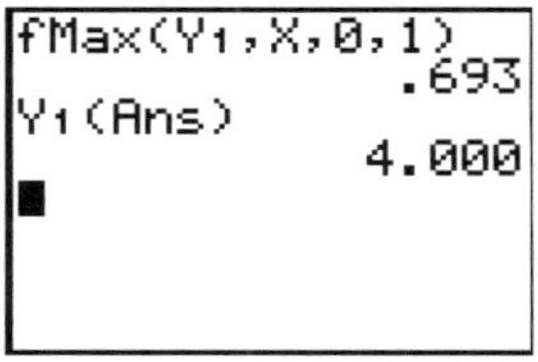

Wendepunkt: W(0 | 3)
Die Wendestellen von f sind die Extremstellen der Ableitung f'.
Beim TI-83 lässt sich die Ableitung mithilfe der Funktion **nDeriv** (**MATH**-Menü) graphisch bestimmen und ihre Extremstelle wie oben bestimmen. Den y-Wert des Wendepunktes W berechnet man dann im Hauptfenster, hier f(0) = 3.

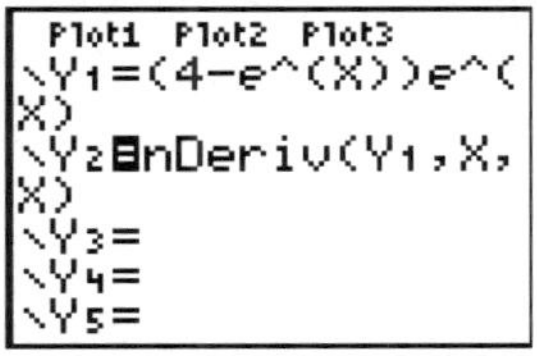

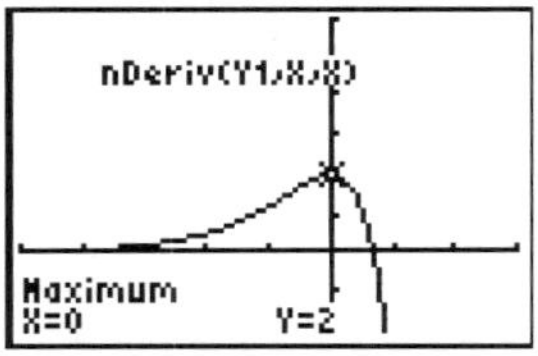

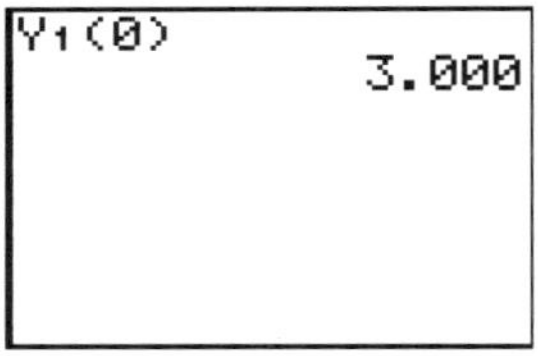

Asymptoten:
Aus dem Verlauf der Kurve oder aus der Wertetabelle für kleine x-Werte kann man **vermuten**, dass die y-Achse waagrechte Asymptote ist, d. h. dass

$$\lim_{x \to -\infty} f(x) = 0$$

gilt.
Eine exakte **Begründung** für diesen Grenzwert ist aber so nicht möglich!

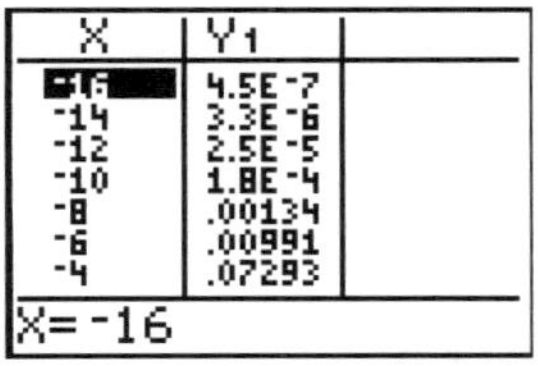

b) *Rechnungen <u>ohne</u> GTR:*

x-Wert des Schnittpunktes P_1 von K und C_1:

$$\begin{aligned}(4-e^x)\cdot e^x &= e^x \quad \big|: e^x \neq 0\\ 4-e^x &= 1\\ e^x &= 3\\ x &= \ln 3\end{aligned}$$

Gesamtfläche:
Der Inhalt der Fläche, die von K, den Koordinatenachsen und der Parallelen zur y-Achse durch P_1 begrenzt wird, ist:

$$A = \int_0^{\ln 3} (4-e^x)\cdot e^x\,dx = \int_0^{\ln 3} (4e^x - e^{2x})\,dx = \left[4e^x - \frac{1}{2}e^{2x}\right]_0^{\ln 3}$$

$$= 4\cdot 3 - \frac{1}{2}\cdot 3^2 - \left(4 - \frac{1}{2}\right) = 4$$

Hinweis: Beim Einsetzen ist auf $e^{2x} = (e^x)^2$ zu achten.

Teilfläche:

C_1 schließt mit den Koordinatenachsen und der beschriebenen Parallelen eine Fläche mit dem Inhalt A_1 ein:

$$A_1 = \int_0^{\ln 3} e^x \, dx = [e^x]_0^{\ln 3} = 3 - 1 = 2$$

Teilverhältnis:

Offensichtlich gilt: $A_1 = \frac{1}{2}A$, d. h. **C_1 teilt die gesamte Fläche im Verhältnis 1 : 1**.

Rechnungen mit GTR:

Schnittpunkt P_1 von K und C_1:

Man zeichnet zur Kurve K die Kurve C_1 mit der Gleichung $g_1(x) = e^x$ in das Graphikfenster ein und bestimmt den Schnittpunkt **$P_1(1{,}099 \mid 3)$** der beiden Kurven (TI-83: **CALC → intersect**).

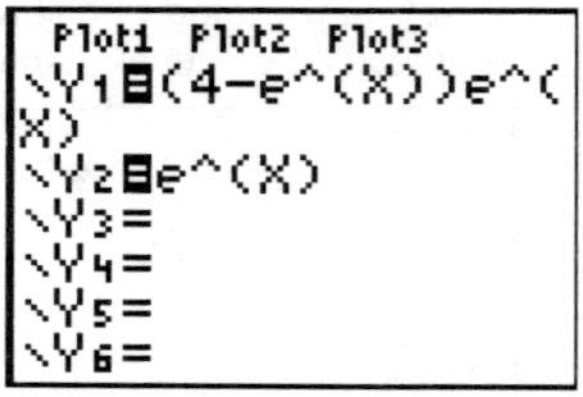

Flächeninhalte:

Die oben beschriebenen Gesamtfläche und Teilfläche kann man entweder im Graphikmodus des GTR wie in Aufgabe 1 oder im Hauptfenster bestimmen (TI-83: **MATH → fnInt**):

$A \approx 4{,}001$; $A_1 \approx 2{,}001$.

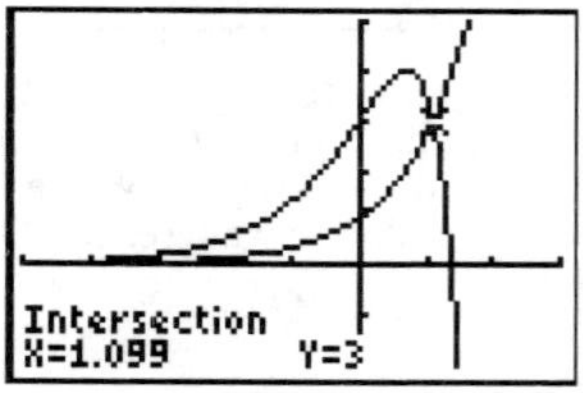

Teilverhältnis:

Das Verhältnis 1 : 1, in dem die Kurve C_1 die Gesamtfläche teilt, lässt sich hier nur näherungsweise bestimmen. Wäre in der Aufgabenstellung ein exaktes Ergebnis verlangt, so wäre der Einsatz des GTR nicht möglich.

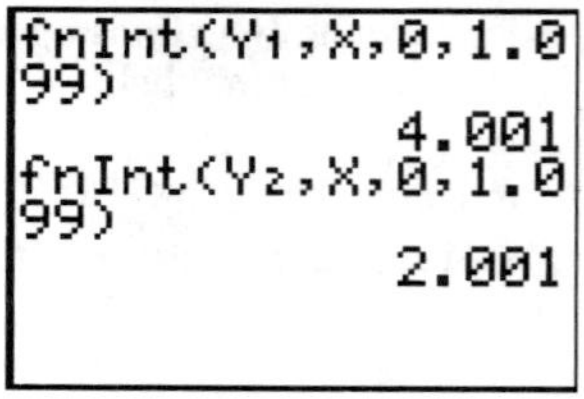

c) **Nachweis, dass K und C_r sich für $0 < r < 3$ im ersten Feld schneiden:**

$$f(x) = g_r(x)$$
$$(4 - e^x) \cdot e^x = r \cdot e^x \quad \Big| : e^x \neq 0$$
$$4 - e^x = r$$
$$e^x = 4 - r$$
$$x = \ln(\underbrace{4 - r}_{1<\ldots<4 \text{ für } 0<r<3}) > \ln 1 = 0$$
$$g_r(\ln(4 - r)) = \underbrace{r}_{>0} \cdot (\underbrace{4 - r}_{1<\ldots<4 \text{ für } 0<r<3}) > 0$$

Schnittpunkt: $P_r(\ln(4 - r) \mid r \cdot (4 - r))$.

Für $0 < r < 3$ sind die Koordinaten von P_r positiv, also **liegt P_r im ersten Feld**.

Flächeninhalt:
Die Fläche, die von C_r, den Koordinatenachsen und der Parallelen zur y-Achse durch P_r begrenzt wird, hat den Inhalt:

$$A(r) = \int_0^{\ln(4-r)} r \cdot e^x \, dx = r \cdot [e^x]_0^{\ln(4-r)} = r \cdot (4-r) - r \cdot 1 = 3r - r^2$$

Maximaler Inhalt:

$$A'(r) = 3 - 2r = 0$$
$$r = 1{,}5$$
$$A''(r) = -2 < 0$$

D. h. A(1,5) = 2,25 ist ein lokales Maximum.

Verhalten an den Rändern:

$$A(r) = 3r - r^2 = r(3-r) \to 0 \text{ für } r \to 0 \text{ bzw. } r \to 3.$$

Damit ist A(1,25) = 2,25 ein absolutes Maximum.

Rechnungen mit dem GTR:
Wegen des Parameters r kann der GTR hier allenfalls zur Bestimmung des Maximums (s. o.) der Flächeninhaltsfunktion A herangezogen werden.

d) *Rechnungen ohne GTR:*

Höhe zu Beginn der Beobachtung:

$$h_1(0) = 0{,}02 \cdot e^0 = 0{,}02$$

Anfangs misst die Pflanze 0,02 m.

Bestimmung von k:
Wenn die Pflanze in den ersten 6 Wochen um 0,48 m zugenommen hat, gilt:

$$h_1(6) = 0{,}02 + 0{,}48 = 0{,}50$$

Also:

$$0{,}50 = 0{,}02 \cdot e^{6k}; \quad 25 = e^{6k}; \quad 6k = \ln 25$$

$$\mathbf{k = \frac{1}{6} \ln 25 \approx 0{,}536}$$

Höhe nach 8 Wochen:

$$h_1(8) = 0{,}02 \cdot e^{0{,}536 \cdot 8} \approx 1{,}46$$

Demnach müsste die Pflanze nach 8 Wochen ca. 1,46 m hoch sein.

Bestimmung der Parameter a und b der Funktion h_2:

$$\left.\begin{aligned} h_2(6) &= a - b \cdot e^{-0{,}536 \cdot 6} = 0{,}5 \\ h_2(8) &= a - b \cdot e^{-0{,}536 \cdot 8} = 1{,}04 \end{aligned}\right\} \begin{aligned} b \cdot (e^{-0{,}536 \cdot 6} - e^{-0{,}536 \cdot 8}) &= 1{,}04 - 0{,}5 \\ b \cdot (0{,}0401 - 0{,}0137) &= 0{,}54 \end{aligned}$$

$$\mathbf{b \approx 20{,}5}$$

$$a \approx 0{,}5 + 20{,}5 \cdot e^{-0{,}536 \cdot 6}; \quad \mathbf{a \approx 1{,}32}$$

Für die Funktion h_2 gilt somit näherungsweise:

$$\mathbf{h_2(t) = 1{,}32 - 20{,}5 \cdot e^{-0{,}536t}}$$

Grenzwert:

$$\lim_{t \to \infty} h_2(t) = \lim_{t \to \infty} (1{,}32 - 20{,}5 \cdot \underbrace{e^{-0{,}536t}}_{\to 0}) = 1{,}32$$

Dieser Grenzwert gibt, falls die Entwicklung der Höhe durch die Funktion h_2 richtig beschrieben wird, die maximale Höhe der Pflanze an.
Also kann die Pflanze unter dieser Annahme etwa 1,32 m hoch werden.

Mögliche Berechnungen <u>*mit*</u> *dem GTR:*

Bestimmung von k:
Die Gleichung

$$0{,}5 = 0{,}02 \cdot e^{6k} \quad \text{bzw.} \quad 0 = 0{,}02 \cdot e^{6k} - 0{,}5$$

kann im Hauptfenster des TI-83 (**MATH** → **Solver**) gelöst werden:

$$k \approx 0{,}536.$$

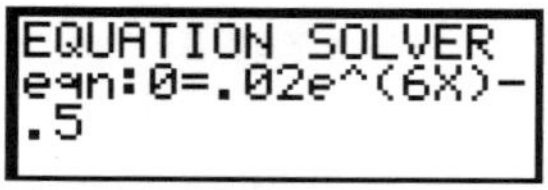

Höhe nach 8 Wochen:
Gibt man den Term

$$h_1(t) = 0{,}02 \cdot e^{0{,}536 \cdot t}$$

der Funktion h_1 in das **Y=**-Fenster des TI-83 ein, so kann man im Hauptfenster

$$h_1(8) = 1{,}46$$

bestimmen, was aber von Hand hier sicher mindestens genau so schnell geht.

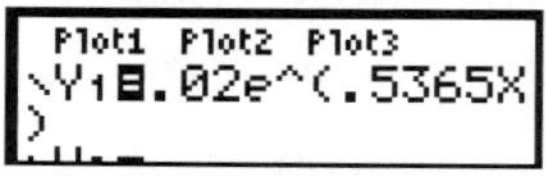

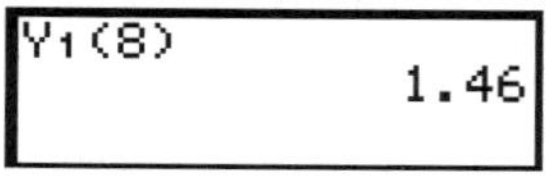

Bestimmung von a und b:
Das Gleichungssystem für a und b lässt sich mit dem TI-83 lösen, indem man die Koeffizienten in eine 2×3-Matrix A eingibt (**MATRIX** → **EDIT**) und diese auf Diagonalgestalt bringt (**MATRIX** → **MATH** → **rref**(..))

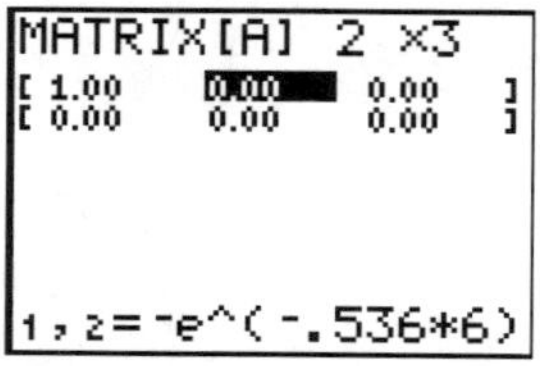

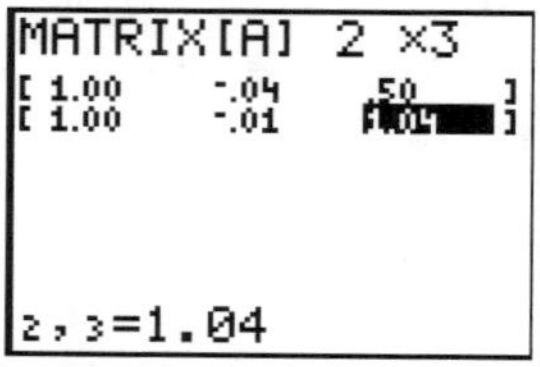

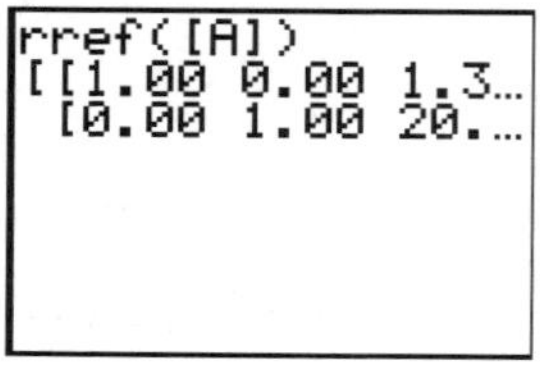

Man erhält $a \approx 1{,}32$; $b \approx 20{,}5$ und somit

$$\mathbf{h_2(t) = 1{,}32 - 20{,}5 \cdot e^{-0{,}536t}}.$$

Grenzwert:
Aus der Wertetabelle bzw. dem Verlauf des Schaubildes von h_2 erkennt man, dass die Pflanze nach diesem Modell nicht größer als 1,32 m werden kann.

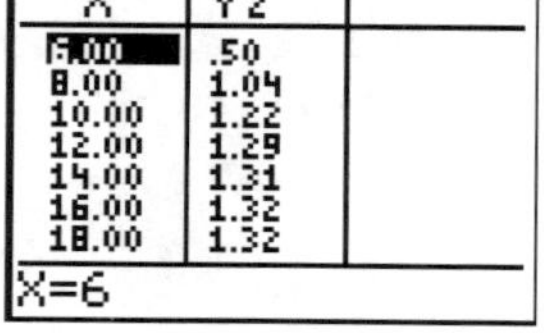

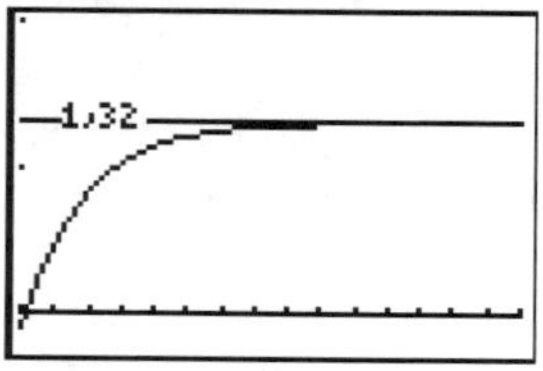

Ansonsten gilt für den **Grenzwert** für $t \to \infty$ das in Teilaufgabe a) Gesagte.

Abiturprüfung Mathematik (Baden-Württemberg):
Analysis Aufgabe 3 (aus LK 1996 I 2)

Bei der Abkühlung von warmem Wasser in einer Umgebung mit der Temperatur y_u wird die Wassertemperatur y (in Grad Celsius) zum Zeitpunkt t (in Minuten seit Beobachtungsbeginn) beschrieben durch

$$y(t) = y_u + a \cdot e^{-0{,}035\,t}; \quad t \geq 0,\, a \in \mathbb{R}.$$

Warmes Wasser von 60 °C kühlt sich zunächst 15 Minuten lang bei der Zimmertemperatur 20 °C ab. Anschließend wird dieses Wasser in einen Kühlschrank mit 5 °C gestellt.
Wie lange dauert es, bis sich das Wasser von 60 °C auf 30 °C abgekühlt hat?
Nach welcher Zeit hätte man das Wasser in den Kühlschrank stellen müssen, damit es bereits nach 25 Minuten die Temperatur 30 °C hat?

Lösung

Die Abkühlung bei Zimmertemperatur $y_u = 20$ (°C) wird beschrieben durch

$$y(t) = 20 + a \cdot e^{-0{,}035 \cdot t}, \quad t \geq 0 \text{ (t in Minuten).}$$

Aus y(0) = 60 ergibt sich:

$$60 = 20 + a\,; \quad a = 40.$$

Damit erhält man für den Temperaturverlauf bei Zimmertemperatur:

$$y(t) = 20 + 40 \cdot e^{-0{,}035 \cdot t}.$$

Nach 15 Minuten gilt für die Wassertemperatur:

$$y(15) = 20 + 40 \cdot e^{-0{,}035 \cdot 15} = 43{,}7.$$

Für die Abkühlung im Kühlschrank ($y_u = 5$) setzt man entsprechend an:

$$y^*(t^*) = 5 + a^* \cdot e^{-0{,}035 \cdot t^*}, \quad t^* \geq 0 \text{ (t* in Minuten).}$$

Für t* = 0 gilt jetzt y*(0) = 43,7 und man erhält:

$$43{,}7 = 5 + a^*\,; \quad a^* = 38{,}7.$$

Somit:

$$y^*(t^*) = 5 + 38{,}7 \cdot e^{-0{,}035 \cdot t^*}.$$

Die Zeit, bis sich das Wasser im Kühlschrank von 43,7 °C auf 30 °C abgekühlt hat, ergibt sich aus:

$$30 = 5 + 38{,}7 \cdot e^{-0{,}035 \cdot t^*}; \quad t^* = \frac{\ln \frac{25}{38{,}7}}{-0{,}035} = 12{,}5.$$

Die Gesamtzeit für die Abkühlung von 60 °C auf 30 °C ist somit:
15 Minuten + 12,5 Minuten = 27,5 Minuten.

Im Folgenden beschreibt

$$y(t) = 20 + 40 \cdot e^{-0,035 \cdot t}, \quad t \geq 0,$$

wieder die Abkühlung bei Zimmertemperatur und

$$\overline{y}(\overline{t}) = 5 + \overline{a} \cdot e^{-0,035 \cdot \overline{t}}, \quad \overline{t} \geq 0,$$

die Abkühlung im Kühlschrank.

Das Wasser werde nun nach der Zeit t_1 in den Kühlschrank gestellt. Zum Zeitpunkt $t = t_1$ wird $\overline{t} = 0$ gesetzt und es muss gelten:

$$\overline{y}(0) = y(t_1); \quad 5 + \overline{a} = 20 + 40 \cdot e^{-0,035 \cdot t_1}, \quad \overline{a} = 15 + 40 \cdot e^{-0,035 \cdot t_1};$$

Damit ergibt sich:

$$\overline{y}(\overline{t}) = 5 + (15 + 40 \cdot e^{-0,035 \cdot t_1}) \cdot e^{-0,035 \cdot \overline{t}} = 5 + 15 \cdot e^{-0,035 \cdot \overline{t}} + 40 \cdot e^{-0,035 \cdot (t_1 + \overline{t})}.$$

Es sei $\overline{t_1}$ die Zeit, nach der das Wasser im Kühlschrank die Temperatur 30 °C erreicht hat.

Da die Gesamtzeit für die Abkühlung jetzt 25 Minuten betragen soll, muss $t_1 + \overline{t_1} = 25$ gelten, und aus $\overline{y}(\overline{t_1}) = 30$ erhält man:

$$30 = 5 + 15 \cdot e^{-0,035 \cdot \overline{t_1}} + 40 \cdot e^{-0,035 \cdot 25};$$

$$30 = 5 + 15 \cdot e^{-0,035 \cdot \overline{t_1}} + 16,67; \quad e^{-0,035 \cdot \overline{t_1}} = \frac{8,33}{15};$$

$$\overline{t_1} = \frac{\ln \frac{8,33}{15}}{-0,035} = 16,8; \quad t_1 = 25 - \overline{t_1} = 8,2.$$

Man hätte das Wasser nach 8,2 Minuten in den Kühlschrank stellen müssen, damit es nach 25 Minuten die Temperatur 30 °C hat.

Abiturprüfung Mathematik (Baden-Württemberg): Analysis Aufgabe 4 (aus GK 1997 A 3)

Gegeben sind die Funktionen f und g durch

$$f(x) = e^{x-1} \text{ und } g(x) = e^{1-x}; \; x \in \mathbb{R}.$$

Das Schaubild von f sei K_f, das Schaubild von g sei K_g.

a) Untersuchen Sie sowohl K_f als auch K_g auf gemeinsame Punkte mit den Koordinatenachsen und auf Asymptoten.
Berechnen Sie die Koordinaten des Schnittpunkts und den Schnittwinkel von K_f und K_g.
Zeichnen Sie K_f für $-1 \leq x \leq 2{,}5$ und K_g für $-0{,}5 \leq x \leq 3$ in ein gemeinsames Koordinatensystem. (Längeneinheit 2 cm)

b) Die Kurven K_f und K_g schließen mit der y-Achse eine Fläche ein. Rotiert diese Fläche um die x-Achse, so entsteht ein Drehkörper.
Berechnen Sie das Volumen dieses Drehkörpers.

c) $P(u \mid v)$ mit $u > 0$ sei ein Punkt auf der Kurve K_g. Die Parallele zur x-Achse durch P schneidet die y-Achse in Q. Die Tangente in P an K_g schneidet die y-Achse in R.
Für welchen Wert von u wird der Flächeninhalt des Dreiecks QPR extremal?
Bestimmen Sie die Art des Extremums und seinen Wert.

d) Die Temperatur T(t) eines Körpers verändert sich in Abhängigkeit von der Zeit t nach folgendem Gesetz:

$$T(t) = 50 + 150 \cdot e^{-kt}; \; k > 0; \quad \text{(Zeit t in min; Temperatur T(t) in °C).}$$

Zeigen Sie, dass es sich um einen Abkühlungsvorgang handelt.
Welche Temperaturen kann der Körper für $t \geq 0$ annehmen?
Berechnen Sie k auf drei Dezimalen gerundet, wenn sich der Körper in den ersten 35 min auf 62,9 °C abgekühlt hat.
Ab welchem Zeitpunkt nimmt für dieses k die Temperatur des Körpers in einer Minute um weniger als zwei Grad ab?

Lösung

a) $f(x) = e^{x-1}$; $f'(x) = e^{x-1}$; $x \in \mathbb{R}$;
$g(x) = e^{1-x}$; $g'(x) = -e^{1-x}$; $x \in \mathbb{R}$.

Schnittpunkte mit der x-Achse existieren weder bei K_f noch K_g, da $f(x) > 0$ und $g(x) > 0$ für alle $x \in \mathbb{R}$ gilt.

Schnittpunkt von K_f mit der y-Achse: $\mathbf{S_f\,(0\,|\,e^{-1})}$.

Schnittpunkt von K_g mit der y-Achse: $\mathbf{S_g\,(0\,|\,e)}$.

Die x-Achse ist waagrechte Asymptote von K_f für $x \to -\infty$ und von K_g für $x \to +\infty$.

Schnittpunkt S von K_f und K_g:

$f(x) = g(x)$; $e^{x-1} = e^{1-x}$; $x - 1 = 1 - x$; $x = 1$; $\mathbf{S\,(1\,|\,1)}$.

Schnittwinkel α von K_f und K_g:

$f'(1) = 1$; $g'(1) = -1$;

wegen

$f'(1) \cdot g'(1) = -1$

ist $\boldsymbol{\alpha = 90°}$.

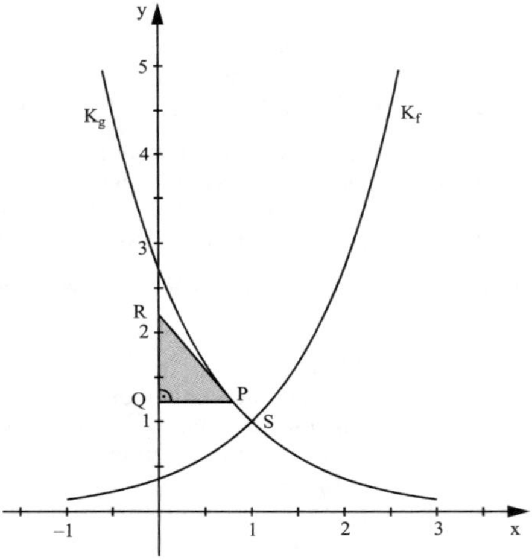

b) Der beschriebene Drehkörper ergibt sich als Differenz zweier Drehkörper. Für sein Volumen gilt:

$$\mathbf{V} = \pi\int_0^1 (g(x))^2\,dx - \pi\int_0^1 (f(x))^2\,dx = \pi\int_0^1 \left((g(x))^2 - (f(x))^2\right)dx$$

$$= \pi\int_0^1 (e^{2-2x} - e^{2x-2})\,dx = \pi\left[-\frac{1}{2}e^{2-2x} - \frac{1}{2}e^{2x-2}\right]_0^1$$

$$= \pi\left(\left(-\frac{1}{2} - \frac{1}{2}\right) - \left(-\frac{1}{2}e^2 - \frac{1}{2}e^{-2}\right)\right) = \mathbf{\frac{1}{2}\pi(e^2 + e^{-2} - 2) \approx 8{,}68}.$$

c) Es sei $P(u\,|\,e^{1-u})$ ein Punkt auf der Kurve K_g mit $u > 0$.
Die Parallele zur x-Achse durch P schneidet die y-Achse im Punkt $Q(0\,|\,e^{1-u})$.
Tangente in P an K_g:

$$y = g'(u)(x-u) + g(u) = -e^{1-u}(x-u) + e^{1-u}.$$

Schnittpunkt R der Tangente mit der y-Achse:

$$y = -e^{1-u}(0-u) + e^{1-u} = (u+1)e^{1-u}; \quad R\,(0\,|\,(u+1)e^{1-u}).$$

Das Dreieck QPR ist rechtwinklig mit den Kathetenlängen u und $y_R - y_Q = u \cdot e^{1-u}$.
Für den Flächeninhalt des Dreiecks erhält man damit:

$$A(u) = \frac{1}{2}u \cdot ue^{1-u} = \frac{1}{2}u^2 \cdot e^{1-u}, \quad u > 0.$$

Untersuchung auf Extremwerte für $u > 0$:

$$A'(u) = u \cdot e^{1-u} + \frac{1}{2}u^2 \cdot e^{1-u} \cdot (-1) = \frac{1}{2}u(2-u) \cdot e^{1-u};$$

$$A'(u) = 0; \quad u_1 = 2, \quad (u_2 = 0).$$

Für $0 < u < 2$ gilt $A'(u) > 0$, d. h. A wächst streng monoton,

für $u > 2$ gilt $A'(u) < 0$, d. h. A fällt streng monoton.

Somit hat der Flächeninhalt des Dreiecks an der Stelle $u_1 = 2$ ein absolutes Maximum.

Sein Wert beträgt:

$$\mathbf{A(2) = 2 \cdot e^{-1} \approx 0{,}74.}$$

d) Die Temperatur des Körpers wird beschrieben durch

$$T(t) = 50 + 150 \cdot e^{-kt}, \; k > 0, \; t \text{ in min.}$$

Wegen

$$T'(t) = -150 \cdot k \cdot e^{-kt} < 0$$

für alle t, ist die Temperatur streng monoton fallend.

Also handelt es sich um einen Abkühlungsvorgang.

Zusammen mit

$$T(0) = 200; \quad \lim_{t \to \infty} T(t) = 50;$$

ergibt sich damit

$$\mathbf{50 < T(t) \leq 200}$$

als Bereich der Temperaturen, die der Körper für $t \geq 0$ annehmen kann.

Berechnung von k:

$$T(35) = 62{,}9; \quad 50 + 150 \cdot e^{-k \cdot 35} = 62{,}9; \quad \mathbf{k = -\frac{1}{35}\ln\frac{12{,}9}{150} \approx 0{,}070}.$$

Das Temperaturgesetz hat demnach die Form

$$T(t) = 50 + 150 \cdot e^{-0{,}070 \cdot t}.$$

Es sei t_0 der Zeitpunkt, ab dem die Temperatur des Körpers in einer Minute um weniger als 2 Grad abnimmt. Für t_0 gilt:

$$T(t_0) - T(t_0+1) < 2; \quad 50 + 150 \cdot e^{-0{,}070t_0} - 50 - 150 \cdot e^{-0{,}070(t_0+1)} < 2;$$

$$150 \cdot e^{-0{,}070t_0}(1 - e^{-0{,}070}) < 2; \quad e^{-0{,}070t_0} < \frac{2}{150 \cdot (1 - e^{-0{,}070})} \approx 0{,}197;$$

$$-0{,}070t_0 < \ln 0{,}197; \quad t_0 > \frac{\ln 0{,}197}{-0{,}070} \approx 23{,}19.$$

Nach etwa 23 Minuten nimmt die Temperatur in einer Minute um weniger als 2 Grad ab.

Abiturprüfung Mathematik (Baden-Württemberg): Analysis Aufgabe 5 (aus LK 1997 I 3)

Für jedes $a > 0$ ist die Funktion f_a gegeben durch

$$f_a(x) = \frac{a e^x}{a + e^x}; \quad x \in \mathbb{R}.$$

Ihr Schaubild sei K_a.

a) Untersuchen Sie K_a auf gemeinsame Punkte mit den Koordinatenachsen, Extrem- und Wendepunkte sowie auf Asymptoten.
Zeichnen Sie K_5.
Auf welcher Kurve liegen die Wendepunkte aller K_a?

b) Zur Zeit $t = 0$ (t in Stunden) wird Salz in ein Reagenzglas mit destilliertem Wasser geschüttet. Ein Teil dieses Salzes löst sich im Laufe der Zeit in der Flüssigkeit auf. Dabei kann die gelöste Salzmenge $m(t)$ einen bestimmten Wert m_0, die Sättigungsmenge, nicht überschreiten. Beobachtungen haben gezeigt, dass näherungsweise die Geschwindigkeit, mit der sich $m(t)$ ändert, proportional ist zur Menge des noch lösbaren Salzes.
Bestimmen Sie eine Funktionsgleichung von $t \to m(t)$, wenn der Proportionalitätsfaktor 3 ist.
Welche Art von Wachstum liegt vor?
Wie lange dauert es, bis die gelöste Salzmenge halb so groß wie die Sättigungsmenge ist?
Skizzieren Sie das Schaubild von $t \to m(t)$.

Lösung

a) $f_a(x) = \frac{ae^x}{a+e^x}$, $x \in \mathbb{R}$, $a > 0$;

$$f_a'(x) = \frac{ae^x \cdot (a+e^x) - ae^x \cdot e^x}{(a+e^x)^2} = \frac{a^2e^x}{(a+e^x)^2}$$

$$f_a''(x) = \frac{a^2e^x \cdot (a+e^x)^2 - a^2e^x \cdot 2(a+e^x)e^x}{(a+e^x)^4} = \frac{a^2e^x(a-e^x)}{(a+e^x)^3};$$

Schnittpunkte mit der x-Achse existieren nicht, da $f_a(x) > 0$ für alle $x \in \mathbb{R}$.

Schnittpunkt mit der y-Achse: $\mathbf{S}\left(\mathbf{0} \,\middle|\, \frac{\mathbf{a}}{\mathbf{a+1}}\right)$.

Extrempunkte gibt es nicht, da $f_a'(x) > 0$ für alle $x \in \mathbb{R}$.

Wendepunkte:

$f_a''(x) = 0$; $a - e^x = 0$; $e^x = a$; $x = \ln a$;
$x < \ln a \Rightarrow f_a''(x) > 0$; $x > \ln a \Rightarrow f_a''(x) < 0$;

d. h. f_a'' wechselt an der Stelle $x = \ln a$ das Vorzeichen.

Man erhält somit den Wendepunkt $\mathbf{W_a}\left(\mathbf{\ln a} \,\middle|\, \frac{\mathbf{a}}{\mathbf{2}}\right)$.

Asymptoten:
Waagrechte Asymptote y = a für x → +∞, da

$$\lim_{x \to +\infty} \frac{ae^x}{a+e^x} = \lim_{x \to +\infty} \frac{a}{ae^{-x}+1} = a.$$

Waagrechte Asymptote y = 0 für x → −∞, da

$$\lim_{x \to -\infty} \frac{ae^x}{a+e^x} = 0.$$

Ortskurve C aller Wendepunkte:

$$\left.\begin{array}{l} x = \ln a \\ y = \frac{a}{2} \end{array}\right\} \quad a = e^x; \; y = \frac{1}{2}e^x;$$

d. h. $\mathbf{C: y = \frac{1}{2}e^x;\; x \in \mathbb{R}}$.

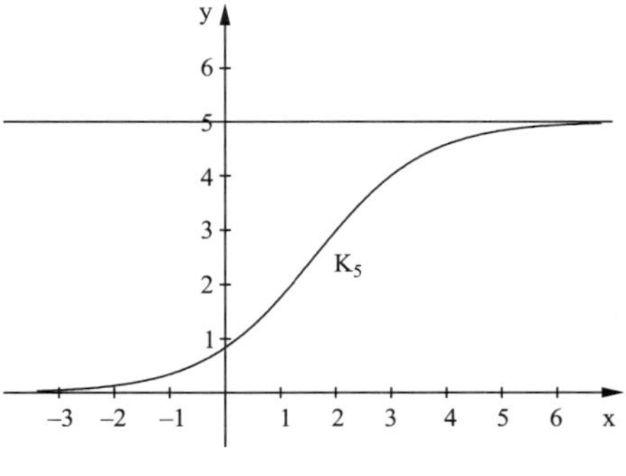

b) $m(t)$ gibt die zum Zeitpunkt t im Wasser gelöste Salzmenge an, m_0 die Sättigungsmenge. Dann ist $m_0 - m(t)$ die zum Zeitpunkt t noch lösbare Salzmenge. Für die Änderungsrate $m'(t)$ gilt:

$$m'(t) = 3 \cdot (m_0 - m(t)), \quad (m(t) < m_0).$$

Diese Differentialgleichung beschreibt **begrenztes exponentielles Wachstum**.

Die gelöste Salzmenge ist somit gegeben durch

$$m(t) = m_0 - a \cdot e^{-3t}$$

Aus $m(0) = 0$ folgt weiter:

$$0 = m_0 - a; \quad a = m_0$$

Damit lautet das Wachstumsgesetz:

$$\mathbf{m(t) = m_0 - m_0\, e^{-3t} = m_0(1 - e^{-3t}).}$$

Bestimmung der Zeit T, nach der die gelöste Salzmenge halb so groß wie die Sättigungsmenge m_0 ist:

$$\frac{1}{2} m_0 = m_0 (1 - e^{-3T});$$

$$\frac{1}{2} = 1 - e^{-3T}; \; e^{-3T} = \frac{1}{2};$$

$$\mathbf{T = -\frac{1}{3} \ln \frac{1}{2} = \frac{1}{3} \ln 2 \approx 0,23}.$$

Die gesuchte Zeit beträgt etwa **0,23 Stunden**.

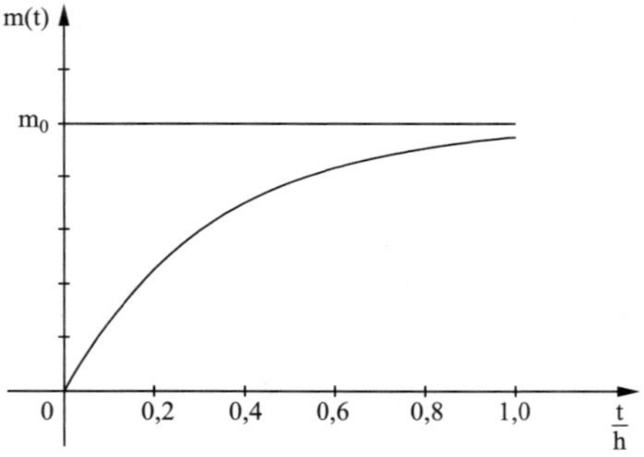

Abiturprüfung Mathematik (Baden-Württemberg):
Analysis Aufgabe 6 (aus GK 1998 A 1)

Das Schaubild K der Funktion f mit

$$f(x) = -\frac{1}{8}x^3 + \frac{3}{4}x^2;\ x \in \mathbb{R}$$

beschreibt zwischen dem Hochpunkt H von K und dem Punkt $P(-2\,|\,f(-2))$ modellhaft das Profil eines Flusstales. Das Profil des angrenzenden Geländes verläuft von H aus horizontal, von P aus in Richtung der Geraden durch P und den Punkt $Q(3\,|\,f(3))$.

a) Untersuchen Sie K auf gemeinsame Punkte mit den Koordinatenachsen sowie Hoch-, Tief- und Wendepunkte.
Bestimmen Sie die Gleichung der Geraden PQ.
Zeichnen Sie das Profil des Tales mit dem angrenzenden Gelände in ein Koordinatensystem ein.
Bei Hochwasser steigt das Wasser bis zum Punkt P.
Berechnen Sie den Inhalt der Querschnittsfläche des dann mit Wasser gefüllten Tales.

b) Von H soll eine unterirdische, gerade Leitung ausgehen und im Punkt $B(u\,|\,f(u))$ mit $0 < u < 4$ ins Tal münden.
Bestimmen Sie B so, dass die Leitung möglichst steil verläuft.

c) Bei Trockenheit ist der Wasserspiegel bis zum Punkt $R(-1\,|\,f(-1))$ abgesunken.
Ab welcher Höhe über H ist dieser Punkt zu sehen?

Lösung

a) $f(x) = -\frac{1}{8}x^3 + \frac{3}{4}x^2, \quad x \in \mathbb{R};$

Ableitungen:

$$f'(x) = -\frac{3}{8}x^2 + \frac{3}{2}x;\quad f''(x) = -\frac{3}{4}x + \frac{3}{2};\quad f'''(x) = -\frac{3}{4};$$

Schnittpunkte mit der x-Achse:

$$f(x) = 0;\quad -\frac{1}{8}x^3 + \frac{3}{4}x^2 = 0;\quad x^3 - 6x^2 = 0;\quad x^2(x-6) = 0;\quad x_1 = 0, x_2 = 6;$$

$\mathbf{N_1(0\,|\,0)}$, $\mathbf{N_2(6\,|\,0)}$.

Schnittpunkt mit der y-Achse ist $\mathbf{Y = N_1(0\,|\,0)}$.

Extrempunkte:

$$f'(x) = 0;\quad -\frac{3}{8}x^2 + \frac{3}{2}x = 0;\quad x^2 - 4x = 0;\quad x(x-4) = 0;\quad x_3 = x_1 = 0, x_4 = 4;$$

$f(0) = 0;\quad f''(0) = \frac{3}{2} > 0;\quad$ Tiefpunkt: $\mathbf{T(0\,|\,0) = N_1}$;

$f(4) = 4;\quad f''(4) = -\frac{3}{2} < 0;\quad$ Hochpunkt: $\mathbf{H(4\,|\,4)}$.

Wendepunkte:

$$f''(x) = 0; \quad -\frac{3}{4}x + \frac{3}{2} = 0; \quad \frac{3}{2} = \frac{3}{4}x; \quad x_5 = 2;$$

$$f(2) = 2; \quad f'''(2) = -\frac{3}{4} \neq 0; \quad \text{Wendepunkt: } \mathbf{W(2\,|\,2)}.$$

Die Gleichung der Geraden durch $P(-2\,|\,f(-2)) = P(-2\,|\,4)$ und $Q(3\,|\,f(3)) = Q\left(3\,\middle|\,\frac{27}{8}\right)$ ergibt sich nach der Zwei-Punkte-Form:

$$\frac{y-4}{x+2} = \frac{\frac{27}{8}-4}{3+2}; \quad y - 4 = -\frac{1}{8}(x+2); \quad \mathbf{y = -\frac{1}{8}x + \frac{15}{4}}.$$

Profil des Tales:

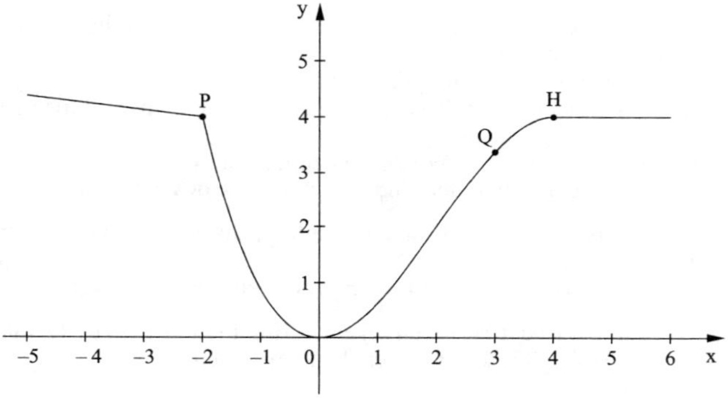

Der Hochpunkt H und der Punkt P haben den gleichen y-Wert 4. Das Wasser verbleibt also auch bei Hochwasser in dem Tal.
Die Querschnittsfläche des mit Wasser gefüllten Tales wird begrenzt durch die Kurve K und die Gerade y = 4 durch die Punkte P und H.
Inhalt dieser Querschnittsfläche:

$$A = \int_{-2}^{4} (4 - f(x))\,dx = \int_{-2}^{4} \left(4 + \frac{1}{8}x^3 - \frac{3}{4}x^2\right)dx = \left[4x + \frac{1}{32}x^4 - \frac{1}{4}x^3\right]_{-2}^{4}$$

$$= 8 - \left(-\frac{11}{2}\right) = \mathbf{\frac{27}{2}}.$$

b) Es sei $B(u\,|\,f(u))$ ein Punkt auf der Kurve K mit $0 < u < 4$.
Die unterirdische, gerade Leitung wird beschrieben durch die Gerade HB.
Für die Steigung von HB erhält man durch Polynomdivision:

$$m(u) = \frac{f(u) - f(4)}{u-4} = \frac{-\frac{1}{8}u^3 + \frac{3}{4}u^2 - 4}{u-4}$$

$$= \left(-\frac{1}{8}u^3 + \frac{3}{4}u^2 - 4\right) : (u-4) = -\frac{1}{8}u^2 + \frac{1}{4}u + 1.$$

Zu bestimmen ist der u-Wert, für den die Leitung möglichst steil verläuft, d. h. die Steigung m ein Maximum wird:

$$m'(u) = -\frac{1}{4}u + \frac{1}{4};\quad m''(u) = -\frac{1}{4} < 0;$$

$$m'(u) = 0;\quad -\frac{1}{4}u + \frac{1}{4} = 0;\quad u = 1.$$

Da m eine quadratische Funktion ist, liegt an der Stelle u = 1 ein *globales* Maximum der Steigung vor.

Der Punkt, in dem die Leitung münden muss, ist somit: $\mathbf{B\left(1 \,\middle|\, \frac{5}{8}\right)}$.

c) Ein Punkt A über H, von dem aus man den Punkt $R(-1\,|\,f(-1)) = R\left(-1 \,\middle|\, \frac{7}{8}\right)$ sehen kann, muss mindestens so hoch über H liegen, dass die Gerade AR Tangente an K in einem Punkt S ist (siehe Skizze).

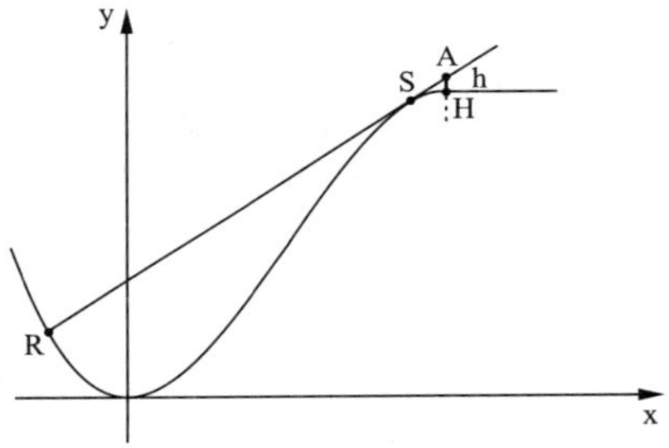

Es sei S(z | f(z)) zunächst ein beliebiger Punkt auf K.
Gleichung der Tangente in S:

$$t(x) = f'(z)(x-z) + f(z) = \left(-\frac{3}{8}z^2 + \frac{3}{2}z\right)(x-z) - \frac{1}{8}z^3 + \frac{3}{4}z^2.$$

Damit die Tangente durch $R\left(-1 \,\middle|\, \frac{7}{8}\right)$ geht, muss gelten:

$$\frac{7}{8} = \left(-\frac{3}{8}z^2 + \frac{3}{2}z\right)(-1-z) - \frac{1}{8}z^3 + \frac{3}{4}z^2;\quad \frac{1}{4}z^3 - \frac{3}{8}z^2 - \frac{3}{2}z - \frac{7}{8} = 0;$$

$$2z^3 - 3z^2 - 12z - 7 = 0.$$

Eine Lösung der Gleichungen muss z = –1 sein.

Polynomdivision liefert:

$$(2z^3 - 3z^2 - 12z - 7) : (z+1) = 2z^2 - 5z - 7.$$

Daraus ergibt sich weiter:

$$2z^2 - 5z - 7 = 0;\quad z^2 - \frac{5}{2}z - \frac{7}{2} = 0;\quad (z_1 = -1),\ z_2 = \frac{7}{2}.$$

Diese Tangente in S hat dann die Gleichung:

$$t(x) = f'\left(\frac{7}{2}\right)\left(x - \frac{7}{2}\right) + \frac{245}{64} = \frac{21}{32}\left(x - \frac{7}{2}\right) + \frac{245}{64} = \frac{21}{32}x + \frac{49}{32}.$$

Die gesuchte Mindesthöhe h von A über H ist dann:

$$\mathbf{h = t(4) - f(4) = \frac{133}{32} - 4 = \frac{5}{32}.}$$

Abiturprüfung Mathematik (Baden-Württemberg): Analysis Aufgabe 7 (aus GK 1998 A 3)

Beim radioaktiven Zerfall einer Substanz S_1 ist $h_1(t)$ die Masse der noch nicht zerfallenen Substanz zum Zeitpunkt t ($h_1(t)$ in mg und t in Stunden nach Beobachtungsbeginn).
Dabei gilt:

$$h_1(t) = 100\,e^{-kt}.$$

Berechnen Sie k, wenn die Halbwertszeit für diesen Zerfall 4,5 Stunden beträgt.
Welche Masse ist nach 18 Stunden bereits zerfallen?
Eine zweite Substanz S_2 entsteht erst als Zerfallsprodukt einer anderen Substanz. Für die Masse $h_2(t)$ von S_2 gilt entsprechend

$$h_2(t) = 100\,e^{-ct}(1 - e^{-t}).$$

Bestimmen Sie den Bestand für t = 0.
Bestimmen Sie c, wenn die Masse von S_2 nach zwei Stunden 31,81 mg beträgt.
Zu welchem Zeitpunkt wird für c = 0,5 die größte Masse gemessen?

Lösung

Der radioaktive Zerfall der Substanz S_1 wird durch das Zerfallsgesetz $h_1(t) = 100 \cdot e^{-kt}$ beschrieben.
Dabei gibt $h_1(t)$ die Masse (in mg) der zum Zeitpunkt t (in Stunden) noch vorhandenen Substanz an.
Bestimmung der Konstanten k aus der Halbwertszeit T = 4,5 (Stunden):

$$h_1(T) = 0{,}5 \cdot h(0)$$

$$100 \cdot e^{-k \cdot 4{,}5} = 0{,}5 \cdot 100$$

$$-4{,}5k = \ln 0{,}5 = -\ln 2$$

$$\mathbf{k = \frac{\ln 2}{4{,}5} \approx 0{,}154.}$$

Nach 18 Stunden ist genau viermal die Halbwertszeit von 4,5 Stunden verstrichen.

Von der Ausgangssubstanz ist dann noch $\left(\frac{1}{2}\right)^4 = \frac{1}{16}$ vorhanden.

Die nach 18 Stunden zerfallene Masse (in mg) ist dann:

$$\mathbf{m} = 100 - \frac{1}{16} \cdot 100 = \mathbf{93{,}75}.$$

Alternative:
Berechnung von m mit dem Zerfallsgesetz:

$$\begin{aligned} m &= 100 - h_1(18) \\ &\approx 100 - 100 \cdot e^{-0{,}154 \cdot 18} \\ &\approx 93{,}75. \end{aligned}$$

Die zweite Substanz S_2 verändert sich nach dem Gesetz: $h_2(t) = 100 \cdot e^{-ct}(1 - e^{-t})$.

Bestand von S_2 zum Zeitpunkt t = 0:

$$\mathbf{h_2(0)} = 100 \cdot e^{-c \cdot 0}(1 - e^0) = 100 \cdot (1 - 1) = \mathbf{0}$$

Nach 2 Stunden beträgt die Masse von S_2 31,81 mg. Aus diesen Angaben lässt sich die Konstante c bestimmen:

$$h_2(2) = 31{,}81$$
$$100e^{-2c}(1-e^{-2}) = 31{,}81$$
$$e^{-2c} = \frac{31{,}81}{100(1-e^{-2})};$$
$$\mathbf{c = -\frac{1}{2}\ln\frac{31{,}81}{100(1-e^{-2})} \approx 0{,}5.}$$

Für c = 0,5 wird die Substanz S_2 durch

$$h_2(t) = 100 \cdot e^{-0{,}5t}(1-e^{-t}) = 100 \cdot (e^{-0{,}5t} - e^{-1{,}5t})$$

beschrieben.

Ableitungen von h_2:

$$h'_2(t) = 100 \cdot (-0{,}5 \cdot e^{-0{,}5t} + 1{,}5 \cdot e^{-1{,}5t}) = -50 \cdot e^{-0{,}5t}(1 - 3 \cdot e^{-t});$$
$$h''_2(t) = 100 \cdot (0{,}25 \cdot e^{-0{,}5t} - 2{,}25 \cdot e^{-1{,}5t});$$

Untersuchung auf Extremwerte:

$$h'_2(t) = 0; \quad 1 - 3\ e^{-t} = 0; \quad e^{-t} = \frac{1}{3}; \quad -t = \ln\frac{1}{3} = -\ln 3; \quad t = \ln 3;$$
$$h''_2(\ln 3) = 100 \cdot (0{,}25 \cdot e^{-0{,}5 \cdot \ln 3} - 2{,}25 \cdot e^{-1{,}5 \cdot \ln 3}) = -28{,}86\ldots < 0$$

h_2 hat demnach an der Stelle $t = \ln 3 \approx 1{,}1$ ein Maximum. Da $\ln 3$ die einzige Nullstelle der stetigen Funktion h'_2 ist, ist dieses Maximum global.

Nach ungefähr 1,1 Stunden wird für die Substanz S_2 die größte Masse gemessen.

Abiturprüfung Mathematik (Baden-Württemberg): Analysis Aufgabe 8 (aus LK 1998 I 2)

Die Funktion h_a mit

$$h_a(t) = 2 - \frac{2a}{e^{2t} + a}; \quad t \geq 0$$

beschreibt annähernd die von einer Schimmelpilzkultur bedeckte Fläche (in dm^2) in Abhängigkeit von der Zeit t (in Tagen). 6 Tage nach Beobachtungsbeginn beträgt der Inhalt der bedeckten Fläche 0,50 dm^2.
Bestimmen Sie a.
Wann betrug der Inhalt der Fläche 0,05 dm^2?
Bestimmen Sie für den Zeitraum von 6 Tagen bis 36 Tagen nach Beobachtungsbeginn mithilfe der Integralrechnung einen Mittelwert für die von der Schimmelpilzkultur bedeckte Fläche.

Lösung

Die von der Schimmelpilzkultur bedeckte Fläche (in dm^2) nach t Tagen soll durch

$$h_a(t) = 2 - \frac{2a}{e^{2t} + a}$$

beschrieben werden.

Nach 6 Tagen beträgt der Flächeninhalt 0,5 dm^2. D. h. es muss gelten:

$$h_a(6) = 0{,}5; \quad 2 - \frac{2a}{e^{12} + a} = 0{,}5; \quad 2 \cdot e^{12} + 2a - 2a = 0{,}5 \cdot e^{12} + 0{,}5a;$$

$$1{,}5 \cdot e^{12} = 0{,}5a; \quad \mathbf{a = 3 \cdot e^{12}}.$$

Somit lautet das Wachstumsgesetz der Schimmelpilzkultur:

$$\mathbf{h(t) = 2 - \frac{6 \cdot e^{12}}{e^{2t} + 3 \cdot e^{12}}}.$$

Bestimmung des Zeitpunktes, zu dem der Flächeninhalt 0,05 dm^2 betrug:

$$h(t) = 0{,}05; \quad 2 - \frac{6 \cdot e^{12}}{e^{2t} + 3 \cdot e^{12}} = 0{,}05; \quad 1{,}95 = \frac{6 \cdot e^{12}}{e^{2t} + 3 \cdot e^{12}};$$

$$1{,}95 \cdot e^{2t} + 5{,}85 \cdot e^{12} = 6 \cdot e^{12}; \quad 1{,}95 \cdot e^{2t} = 0{,}15 \cdot e^{12}; \quad e^{2t} = \frac{1}{13} \cdot e^{12};$$

$$\mathbf{t} = \frac{1}{2} \ln\left(\frac{1}{13} e^{12}\right) = \frac{1}{2}(12 - \ln 13) \approx \mathbf{4{,}718}.$$

Nach etwa 4,7 Tagen war die Fläche 0,05 dm² groß.

Mittelwert $\overline{A}$ (in dm^2) für die von der Kultur bedeckte Fläche für den Zeitraum von 6 bis 36 Tagen:

$$\mathbf{\overline{A}} = \frac{1}{30} \cdot \int_6^{36} h(t)\, dt = \frac{1}{30} \cdot \int_6^{36} \left(2 - \frac{6e^{12}}{e^{2t} + 3e^{12}}\right) dt \approx \overset{\text{GTR}}{\ldots\ldots} \approx \mathbf{1{,}954}.$$

Abiturprüfung Mathematik (Baden-Württemberg): Analysis Aufgabe 9 (aus LK 1998 I 3)

Gegeben ist die Funktion h mit $h(x) = x\,e^{1-x};\ x \in \mathbb{R}$.

Beweisen Sie, dass für die n-te Ableitungsfunktion $h^{(n)}$ gilt:

$$h^{(n)}(x) = (-1)^{n+1} \cdot (n - x) \cdot e^{1-x};\ n \in \mathbb{N} \setminus \{0\}.$$

Lösung

Durch vollständige Induktion ist zu zeigen, dass die Funktion h mit $h(x) = xe^{1-x}$, $x \in \mathbb{R}$, die n-te Ableitungsfunktion $h^{(n)}$ mit

$$h^{(n)}(x) = (-1)^{n+1} \cdot (n - x) \cdot e^{1-x};\quad n \in \mathbb{N} \setminus \{0\},$$

besitzt.

(1) Induktionsanfang:

$$h^{(1)}(x) = h'(x) = e^{1-x} + x \cdot (-1) \cdot e^{1-x} = (1 - x)e^{1-x} = (-1)^{1+1}(1 - x)\,e^{1-x}.$$

(2) Induktionsschritt:

Induktionsannahme: für ein beliebiges $n \in \mathbb{N} \setminus \{0\}$ gelte

$$h^{(n)}(x) = (-1)^{n+1} \cdot (n - x) \cdot e^{1-x}.$$

Induktionsbehauptung:

$$h^{(n+1)}(x) = (-1)^{n+2} \cdot (n + 1 - x) \cdot e^{1-x}.$$

Induktionsschluss:

$$h^{(n+1)}(x) = (h^{(n)}(x))' = (-1)^{n+1}(-1) \cdot e^{1-x} + (-1)^{n+1}(n - x) \cdot (-1) \cdot e^{1-x}$$
$$= (-1)^{n+2} \cdot (1 + n - x) \cdot e^{1-x}.$$

Abiturprüfung Mathematik (Baden-Württemberg): Analysis Aufgabe 10 (aus GK 1999 A 3)

Gegeben sind die Funktionen f und g durch

$$f(x) = \frac{1}{4}e^{x} - 2e^{-x} \quad \text{und} \quad g(x) = 2e^{-x}; \quad x \in \mathbb{R}.$$

Das Schaubild von f sei K_f, das Schaubild von g sei K_g.

a) Untersuchen Sie K_f auf gemeinsame Punkte mit den Koordinatenachsen sowie auf Hoch-, Tief- und Wendepunkte.
Zeichnen Sie K_f und K_g für $-0{,}5 \le x \le 2{,}5$ in ein gemeinsames Achsenkreuz ein (Längeneinheit 2 cm).

b) K_f schließt mit den Koordinatenachsen und der Geraden $x = \ln 2$ eine Fläche ein.
Berechnen Sie einen Näherungswert für ihren Inhalt mit der keplerschen Fassregel.
Um wie viel Prozent weicht dieser Näherungswert vom exakten Wert ab?

c) Der Punkt $P(u\,|\,v)$ mit $u > 0$ auf dem Schaubild von g bestimmt zusammen mit den Punkten $O\,(0\,|\,0)$, $Q\,(u\,|\,0)$ und $R\,(0\,|\,v)$ ein Viereck OQPR.
Durch Rotation dieses Vierecks um die x-Achse entsteht ein Drehkörper.
Für welchen Wert von u wird das Volumen dieses Körpers extremal?
Bestimmen Sie die Art des Extremums sowie seinen Wert.

d) Eine Population besteht heute aus 30 150 Individuen. Vor 2 Jahren waren es noch 44 980.
Man geht davon aus, dass der Bestand exponentiell abnimmt.
Wann werden vom heutigen Bestand nur noch 10 % übrig sein?
Wann wird die Abnahme innerhalb eines Jahres erstmals weniger als 1500 Individuen betragen?

Lösung

a) Gegeben sind die beiden Funktionen f und g durch:

$$f(x) = \frac{1}{4}e^x - 2e^{-x},\ x \in \mathbb{R};$$
$$g(x) = 2e^{-x},\ x \in \mathbb{R}.$$

Ableitungen von f:

$$f'(x) = \frac{1}{4}e^x + 2e^{-x};$$
$$f''(x) = \frac{1}{4}e^x - 2e^{-x} = f(x);$$
$$f'''(x) = \frac{1}{4}e^x + 2e^{-x} = f'(x).$$

Schnittpunkte mit der x-Achse:

$$f(x) = 0;$$
$$\frac{1}{4}e^x - 2e^{-x} = 0;$$
$$e^x = 8e^{-x};$$
$$e^x = \frac{8}{e^x};$$
$$e^{2x} = 8;$$
$$2x = \ln 8 = \ln 2^3 = 3\ln 2;$$
$$x = \frac{3}{2}\ln 2;\quad \mathbf{N}\left(\frac{3}{2}\ln 2 \,\middle|\, 0\right).$$

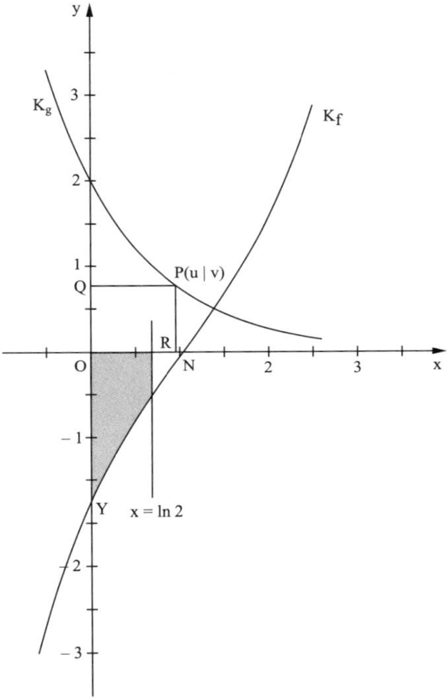

Schnittpunkt mit der y-Achse ist wegen $f(0) = \frac{1}{4} - 2 = -\frac{7}{4}$ der Punkt $\mathbf{Y}\left(0 \,\middle|\, -\frac{7}{4}\right)$.

Extrempunkte existieren nicht, da $f'(x) > 0$ für alle $x \in \mathbb{R}$ gilt.

Wendepunkte:
Die zweite Ableitung f" stimmt mit der Funktion f überein, hat also dieselbe Nullstelle $x = \frac{3}{2}\ln 2$ wie die Funktion f.

Wegen $f'''(x) = f'(x) > 0$ für alle $x \in \mathbb{R}$ ist N Wendepunkt von K_f: $\mathbf{W} = \mathbf{N}\left(\frac{3}{2}\ln 2 \,\middle|\, 0\right)$.

b) Die Kurve K_f schließt mit den Koordinatenachsen und der Geraden x = ln 2 eine Fläche ein, die unterhalb der x-Achse liegt.
Für ihren Inhalt ergibt sich nach der Kepler'schen Fassregel mit den Intervallgrenzen a = 0 und b = ln 2 der Näherungswert:

$$\begin{aligned}\mathbf{A_n} &= -\frac{b-a}{6}\left(f(a)+4\cdot f\left(\frac{a+b}{2}\right)+f(b)\right)\\ &= -\frac{\ln 2}{6}\left(f(0)+4\cdot f\left(\frac{1}{2}\ln 2\right)+f(\ln 2)\right)\\ &= -\frac{\ln 2}{6}\left(-\frac{7}{4}+4\left(\frac{1}{4}e^{\frac{1}{2}\ln 2}-2e^{-\frac{1}{2}\ln 2}\right)+\frac{1}{4}e^{\ln 2}-2e^{-\ln 2}\right)\\ &= -\frac{\ln 2}{6}\left(-\frac{7}{4}+\sqrt{2}-\frac{8}{\sqrt{2}}+\frac{1}{2}-1\right)\\ &= \frac{\ln 2}{6}\left(\frac{9}{4}+3\sqrt{2}\right)\\ &\approx \mathbf{0{,}75006}.\end{aligned}$$

Der exakte Wert für den Flächeninhalt ist:

$$\begin{aligned}\mathbf{A_e} &= -\int_0^{\ln 2} f(x)\,dx\\ &= -\int_0^{\ln 2}\left(\frac{1}{4}e^{x}-2e^{-x}\right)dx\\ &= -\left[\frac{1}{4}e^{x}+2e^{-x}\right]_0^{\ln 2}\\ &= -\left(\frac{1}{4}e^{\ln 2}+2e^{-\ln 2}\right)+\left(\frac{1}{4}e^{0}+2e^{0}\right)\\ &= -\frac{1}{2}-1+\frac{1}{4}+2\\ &= \frac{\mathbf{3}}{\mathbf{4}}=\mathbf{0{,}75}.\end{aligned}$$

Die Abweichung des Näherungswertes vom exakten Wert ist:

$$\mathbf{a}=\frac{A_n-A_e}{A_e}\approx\frac{0{,}00006}{0{,}75}=0{,}00008=\mathbf{0{,}008\,\%}.$$

c) Der Punkt P(u | v) mit u > 0 auf dem Schaubild K_g von g bestimmt zusammen mit den Punkten O(0 | 0), Q(u | 0) und R(0 | v) ein Rechteck.
Rotiert dieses Rechteck um die x-Achse, so entsteht ein Zylinder mit dem Volumen:

$$V(u)=\pi\cdot u\cdot v^2=\pi\cdot u\cdot[g(u)]^2=4\pi ue^{-2u},\quad u>0.$$

Ableitung von V:

$$V'(u)=4\pi e^{-2u}-8\pi ue^{-2u}=4\pi e^{-2u}(1-2u).$$

Untersuchung auf Extremwerte:

$$V'(u) = 0; \quad 1 - 2u = 0; \quad \mathbf{u = \frac{1}{2}}.$$

Für $0 < u < \frac{1}{2}$ gilt $V'(u) > 0$, d. h. V ist hier streng monoton wachsend.

Für $u > \frac{1}{2}$ gilt $V'(u) < 0$, d. h. V ist hier streng monoton fallend.

Somit ist $V\left(\frac{1}{2}\right) = \frac{2\pi}{e} \approx 2{,}31$ ein absolutes Maximum des Volumens.

d) Die exponentielle Abnahme des Bestandes wird beschrieben durch:

$$B(t) = a \cdot e^{-kt}; \quad a, k > 0.$$

Es gilt:

$$a = B(0) = 30\,150.$$

Aus $B(-2) = 44\,980$ folgt weiter:

$$44\,980 = 30150 \cdot e^{2k};$$

$$2k = \ln \frac{44\,980}{30150};$$

$$k = \frac{1}{2} \ln \frac{44\,980}{30\,150} \approx 0{,}2.$$

Das Zerfallsgesetz hat somit die Form:

$$B(t) = 30\,150 \cdot e^{-0{,}2 \cdot t}.$$

Vom heutigen Bestand werden nur noch 10 % übrig sein, wenn

$$\frac{1}{10} \cdot 30\,150 = 30\,150 \cdot e^{-0{,}2t};$$

$$e^{-0{,}2t} = 0{,}1;$$

$$t = -\frac{\ln 0{,}1}{0{,}2} \approx 11{,}5.$$

Nach ungefähr 11,5 Jahren werden nur noch 10 % des Bestandes von heute vorhanden sein.

Die Abnahme innerhalb eines Jahres wird beschrieben durch die Differenz:

$$B(t) - B(t+1) = 30\,150e^{-0{,}2t} - 30150e^{-0{,}2(t+1)}$$

$$= 30\,150e^{-0{,}2t}(1 - e^{-0{,}2})$$

(Mit zunehmendem t wird diese Differenz immer kleiner, da $e^{-0{,}2t}$ monoton fällt).

Diese Abnahme beträgt 1 500 Individuen, wenn

$$30\,150e^{-0,2t}(1-e^{-0,2}) = 1\,500;$$

$$e^{-0,2t} = \frac{1\,500}{30\,150(1-e^{-0,2})};$$

$$-0,2t = \ln\frac{1\,500}{30\,150(1-e^{-0,2})};$$

$$t = -5\ln\frac{1\,500}{30\,150(1-e^{-0,2})} \approx 6,46.$$

Etwa von der Mitte des 7. Jahres bis zur Mitte des 8. Jahres beträgt die Abnahme erstmals weniger als 1 500 Individuen.

Deutet man die Abnahme innerhalb eines Jahres als momentane Änderungsrate B'(t) des Bestandes, so folgt mit $B'(t) = -6\,030 \cdot e^{-0,2t}$:

$$B'(t) = -1\,500;$$

$$-6\,030 \cdot e^{-0,2t} = -1\,500;$$

$$-0,2t = \ln\frac{1\,500}{6\,030};$$

$$t = -5\ln\frac{1\,500}{6\,030} \approx 6,96.$$

Nach dieser Rechnung beträgt die Abnahme nach etwa 7 Jahren erstmals weniger als 1 500 Individuen pro Jahr.

Abiturprüfung Mathematik (Baden-Württemberg):
Analysis Aufgabe 11 (aus LK 1999 I 1)

Für jedes $t \in \mathbb{R}$ ist eine Funktion f_t gegeben durch

$$f_t(x) = \frac{16(x-t)}{(1+x)^2};\ x \in D_t.$$

Ihr Schaubild sei K_t.

a) Geben Sie den maximalen Definitionsbereich D_t von f_t an.
Untersuchen Sie K_t für $t > -1$ auf gemeinsame Punkte mit der x-Achse und Extrempunkte.
Zeichnen Sie K_0 samt Asymptoten (Längeneinheit 0,5 cm).

b) Zeigen Sie, dass K_t für $t = -1$ symmetrisch zum Punkt $P(-1\,|\,0)$ ist.
Bestimmen Sie diejenigen Punkte des Schaubildes K_{-1}, die minimalen Abstand von P haben.

c) Die Körpertemperatur eines Menschen wird mit dem Fieberthermometer gemessen. Dabei gibt d(t) die Differenz zwischen der Körpertemperatur und der zum Zeitpunkt t (t in Minuten) vom Thermometer angezeigten Temperatur in Grad an. Die Geschwindigkeit d'(t), mit der sich d(t) ändert, ist während der Messung zu jedem Zeitpunkt proportional zu d(t).
Geben Sie für d eine Differentialgleichung an.
Bei der Untersuchung eines gesunden Menschen, dessen Körpertemperatur 37,0 Grad beträgt, steigt die Anzeige des Thermometers in der ersten halben Minute von 17,0 Grad auf 34,3 Grad an.
Bestimmen Sie für diesen Fall einen Funktionsterm von d.
Die Messung wird automatisch beendet, wenn $d'(t) = -0{,}1$ ist. Wann ist dies der Fall?
Welche Temperatur wird am Ende der Messung angezeigt?

Lösung

a) $$f_t(x) = \frac{16(x-t)}{(1+x)^2};\quad x \in \mathbb{R},\ x \in D_t.$$

Der maximale Definitionsbereich von f_t ist $\mathbf{D_t = \mathbb{R} \setminus \{-1\}}$.

Ableitungen:

$$f_t'(x) = \frac{16\cdot(1+x)^2 - 16(x-t)\cdot(1+x)\cdot 2}{(1+x)^4} = \frac{16+16x-32x+32t}{(1+x)^3}$$

$$= \frac{16(1+2t-x)}{(1+x)^3};$$

$$f_t''(x) = \frac{-16\cdot(1+x)^3 - 16(1+2t-x)\cdot 3(1+x)^2}{(1+x)^6} = \frac{-16(1+x)-48(1+2t-x)}{(1+x)^4}$$

$$= \frac{32x-64-96t}{(1+x)^4} = \frac{32(x-2-3t)}{(1+x)^4};$$

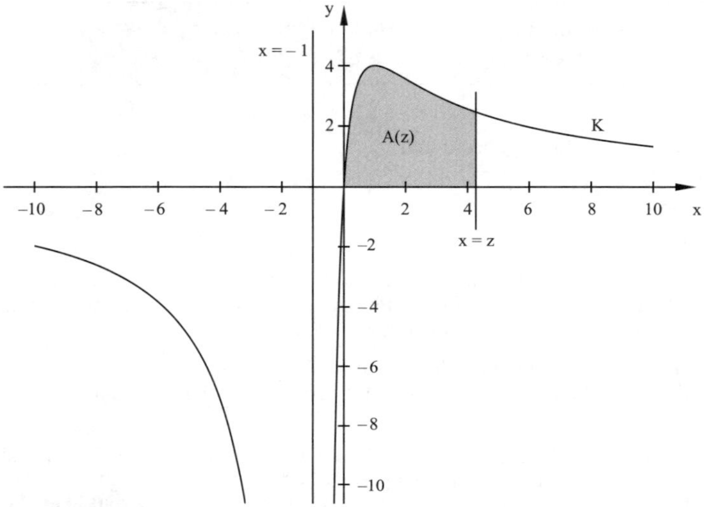

Schnittpunkte mit der x-Achse für $t > -1$:

$f_t(x) = 0;\quad x - t = 0;\quad x = t;\quad \mathbf{N_t(t|0)}$ (Wegen $t \neq -1$ existiert der Schnittpunkt.)

Extrempunkte für $t > -1$:

$f_t'(x) = 0;\quad 1 + 2t - x = 0;\quad x = 1 + 2t;$

$$f_t''(1+2t) = \frac{32(-1-t)}{(2+2t)^4} = \frac{-32(1+t)}{16(1+t)^4} = -\frac{2}{(1+t)^3} < 0 \quad \text{für } t > -1:$$

$$f_t(1+2t) = \frac{16(1+t)}{(2+2t)^2} = \frac{16(1+t)}{4(1+t)^2} = \frac{4}{1+t} \qquad \text{(existiert wegen } t \neq -1\text{).}$$

Somit hat K_t für $t > -1$ den Hochpunkt $\mathbf{H_t\left(1+2t \,\middle|\, \frac{4}{1+t}\right)}$.

Asymptoten von K_t sind die Geraden $y = 0$ und $x = -1$.

b) Die Kurve K_{-1} hat die Gleichung $f_{-1}(x) = \frac{16(x+1)}{(1+x)^2} = \frac{16}{1+x}$.

Nachweis der Punktsymmetrie von K_{-1} zum Punkt $P(-1\,|\,0)$:
Für alle $h > 0$ gilt:

$$f_{-1}(-1+h) = \frac{16}{1-1+h} = \frac{16}{h};\quad f_{-1}(-1-h) = \frac{16}{1-1-h} = -\frac{16}{h}.$$

Wegen $f_{-1}(-1 + h) = -f_{-1}(-1 - h)$ ist K_{-1} symmetrisch zu P.

Der Punkt $A\left(a \,\middle|\, \frac{16}{1+a}\right)$ mit $a \neq -1$ ist ein Punkt auf der Kurve K_{-1}.

Für den Abstand h der Punkte A und P gilt:

$$h(a) = \sqrt{(a+1)^2 + \frac{256}{(1+a)^2}}.$$

Dieser Abstand h(a) wird minimal, wenn sein Quadrat

$$q(a) = (h(a))^2 = (a+1)^2 + \frac{256}{(1+a)^2}$$

minimal wird.

Ableitungen:

$$q'(a) = 2(a+1) - \frac{512}{(1+a)^3}; \quad q''(a) = 2 + \frac{1536}{(1+a)^4} \quad (>0!).$$

Untersuchung auf Extrema:

$$q'(a) = 0; \quad 2(a+1) - \frac{512}{(1+a)^3} = 0; \quad (1+a)^4 = 256; \quad 1+a = \pm 4; \quad a_1 = -5, \quad a_2 = 3.$$

Wegen $q''(a_{1,2}) > 0$ liegen an den Stellen a_1 und a_2 Minima des Abstandes vor.

Mit $f_{-1}(-5) = -4$ und $f_{-1}(3) = 4$ erhält man somit die **Punkte $A_1(-5\,|\,-4)$ und $A_2(3\,|\,4)$ auf K_{-1}, die von P minimalen Abstand haben.**

c) Nach Aufgabenstellung ist die Änderungsgeschwindigkeit d'(t) proportional zu d(t), d. h. es gilt für d die Differentialgleichung:

$$d'(t) = k \cdot d(t).$$

Ihre Lösung hat die Form:

$$d(t) = a \cdot e^{kt}.$$

Die Temperaturdifferenz in Grad zum Zeitpunkt t = 0 ist d(0) = 37 – 17 = 20.

Eingesetzt in die Gleichung erhält man:

$$20 = a \cdot e^0; \quad a = 20.$$

Die Temperatur steigt in der ersten halben Minute von 17,0 Grad auf 34,3 Grad an. D. h. nach einer halben Minute beträgt die Temperaturdifferenz in Grad:

d(0,5) = 37,0 – 34,3 = 2,7.

Damit ergibt sich weiter

$$2{,}7 = 20 \cdot e^{k \cdot 0{,}5}; \quad 0{,}5k = \ln\frac{2{,}7}{20}; \quad k = 2 \cdot \ln\frac{2{,}7}{20} \approx -4{,}005$$

Die Temperaturdifferenz wird demnach beschrieben durch die Gleichung:

$$\mathbf{d(t) = 20 \cdot e^{-4{,}005 \cdot t}}.$$

Für die Änderungsgeschwindigkeit gilt:

$$d'(t) = 20 \cdot (-4{,}005)e^{-4{,}005 \cdot t} = -80{,}1e^{-4{,}005 \cdot t}.$$

Das Ende der Messung ist erreicht, wenn:

$$d'(t) = -0{,}1; \quad -80{,}1e^{-4{,}005t} = -0{,}1; \quad e^{-4{,}005 \cdot t} = \frac{0{,}1}{80{,}1}; \quad t = \frac{\ln\frac{0{,}1}{80{,}1}}{-4{,}005} \approx 1{,}67.$$

Also wird die Messung nach ungefähr 1,67 Minuten beendet.

Die Temperaturdifferenz nach dieser Zeit ist

$$d(1{,}67) = 20 \cdot e^{-4{,}005 \cdot 1{,}67} \approx 0{,}02.$$

Am Ende der Messung zeigt das Thermometer die Temperatur (37,0 – 0,02) Grad = 36,98 Grad, also nahezu 37 Grad an.

Abiturprüfung Mathematik (Baden-Württemberg): Analysis Aufgabe 12 (aus LK 1999 I 2)

Gegeben ist die Funktion f durch

$$f(x) = 2\sin\left(\frac{\pi}{6}x\right); \quad x \in [0;\ 12]$$

Ihr Schaubild sei K.

a) Geben Sie die Extrem- und Wendepunkte von K an.
Zeichnen Sie K.
Die Parallelen zu den Koordinatenachsen durch den Kurvenpunkt $P(u\,|\,f(u))$ mit $3 < u < 6$, die x-Achse und die Gerade $x = 3$ begrenzen ein Rechteck.
Für welchen Wert von u hat dieses Rechteck maximalen Umfang?

b) Eine Ursprungsgerade g mit der Steigung $m > 0$ schneidet K im Punkt $S(s\,|\,f(s))$. K und g umschließen eine Fläche.
K, g und die Gerade $x = 6$ umschließen eine weitere Fläche.
Bestimmen Sie, ohne s zu berechnen, m so, dass die Inhalte der beiden Flächen gleich sind.
Begründen Sie, dass s in diesem Fall im Intervall [4; 5] liegt.

c) Im Verlauf eines Jahres ändert sich die Tageslänge, d. h. die Zeitdauer, während der die Sonne über dem Horizont steht. In Stockholm schwankt die Tageslänge zwischen 18,24 Stunden am 21. Juni und 5,76 Stunden sechs Monate später. Die Tageslänge soll in Abhängigkeit von der Zeit t (t in Monaten ab dem 21. März) durch eine Funktion T mit

$$T(t) = a + b\sin\left(\frac{\pi}{6}t\right)$$

beschrieben werden.
Bestimmen Sie die Koeffizienten a und b.
Welche Tageslänge ergibt sich aus dem Modell für den 21. April?
Wann ändert sich die Tageslänge am raschesten und wie groß ist sie dann?

Lösung

a) Gegeben ist f durch

$$f(x) = 2 \cdot \sin\left(\frac{\pi}{6}x\right); \qquad x \in [0;\ 12\}.$$

Die zugehörige Kurve K ist eine Sinuskurve mit der Amplitude a = 2 und der Periode

$$p = \frac{2\pi}{\frac{\pi}{6}} = 12.$$

Daher besitzt K im Definitionsbereich den **Hochpunkt H(3 | 2)**, den **Tiefpunkt T(9 | –2)** und den **Wendepunkt W(6 | 0)**.

(Die Schnittpunkte von K mit der x-Achse sind $N_1(0\,|\,0)$, $N_2(6\,|\,0) = W$ und $N_3(12\,|\,0)$, wobei N_1 und N_3 auch als Wendepunkte angegeben werden konnten.)

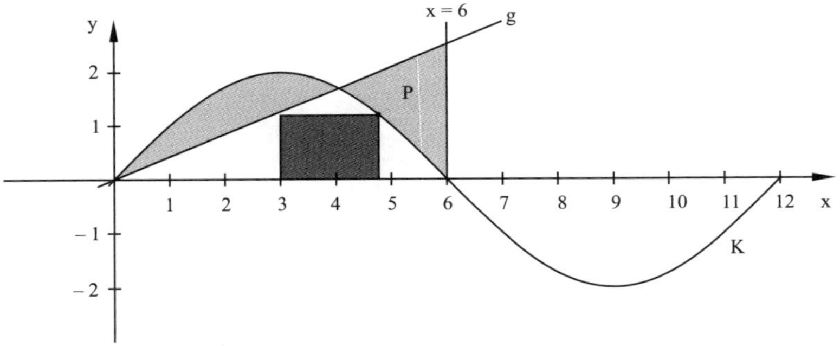

Für einen Punkt P(u | f(u)) mit 3 < u < 6 gilt f(u) > 0.

Die Parallelen zu den Koordinatenachsen durch P, die x-Achse und die Gerade x = 3 begrenzen ein Rechteck mit dem Umfang:

$$U(u) = 2[u - 3 + f(u)] = 2\left[u - 3 + 2\sin\left(\frac{\pi}{6}u\right)\right].$$

Ableitungen:

$$U'(u) = 2 + \frac{2\pi}{3}\cos\left(\frac{\pi}{6}u\right); \quad U''(u) = -\frac{\pi^2}{9}\sin\left(\frac{\pi}{6}u\right).$$

Untersuchung auf Extremwerte:

$$U'(u) = 0; \quad 2 + \frac{2\pi}{3}\cos\left(\frac{\pi}{6}u\right) = 0; \quad \cos\left(\frac{\pi}{6}u\right) = -\frac{3}{\pi};$$

Einzige Lösung im Intervall]3; 6[:

$$\frac{\pi}{6}u \approx 2{,}84; \quad u \approx 5{,}42.$$

Für alle $u \in\ ]3;\ 6[$ ist $\sin\left(\frac{\pi}{6}u\right) > 0$, also $U''(u) < 0$.

Somit ist der Umfang des Rechtecks für u ≈ 5,42 maximal.
(Da keine weiteren Extremwerte in]3; 6[existieren, liegt ein absolutes Maximum vor.)

b) Die Ursprungsgerade g hat die Gleichung:

$y = mx$ mit $m > 0$.

Die beiden beschriebenen Flächen haben dann den gleichen Inhalt, wenn gilt:

$$\begin{aligned}0 &= \int_0^6 (f(x) - mx)\,dx\\ &= \int_0^6 \left(2\sin\left(\frac{\pi}{6}x\right) - mx\right)dx\\ &= \left[-\frac{12}{\pi}\cos\left(\frac{\pi}{6}x\right) - \frac{1}{2}mx^2\right]_0^6\\ &= \frac{12}{\pi} - 18\,m + \frac{12}{\pi}\\ &= \frac{24}{\pi} - 18\,m.\end{aligned}$$

Daraus folgt für die Steigung von g:

$$\mathbf{m = \frac{4}{3\pi} \approx 0{,}42}.$$

Für den Schnittpunkt $S(s\,|\,f(s))$ von g mit K muss gelten:

$$2\sin\left(\frac{\pi}{6}s\right) = \frac{4}{3\pi}s \quad \text{bzw.} \quad 2\sin\left(\frac{\pi}{6}s\right) - \frac{4}{3\pi}s = 0.$$

Die Abszisse s von S ist somit die Nullstelle der stetigen Funktion h mit

$$h(x) = 2\sin\left(\frac{\pi}{6}x\right) - \frac{4}{3\pi}x$$

im Bereich $]0; 6[$.

Wegen

$$h(4) = 0{,}03\ldots > 0; \quad h(5) = -1{,}12\ldots < 0$$

liegt s im Intervall [4; 5].

c) Die Tageslänge wird durch die Funktion T mit

$$T(t) = a + b\cdot\sin\left(\frac{\pi}{6}t\right)$$

beschrieben, wobei t in Monaten ab dem 21. März gerechnet wird.

Am 21. Juni, also drei Monate nach dem 21. März, beträgt die Tageslänge 18,24 Stunden. Sechs Monate später, also 9 Monate nach dem 21. März, beträgt sie nur noch 5,76 Stunden. Einsetzen in die Funktionsgleichung von T liefert das LGS:

$$\left|\begin{array}{l} T(3) = a + b\cdot\sin\left(\frac{\pi}{6}\cdot 3\right) = 18{,}24 \\ T(9) = a + b\cdot\sin\left(\frac{\pi}{6}\cdot 9\right) = 5{,}76 \end{array}\right| \begin{array}{l} a + b = 18{,}24 \\ a - b = 5{,}76 \end{array}\left| \begin{array}{l} a + b = 18{,}24 \\ 2a \quad = 24 \end{array}\right| \begin{array}{l} a = 12 \\ b = 6{,}24 \end{array}\right|.$$

Für die Funktion T ergibt sich damit die Gleichung:

$$\mathbf{T(t) = 12 + 6{,}24 \cdot \sin\left(\frac{\pi}{6} t\right).}$$

Am 21. April ist t = 1 und man erhält:

$$T(1) = 12 + 6{,}24 \cdot \sin\left(\frac{\pi}{6}\right) = 12 + 6{,}24 \cdot \frac{1}{2} = 15{,}12.$$

Die Tageslänge am 21. April beträgt 15,12 Stunden.

Die Sinuskurve $y = \sin\left(\frac{\pi}{6} t\right)$, $t \in [0; 12]$, hat ihre größten bzw. kleinsten Steigungen in den Nullstellen $t_1 = 0$, $t_2 = 6$ und $t_3 = 12$.

Dies gilt dann auch für die Funktion T. Es ist T(0) = T(6) = 12.

Die Tageslänge ändert sich also am raschesten am 21. März (t = 0 bzw. t = 12) und am 21. September (t = 6). Sie beträgt dann jeweils 12 Stunden.

Abiturprüfung Mathematik (Baden-Württemberg): Analysis Aufgabe 13 (aus GK 2000 A 2)

Gegeben ist die Funktion f durch

$$f(x) = \frac{x^2 + x + 1}{x + 1}; \quad x \in D.$$

Ihr Schaubild sei K.

a) Geben Sie die maximale Definitionsmenge D der Funktion f an.
Untersuchen Sie das Schaubild K auf gemeinsame Punkte mit den Koordinatenachsen, Asymptoten sowie Hoch-, Tief- und Wendepunkte.
Zeichnen Sie K samt Asymptoten für $-5 \le x \le 3$ (Längeneinheit 1 cm).

b) Zeichnen Sie die Parabel C mit der Gleichung $y = -x^2$ für $-2 \le x \le 2$ in das vorhandene Koordinatensystem ein.
Diese Parabel und K schneiden sich in einem Punkt P.
Berechnen Sie mit dem newtonschen Näherungsverfahren einen Näherungswert für die x-Koordinate von P. (Das Verfahren ist abzubrechen, wenn sich die zweite Dezimale erstmals nicht mehr ändert.)

c) Eine Firma wirbt für die Wärmedämmung von Häusern mit der Verringerung der Heizkosten. Sie behauptet, dass bei einer Dämmschicht der Dicke d für die jährlichen Heizkosten H(d) pro m^2 Außenwand gilt:

$$H(d) = \frac{13}{d + 3} \quad \text{(d in cm; H(d) in DM).}$$

Bei welcher Dicke der Dämmschicht betragen die Heizkosten noch ein Drittel der Heizkosten ohne Dämmschicht?
Für das Anbringen einer Dämmschicht der Dicke d berechnet die Firma pro m^2 einen Betrag

$$B(d) = 64 + 4{,}5\,d \quad \text{(d in cm; B(d) in DM).}$$

Welche Bedeutung haben dabei die Zahlen 64 und 4,5 in der Praxis?
Bei einer Betriebszeit von 20 Jahren setzen sich die Gesamtkosten G(d) pro m^2 zusammen aus den Kosten für das Anbringen der Dämmschicht und den Heizkosten während der folgenden 20 Jahre.
Bei welcher Dicke der Dämmschicht sind die Gesamtkosten am kleinsten?

Lösung

a) Gegeben ist die Funktion f durch

$$f(x) = \frac{x^2+x+1}{x+1} = \frac{x(x+1)+1}{x+1} = x + \frac{1}{x+1}.$$

Maximale Definitionsmenge: D = $\mathbb{R}\setminus\{-1\}$.

Ableitungen:

$$f'(x) = 1 - \frac{1}{(x+1)^2}; \quad f''(x) = \frac{2}{(x+1)^3}.$$

Schnittpunkte des Schaubildes K mit der x-Achse:

$$f(x) = 0; \quad x^2+x+1 = 0; \quad x_{1,2} = -\frac{1}{2} \pm \sqrt{\frac{1}{4} - 1}.$$

Wegen $\frac{1}{4} - 1 < 0$ ist die Gleichung unlösbar.

Die Kurve K hat keine gemeinsamen Punkte mit der x-Achse.

Schnittpunkt mit der y-Achse:

$f(0) = 1$; Schnittpunkt: **Y(0 | 1).**

Asymptoten:

Senkrechte Asymptote ist die Gerade **x = –1**,
schiefe Asymptote ist die Gerade **y = x**.

Extrempunkte:

$$f'(x) = 0; \quad 1 - \frac{1}{(x+1)^2} = 0; \quad 1 = \frac{1}{(x+1)^2}; \quad (x+1)^2 = 1; \quad x+1 = \pm 1;$$

$x_1 = -1+1 = 0; \quad x_2 = -1-1 = -2$

$f''(0) = 2 > 0; \quad f(0) = 1;$ **Tiefpunkt: T(0 | 1)**

$f''(-2) = -2 < 0; \quad f(-2) = -3;$ **Hochpunkt: H(–2 | –3)**

Wendepunkte existieren nicht, da $f''(x) \neq 0$ für alle $x \in D$.

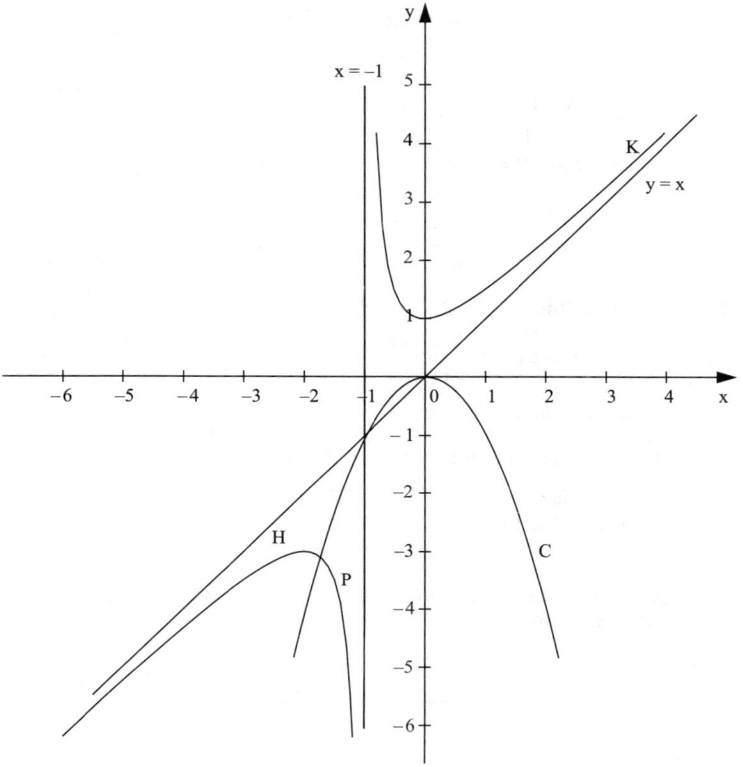

b) Zeichnung der Parabel C mit der Gleichung $y = -x^2$ siehe oben.
Schnitt von C mit der Kurve K:

$$-x^2 = \frac{x^2 + x + 1}{x + 1}; \quad -x^2(x+1) = x^2 + x + 1;$$

$$-x^3 - x^2 = x^2 + x + 1; \quad 0 = x^3 + 2x^2 + x + 1.$$

Aus der letzten Gleichung erhält man eine Rekursionsformel für das Newton-Verfahren:

$$x_{n+1} = x_n - \frac{x_n^3 + 2x_n^2 + x_n + 1}{3x_n^2 + 4x_n + 1}.$$

Der Zeichnung entnimmt man als Startwert etwa $x_0 = -1{,}5$.
Damit ergeben sich die Näherungen:

$x_1 = -1{,}8571...$; $\quad x_2 = -1{,}7641...$; $\quad x_3 = \underline{-1{,}75}50\,...$; $\quad x_4 = \underline{-1{,}75}49\,....$

Der Schnittpunkt P von C mit K hat die x-Koordinate $x_P \approx -1{,}75$.

(Wählt man den etwas besseren Startwert $x_0 = -1{,}7$, so erhält man:
$x_1 = \underline{-1{,}75}82...$; $\quad x_2 = \underline{-1{,}75}49...$)

c) Die jährlichen Heizkosten pro m^2 Außenwand bei einer Dämmschicht der Dicke d werden beschrieben durch

$$H(d) = \frac{13}{d+3}, \quad (H(d) \text{ in DM, d in cm}).$$

Heizkosten ohne Dämmschicht: $H(0) = \frac{13}{3}$.

Gesucht ist die Dicke d der Dämmschicht, für die gilt:

$$H(d) = \frac{1}{3}H(0); \quad \frac{13}{d+3} = \frac{13}{9}; \quad 9 = d + 3; \quad d = 6.$$

Die Dicke der Dämmschicht muss 6 cm sein, damit die Heizkosten ein Drittel der Heizkosten ohne Dämmschicht betragen.

Die Firma berechnet für das Anbringen einer Dämmschicht pro m^2 einen Betrag (in DM) von

$$B(d) = 64 + 4{,}5 \cdot d.$$

Davon sind 64 DM Fixkosten pro m^2 Dämmschicht unabhängig von der Dicke. Hinzu kommen für jeden cm Schichtdicke pro m^2 4,50 DM.

Für die Gesamtkosten G (in DM) pro m^2 bei einer Betriebszeit von 20 Jahren erhält man in Abhängigkeit von der Schichtdicke d:

$$G(d) = B(d) + 20 \cdot H(d) = 64 + 4{,}5 \cdot d + \frac{260}{d+3}, \quad d > 0.$$

Ableitungen:

$$G'(d) = 4{,}5 - \frac{260}{(d+3)^2}; \quad G''(d) = \frac{520}{(d+3)^3}.$$

Untersuchung auf Extremwerte:

$$G'(d) = 0; \quad 4{,}5 - \frac{260}{(d+3)^2} = 0; \quad 4{,}5 \cdot (d+3)^2 = 260; \quad d + 3 = \pm\sqrt{\frac{260}{4{,}5}};$$

$$d_1 = \sqrt{\frac{260}{4{,}5}} - 3 \approx 4{,}6; \quad \left(d_2 = -\sqrt{\frac{260}{4{,}5}} - 3 < 0\right).$$

Wegen $G''(d_1) > 0$ liegt für $d_1 \approx 4{,}6$ ein lokales Minimum von G vor. Da dies das einzige Extremum auf dem offenen Intervall $]0; \infty[$ ist, ist es sogar ein absolutes Minimum.

Bei einer Schichtdicke von etwa 4,6 cm sind die Gesamtkosten am kleinsten.

Abiturprüfung Mathematik (Baden-Württemberg): Analysis Aufgabe 14 (aus LK 2000 I 3)

Ein zu Jahresbeginn gewährtes Bankdarlehen $S_0 = 200\,000$ (in DM) wird in festen Jahresbeträgen von 10 000 DM zurückgezahlt. Dieser Jahresbetrag ist am Ende eines jeden Jahres fällig und enthält den Zins und die Tilgung. Der Zins beträgt 4 % von der das Jahr über vorhandenen Restschuld. S_n ist die Restschuld nach dem n-ten Jahr.

a) Berechnen Sie S_1 und S_2.
Die zeitliche Entwicklung der Restschuld soll mithilfe einer stetigen Wachstumsfunktion B, welche die Differenzialgleichung

$$B'(t) = -10\,000 + 0{,}04 \cdot B(t)$$

erfüllt, näherungsweise beschrieben werden.
Bestimmen Sie die reellen Zahlen a und b so, dass die Funktion B mit

$$B(t) = a \cdot e^{0{,}04\,t} + b$$

eine Lösung der Differenzialgleichung mit $B(0) = 200\,000$ ist.
Nach wie vielen Jahren ist bei dieser Näherung das Darlehen getilgt?

b) Zeigen Sie mittels vollständiger Induktion, dass für die Restschuld S_n nach dem n-ten Jahr gilt:

$$S_n = S_0 \cdot 1{,}04^n - 10\,000 \cdot \frac{1{,}04^n - 1}{0{,}04}; \quad n \geq 1.$$

Nach wie vielen Jahren ist hiernach das Darlehen getilgt?

Lösung

a) Nach einem Jahr ist die Schuld $S_0 = 200\,000$ (in DM) durch die Zinsen zunächst auf $S_0 + 0{,}04 \cdot S_0 = 1{,}04 \cdot S_0$ angewachsen.

Da 10 000 DM zurückgezahlt werden, beträgt die Restschuld in DM nach einem Jahr noch:

$$\mathbf{S_1} = 1{,}04 \cdot S_0 - 10\,000 = 1{,}04 \cdot 2000\,000 - 10\,000 = \mathbf{198\,000}.$$

Entsprechend gilt für die Restschuld in DM nach dem zweiten Jahr:

$$\mathbf{S_2} = 1{,}04 \cdot S_1 - 10\,000 = 1{,}04 \cdot 198\,000 - 10\,000 = \mathbf{195\,920}\,.$$

Die zeitliche Entwicklung der Restschuld soll nun näherungsweise mithilfe der Funktion B mit

$$B(t) = a \cdot e^{0{,}04t} + b$$

beschrieben werden. Dabei soll B der Differenzialgleichung

$$B'(t) = -10\,000 + 0{,}04 \cdot B(t)$$

genügen.
Mit $B'(t) = 0{,}04 \cdot a \cdot e^{0{,}04t}$ ergibt sich durch Einsetzen in die Differenzialgleichung:

$$0{,}04 \cdot a \cdot e^{0{,}04t} = -10\,000 + 0{,}04 \cdot (a \cdot e^{0{,}04t} + b);\ 0{,}04 \cdot b = 10\,000;\ \mathbf{b = 250\,000}.$$

Aus der Anfangsbedingung $B(0) = 200\,000$ (DM) erhält man dann:

$$B(0) = a + b = 200\,000;\ a = 200\,000 - b;\ \mathbf{a = -50\,000}.$$

Die Funktion B hat somit die Gleichung:

$$\mathbf{B(t) = -50\,000 \cdot e^{0{,}04t} + 250\,000}.$$

Das Darlehen ist getilgt, wenn gilt:

$$B(t) = 0;\ -50\,000e^{0{,}04t} + 250\,000 = 0;\ e^{0{,}04t} = 5;\ \mathbf{t = \frac{\ln 5}{0{,}04} \approx 40{,}23}.$$

Bei dieser Näherung ist das Darlehen nach rund 40 Jahren getilgt.

b) Behauptet wird, dass für die Restschuld S_n nach n Jahren, $n \geq 1$, gilt:

$$S_n = S_0 \cdot 1{,}04^n - 10\,000 \cdot \frac{1{,}04^n - 1}{0{,}04}\,.$$

Beweis durch vollständige Induktion nach n.

(1) Induktionsanfang für n = 1:

$$S_1 = S_0 \cdot 1{,}04 - 10\,000 \cdot \frac{1{,}04 - 1}{0{,}04} = S_0 \cdot 1{,}04 - 10\,000$$

$$= 200\,000 \cdot 1{,}04 - 10\,000 = 198\,000.$$

Für n = 1 ist somit die Aussage richtig (vgl. Teilaufgabe a)).

(2) Induktionsschritt:

Induktionsannahme: für ein beliebiges $n \in \mathbb{N}$ gelte

$$S_n = S_0 \cdot 1{,}04^n - 10\,000 \cdot \frac{1{,}04^n - 1}{0{,}04}.$$

Induktionsbehauptung:

$$S_{n+1} = S_0 \cdot 1{,}04^{n+1} - 10\,000 \cdot \frac{1{,}04^{n+1} - 1}{0{,}04}.$$

Induktionsschluss:

$$S_{n+1} = 1{,}04 \cdot S_n - 10\,000 \text{ (vgl. Teilaufgabe a))}$$

$$= 1{,}04 \cdot (S_0 \cdot 1{,}04^n - 10\,000 \cdot \frac{1{,}04^n - 1}{0{,}04}) - 10\,000$$

$$= S_0 \cdot 1{,}04^{n+1} - 10\,000 \cdot \left(\frac{1{,}04^{n+1} - 1{,}04}{0{,}04} + 1 \right)$$

$$= S_0 \cdot 1{,}04^{n+1} - 10\,000 \cdot \left(\frac{1{,}04^{n+1} - 1{,}04 + 0{,}04}{0{,}04} \right)$$

$$= S_0 \cdot 1{,}04^{n+1} - 10\,000 \cdot \left(\frac{1{,}04^{n+1} - 1}{0{,}04} \right).$$

Das Darlehen ist getilgt, wenn erstmals $S_n \leq 0$ gilt, d. h.

$$S_0 \cdot 1{,}04^n - 10\,000 \cdot \frac{1{,}04^n - 1}{0{,}04} \leq 0;$$

$$0{,}04 \cdot 200\,000 \cdot 1{,}04^n - 10\,000 \cdot 1{,}04^n + 10\,000 \leq 0;$$

$$2\,000 \cdot 1{,}04^n \geq 10\,000;\ 1{,}04^n \geq 5;\ \mathbf{n \geq \frac{\ln 5}{\ln 1{,}04} \approx 41.}$$

Das Darlehen ist hiernach nach ungefähr 41 Jahren getilgt.

Abiturprüfung Mathematik (Baden-Württemberg): Analysis Aufgabe 15 (aus GK 2001 A 1)

Beim Kugelstoßen wird eine Kugel im Punkt R aus einer Höhe von 1,95 m unter einem Winkel von $\alpha = 42°$ bezüglich der Horizontalen abgestoßen und landet im Punkt S auf dem Boden. Als Weite werden 11,0 m gemessen.
Die Flugbahn der Kugel (siehe Skizze) kann näherungsweise durch eine ganzrationale Funktion zweiten Grades beschrieben werden.
Bestimmen Sie eine Gleichung der Flugbahn (Koeffizienten sinnvoll runden).
Unter welchem Winkel trifft die Kugel auf dem Boden auf?

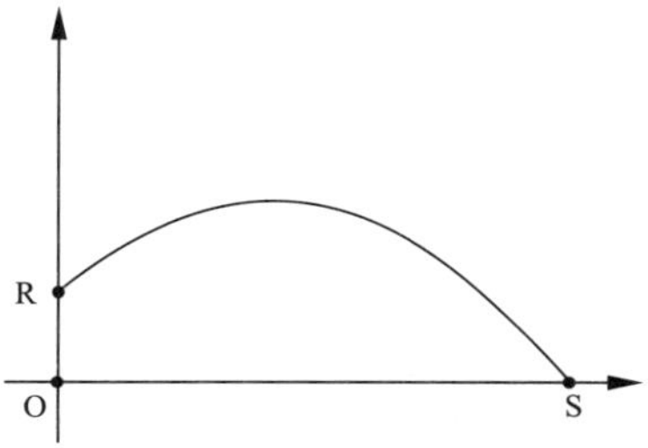

Lösung

Der Punkt, in dem die Kugel abgestoßen wird, hat die Koordinaten $R(0\,|\,1{,}95)$, der Auftreffpunkt ist $S(11\,|\,0)$ (alle Angaben in m).
Die Kugel wird in R unter dem Winkel $\alpha = 42°$ bezüglich der Horizontalen abgestoßen, d. h. dieser Winkel ist der Steigungswinkel der Tangente an die Flugbahn im Punkt R.
Die Flugbahn soll nun näherungsweise durch eine ganzrationale Funktion g zweiten Grades beschrieben werden.
Setzt man für g die Gleichung

$$g(x) = ax^2 + bx + c$$

an, so müssen die folgenden drei Bedingungen erfüllt sein:

$$(1)\quad g(0) = 1{,}95\ ; \qquad (2)\quad g'(0) = \tan 42° \approx 0{,}900\ ; \qquad (3)\quad g(11) = 0.$$

Mit

$$g'(x) = 2ax + b$$

führt dies auf ein Gleichungssystem für a, b und c:

$$\left.\begin{array}{ll} (1) & c = 1{,}95 \\ (2) & b \approx 0{,}900 \\ (3) & 121 \cdot a + 11 \cdot b + c = 0 \end{array}\right| \ ;\quad c = 1{,}95\ ;\quad b \approx 0{,}900\ ;\quad a \approx -0{,}098.$$

Die Flugbahn wird somit näherungsweise durch die Gleichung

$$\mathbf{g(x) = -0{,}098x^2 + 0{,}900x + 1{,}95}$$

beschrieben.

Der Auftreffwinkel β der Kugel auf dem Boden ist gleich dem Schnittwinkel der x-Achse mit der Tangente im Punkt S der Flugbahn.

Mit $g'(x) = -0{,}196x + 0{,}900$ erhält man:

$$\tan\beta = |g'(11)| = |-1{,}256| = 1{,}256\ ;\quad \beta \approx \mathbf{51{,}5}°.$$

Abiturprüfung Mathematik (Baden-Württemberg):
Analysis Aufgabe 16 (aus LK 2001 I 3)

Zwei geradlinig verlaufende Straßen bilden an ihrer Kreuzung einen Winkel α von etwa 53 °. Diese Kreuzung soll durch ein zusätzliches Straßenstück entlastet werden.
Die Situation kann in einem geeigneten Koordinatensystem durch zwei Geraden und eine Verbindungskurve V dargestellt werden. Dabei mündet V an den Stellen -2 und 2 ohne Knick in die Geraden ein. (siehe Skizze, Maßangaben in km)

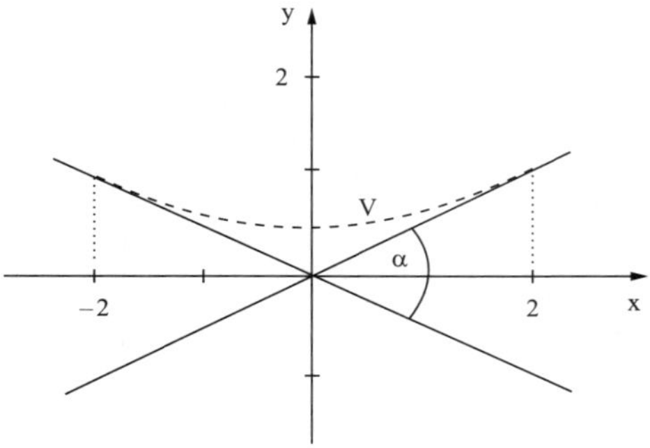

a) Zeigen Sie, dass man für die beiden Geraden die Gleichungen

$y = \frac{1}{2}x$ bzw. $y = -\frac{1}{2}x$ verwenden kann.

Die Verbindungskurve V wird durch eine Funktion f beschrieben.
Welchen Bedingungen muss die Funktion f deshalb genügen?
An den Übergangsstellen soll außerdem $f''(-2) = f''(2) = 0$ gelten.
Begründen Sie, dass $f(x) = ax^4 + bx^2 + c$ einen möglichen Ansatz darstellt, wenn alle genannten Bedingungen erfüllt sein sollen.
Bestimmen Sie f(x).

b) Erstellen Sie einen *weiteren* Vorschlag für eine Verbindungskurve auf der Grundlage einer trigonometrischen Funktion h, die $h''(-2) = h''(2) = 0$ erfüllt.

Lösung

a) Der Steigungswinkel der einen Ursprungsgeraden ist:

$$\frac{\alpha}{2} = \frac{53°}{2} = 26{,}5°.$$

Die Gerade hat daher die Steigung:

$$\mathbf{m} = \tan\frac{\alpha}{2} = \tan 26{,}5° \approx \mathbf{0{,}499}.$$

Mit guter Näherung kann daher für diese Gerade die Gleichung $y = \frac{1}{2}x$ verwendet werden. Entsprechend sieht man, dass die zweite Gerade durch die Gleichung $y = -\frac{1}{2}x$ beschrieben werden kann.

Die Verbindungskurve V soll durch eine Funktion f beschrieben werden. Damit V an den Stellen –2 und 2 ohne Knick in die Geraden einmündet, muss f die folgenden Bedingungen erfüllen:

$$f(-2) = f(2) = 1; \qquad \text{(Stetigkeit)}$$

$$f'(-2) = -\frac{1}{2};\; f'(2) = \frac{1}{2}. \qquad \text{(Differenzierbarkeit)}$$

Außerdem soll an den Übergangsstellen gelten:

$$f''(-2) = f''(2) = 0.$$

Anmerkung: *Diese letzte Bedingung garantiert, dass sich die Krümmung der Straße an diesen Stellen stetig ändert. Dies ist für die Praxis wichtig, da sonst an den Übergangsstellen Zentrifugalkräfte unvermittelt auftreten würden und z. B. der Einschlag des Lenkrades ruckartig erfolgen müsste.*

Durch $f(x) = ax^4 + bx^2 + c$ ist ein möglicher Ansatz für f gegeben, da das Schaubild eine zur y-Achse symmetrische ganzrationale Kurve 4. Ordnung darstellt, wobei die Koeffizienten a, b und c sich aus den drei Bedingungen von oben berechnen lassen.

Es gilt:

$$f'(x) = 4ax^3 + 2bx;\; f''(x) = 12ax^2 + 2b.$$

Mit den oben genannten Bedingungen für f erhält man:

$$\left|\begin{array}{l} f(2) = 1 \\ f'(2) = \frac{1}{2} \\ f''(2) = 0 \end{array}\right| ; \quad \left|\begin{array}{ll} 16a + 4b + c & = 1 \\ 32a + 4b & = \frac{1}{2} \\ 48a + 2b & = 0 \end{array}\right| \cdot(-0{,}5); \quad \left|\begin{array}{ll} 16a + 4b + c & = 1 \\ 32a + 4b & = \frac{1}{2} \\ 32a & = -\frac{1}{4} \end{array}\right|$$

$$a = -\frac{1}{128};\; b = \frac{3}{16};\; c = \frac{3}{8}.$$

Die gesuchte Funktion f hat die Gleichung $\mathbf{f(x) = -\frac{1}{128}x^4 + \frac{3}{16}x^2 + \frac{3}{8}}$**.**

b) Geht man wieder von einer zur y-Achse symmetrischen Verbindungskurve V aus, so bietet sich eine **Kosinuskurve** als Lösung an.

Mit dem Ansatz

$$h(x) = a \cdot \cos(kx) + b\,,\quad a, k \neq 0\,,$$

für die Funktion h erhält man die Ableitungen:

$$h'(x) = -a \cdot k \cdot \sin(kx);\quad h''(x) = -a \cdot k^2 \cdot \cos(kx).$$

Wegen der Symmetrie der Kurve muss h nur noch die folgenden Bedingungen erfüllen:

$$h(2) = 1;\quad h'(2) = \frac{1}{2};\quad h''(2) = 0.$$

Dies führt auf die drei Gleichungen:

$$\begin{aligned}
&(1)\quad a \cdot \cos(2k) + b &&= 1\\
&(2)\quad -a \cdot k \cdot \sin(2k) &&= \frac{1}{2}\\
&(3)\quad -a \cdot k^2 \cdot \cos(2k) &&= 0.
\end{aligned}$$

Aus Gleichung (3) erhält man wegen a, $k \neq 0$:

$$\cos(2k) = 0$$

und eine mögliche Lösung für k ergibt sich aus

$$2k = \frac{\pi}{2};\quad k = \frac{\pi}{4}.$$

Einsetzen in Gleichung (2) liefert:

$$-a \cdot \frac{\pi}{4} \cdot \sin\left(2 \cdot \frac{\pi}{4}\right) = \frac{1}{2};\quad -a \cdot \frac{\pi}{4} = \frac{1}{2};\quad a = -\frac{2}{\pi}.$$

Aus der ersten Gleichung (1) erhält man schließlich:

$$-\frac{2}{\pi} \cdot \cos\left(2 \cdot \frac{\pi}{4}\right) + b = 1;\quad b = 1.$$

Ein weiterer möglicher Verlauf für die Verbindungskurve V wird somit beschrieben durch die Funktion h mit

$$\mathbf{h(x) = -\frac{2}{\pi} \cdot \cos\left(\frac{\pi}{4} \cdot x\right) + 1;\quad x \in [-2; 2].}$$

Schriftliche Abiturprüfung Mathematik (Baden-Württemberg): Analysis Aufgabe 17 (aus GK 2002 A 3)

Gegeben sind die Funktionen f und g durch

$$f(x) = 8x \cdot e^{-x}$$

und

$$g(x) = 4x^2 \cdot e^{-x}; \quad x \in \mathbb{R}.$$

In der nebenstehenden Skizze sind die Schaubilder C und K dieser beiden Funktionen dargestellt.

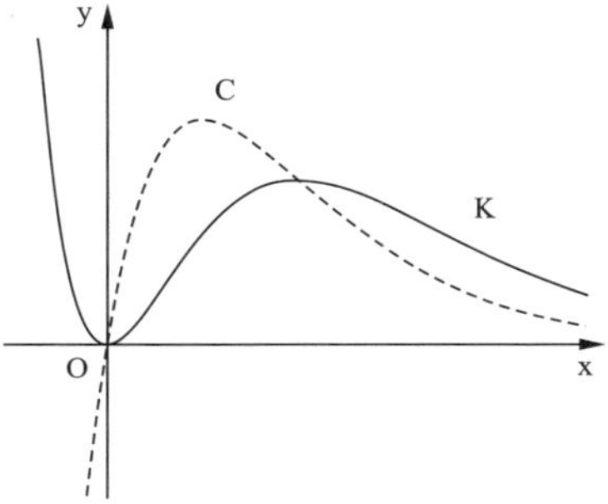

a) Begründen Sie, dass C das Schaubild von f und K das von g ist.
Untersuchen Sie, ob der Hochpunkt von K und der Wendepunkt von C zusammenfallen.

b) Die Gerade x = u mit 0 < u < 2 schneidet das Schaubild von f im Punkt P und das Schaubild von g im Punkt R.
Für welchen Wert von u ist der Flächeninhalt des Dreiecks ORP am größten?

c) Für wissenschaftliche Versuche werden Fruchtfliegen benötigt. Diese vermehren sich so, dass sich der Bestand B(t) zurzeit t (in Tagen) beschreiben lässt durch

$$B(t) = B_0 \cdot e^{kt}.$$

Die Zucht beginnt mit 100 Fliegen.
Bestimmen Sie die Konstanten B_0 und k, wenn nach 5 Tagen 250 Fliegen gezählt werden.
Wie viele Fliegen kann man nach 8 Tagen höchstens entnehmen, ohne dass der Bestand unter den nach 7 Tagen fällt?
Zu einem bestimmten Zeitpunkt t_1 werden 90 % der Fliegen entnommen.
Wie lange dauert es danach, bis der Bestand vom Zeitpunkt t_1 wieder erreicht ist, wenn keine weitere Entnahme erfolgt?

Lösung

a) Gegeben sind die Funktionen f und g durch

$$f(x) = 8x \cdot e^{-x}, \; x \in \mathbb{R} \quad \text{und} \quad g(x) = 4x^2 \cdot e^{-x}, \; x \in \mathbb{R}.$$

Zuordnung der Schaubilder:
Eine Möglichkeit für die Zuordnung ergibt sich, wenn man die beiden Funktionen für negative x-Werte betrachtet. Für alle $x < 0$ gilt nämlich:

$$f(x) < 0 \quad \text{und} \quad g(x) > 0.$$

(*Oder:* $f(x) \to -\infty$ und $g(x) \to +\infty$ für $x \to -\infty$.)

Somit ist C ist das Schaubild von f und K das Schaubild von g.

Hochpunkt von K:
Ableitungen von g:

$$g'(x) = 8x \cdot e^{-x} + 4x^2(-e^{-x}) = \underbrace{8x \cdot e^{-x} - 4x^2e^{-x}}_{\text{wird für g'' verwendet}} = 4xe^{-x}(2-x);$$

$$g''(x) = (8e^{-x} + 8x \cdot (-e^{-x})) - (8xe^{-x} + 4x^2(-e^{-x}))$$
$$= 8e^{-x} - 8xe^{-x} - 8xe^{-x} + 4x^2e^{-x} = 4e^{-x}(2 - 4x + x^2).$$

Damit erhält man:

$g'(x) = 0;\ 4x \cdot e^{-x}(2-x) = 0;\ x \cdot (2-x) = 0;\ x_1 = 0,\ x_2 = 2.$

$g''(0) = 8 > 0$, d. h. an der Stelle $x_1 = 0$ liegt ein Tiefpunkt vor.

$g''(2) = -8 \cdot e^{-2} < 0,\ g(2) = 16 \cdot e^{-2}$; **Hochpunkt von K: $H(2\,|\,16 \cdot e^{-2})$.**

Wendepunkt von C:
Ableitungen von f:

$f'(x) = 8e^{-x} + 8x(-e^{-x}) = 8e^{-x}(1-x);$

$f''(x) = -8e^{-x} \cdot (1-x) + 8e^{-x}(-1) = 8e^{-x}(x-2);$

$f'''(x) = -8e^{-x} \cdot (x-2) + 8e^{-x} \cdot 1 = 8e^{-x}(3-x).$

Damit ergibt sich:

$f''(x) = 0;\ x - 2 = 0;\ x_3 = 2.$

$f'''(2) = 8e^{-2} \neq 0;\ f(2) = 16e^{-2}$; **Wendepunkt von C: $W(2\,|\,16 \cdot e^{-2})$.**

Der Hochpunkt von K und der Wendepunkt von C stimmen somit überein.

b) Die Gerade $x = u\ \ (0 < u < 2)$ schneidet die Kurve C im Punkt $P(u\,|\,8u \cdot e^{-u})$ und die Kurve K im Punkt $R(u\,|\,4u^2 \cdot e^{-u})$

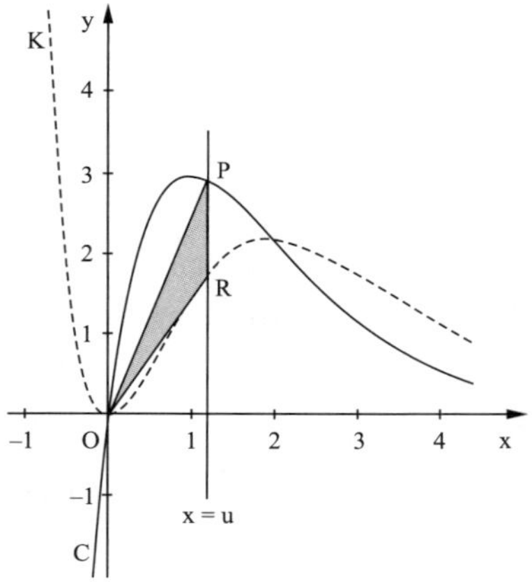

Flächeninhalt des Dreiecks ORP:

$$A(u) = \frac{1}{2} \cdot (f(u) - g(u)) \cdot u$$
$$= \frac{1}{2} \cdot (8u \cdot e^{-u} - 4u^2 \cdot e^{-u}) \cdot u$$
$$= 2e^{-u}(2u^2 - u^3);\ 0 < u < 2.$$

Extremwertuntersuchung:

$$A'(u) = -2e^{-u} \cdot (2u^2 - u^3) + 2e^{-u} \cdot (4u - 3u^2)$$
$$= 2e^{-u}(-2u^2 + u^3 + 4u - 3u^2)$$
$$= 2e^{-u}(u^3 - 5u^2 + 4u);$$

$$A''(u) = -2e^{-u} \cdot (u^3 - 5u^2 + 4u) + 2e^{-u} \cdot (3u^2 - 10u + 4)$$
$$= 2e^{-u}(-u^3 + 5u^2 - 4u + 3u^2 - 10u + 4)$$
$$= 2e^{-u}(-u^3 + 8u^2 - 14u + 4)$$

$A'(u) = 0\,;\ \ u^3 - 5u^2 + 4u = 0\,;\ \ u \cdot (u^2 - 5u + 4) = 0\,;$

$u_1 = 0,\ \ u_{2,3} = \frac{5}{2} \pm \sqrt{\frac{25}{4} - 4} = \frac{5}{2} \pm \frac{3}{2}.$

Einzige Lösung im Intervall]0; 2[ist $u_2 = 1$.

Wegen $A''(1) = -6e^{-1} < 0$ liegt an der Stelle $u_2 = 1$ ein lokales Maximum vor.

Wegen $\lim\limits_{u \to 0} A(u) = 0$ und $\lim\limits_{u \to 2} A(u) = 0$ ist dieses Maximum global.

Für u = 1 ist der Flächeninhalt des Dreiecks ORP am größten.

c) Der Bestand der Fruchtfliegen wird beschrieben durch

$B(t) = B_0 \cdot e^{kt}$ (t in Tagen).

Bestimmung von B_0 und k:

Aus $B(0) = 100$ folgt $\mathbf{100} = B_0 \cdot e^0 = \mathbf{B_0}$.

Aus $B(5) = 250$ ergibt sich:

$250 = 100 \cdot e^{k \cdot 5}\,;\ \ e^{5k} = 2{,}5\,;\ \ \mathbf{k} = \frac{\ln 2{,}5}{5} \approx \mathbf{0{,}1833}.$

Der Bestand der Fruchtfliegen wird somit durch $B(t) = 100 \cdot e^{0{,}1833 \cdot t}$ beschrieben.

Maximale Entnahme nach 8 Tagen:

Die Differenz zwischen dem Bestand nach 8 Tagen und dem nach 7 Tagen ist:

$D = B(8) - B(7) = 100 \cdot (e^{0{,}1833 \cdot 8} - e^{0{,}1833 \cdot 7}) = 72{,}5...$

Man kann nach 8 Tagen höchstens 72 Fliegen entnehmen, ohne dass der Bestand unter den nach 7 Tagen fällt.

Erholung des Bestandes nach Entnahme von 90 % der Fliegen:

Zum Zeitpunkt t_1 betrage der Fliegenbestand: $B_1 = B_1(t_1)$, von dem nun 90 % entnommen werden. Der Fliegenbestand entwickelt sich anschließend nach dem Gesetz

$B(t^*) = \frac{1}{10} B_1 \cdot e^{0{,}1833 \cdot t^*},$

wobei t* die Zahl der Tage vom Zeitpunkt t_1 an angibt.

Der Bestand B_1 wird wieder erreicht, wenn gilt:

$B_1 = \frac{1}{10} B_1 \cdot e^{0{,}1833 \cdot t^*};\ \ 10 = e^{0{,}1833 \cdot t^*};\ \ t^* = \frac{\ln 10}{0{,}1833} \approx 12{,}56.$

Etwa 12,6 Tagen nach der Entnahme von 90 % der Fliegen ist der ursprüngliche Bestand wieder erreicht.

Abiturprüfung Mathematik (Baden-Württemberg):
Analysis Aufgabe 18 (aus LK 2002 I 1)

a) Zu jedem $t \neq 0$ ist eine Funktion f_t gegeben durch

$$f_t(x) = \frac{x^2 + x + t}{4(x+1)}; \quad x \in \mathbb{R} \setminus \{-1\}.$$

Ihr Schaubild sei K_t.
Bestimmen Sie in Abhängigkeit von t die Anzahl der Punkte von K_t mit waagrechter Tangente.

Die Schaubilder K_4, K_{-4}, die Geraden $x = u$ und $x = 2u$ mit $u > 0$ schließen eine Fläche mit dem Inhalt A(u) ein.
Bestimmen Sie A(u).
Untersuchen Sie, ob A(u) für $u \to \infty$ einen Grenzwert besitzt.

b) An einem Tag beträgt morgens um 6 Uhr die Lufttemperatur 5 Grad. Für den Tagesverlauf bis in die späten Abendstunden hinein lässt sich die momentane Änderungsrate der Temperatur erfahrungsgemäß angeben durch

$$d(t) = -\frac{1}{6}t + \frac{3}{2}$$

(t in Stunden seit 6 Uhr; d(t) in Grad pro Stunde).
Wie hoch wird demnach die Temperatur um 14 Uhr sein?
Welche Maximaltemperatur wird an diesem Tag erwartet?
Wie hoch ist der Mittelwert der an diesem Tag zwischen 8 Uhr und 16 Uhr erwarteten Temperaturen?

Lösung

a) Für jedes $t \neq 0$ ist eine Funktion f_t gegeben durch

$$f_t(x) = \frac{x^2 + x + t}{4(x+1)}; \quad x \in \mathbb{R} \setminus \{-1\}.$$

Ableitung der Funktion f_t:

$$f_t'(x) = \frac{1}{4} \cdot \frac{(2x+1)(x+1) - (x^2 + x + t) \cdot 1}{(x+1)^2} = \frac{x^2 + 2x + 1 - t}{4(x+1)^2}.$$

Punkte auf der Kurve K_t mit waagrechter Tangente:

$$f_t'(x) = 0; \quad x^2 + 2x + 1 - t = 0; \quad x_{1,2} = -1 \pm \sqrt{1 - 1 + t} = -1 \pm \sqrt{t}.$$

Für $t < 0$ gibt es keine Punkte, für $t > 0$ genau zwei Punkte auf K_t mit waagrechter Tangente.

Flächeninhalt:

Der Inhalt der Fläche, die von den beiden Kurven K_4 und K_{-4} sowie den Geraden $x = u$ und $x = 2u$ $(u > 0)$ begrenzt wird, ist

$$\mathbf{A(u)} = \int_u^{2u} (f_4(x) - f_{-4}(x))\,dx$$

$$= \int_u^{2u} \left(\frac{x^2 + x + 4}{4(x+1)} - \frac{x^2 + x - 4}{4(x+1)} \right) dx$$

$$= \int_u^{2u} \frac{2}{x+1}\,dx$$

$$= \left[2 \ln |x+1| \right]_u^{2u}$$

$$\overset{u>0!}{=} 2\ln(2u+1) - 2\ln(u+1)$$

$$= \mathbf{2 \ln \frac{2u+1}{u+1}}.$$

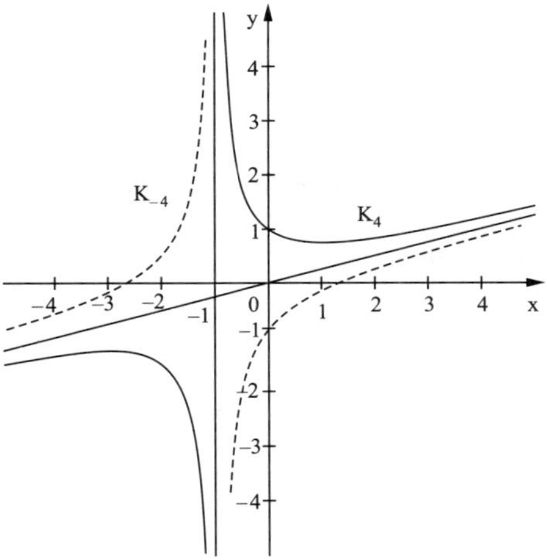

Grenzwert:

Aufgrund der Stetigkeit der ln-Funktion ergibt sich im Grenzfall:

$$\lim_{u \to \infty} \mathbf{A(u)} = \lim_{u \to \infty} \left(2 \ln \frac{2u+1}{u+1} \right) = \lim_{u \to \infty} \left(2 \ln \frac{2 + \frac{1}{u}}{1 + \frac{1}{u}} \right) = \mathbf{2 \ln 2}.$$

b) Die momentane Änderungsrate der Temperatur wird durch

$$d(t) = -\frac{1}{6}t + \frac{3}{2}$$

beschrieben (t in Stunden seit 6 Uhr; d(t) in Grad pro Stunde).
Für die Temperatur D(t) (in Grad) seit 6 Uhr gilt dann D'(t) = d(t), d. h. die Funktion D ist eine Stammfunktion der Funktion d:

$$D(t) = -\frac{1}{12}t^2 + \frac{3}{2}t + c$$

Wegen D(0) = 5 (Temperatur um 6 Uhr) gilt c = 5 und man erhält:

$$D(t) = -\frac{1}{12}t^2 + \frac{3}{2}t + 5.$$

Temperatur um 14 Uhr, d. h. für t = 8:

$$D(8) = -\frac{1}{12} \cdot 64 + \frac{3}{2} \cdot 8 + 5 \approx 11{,}67.$$

Die Temperatur, die nach diesem Verlauf um 14 Uhr zu erwarten ist, beträgt ungefähr 11,7 Grad.

Maximaltemperatur:

$$D'(t) = d(t) = 0; \quad -\frac{1}{6}t + \frac{3}{2} = 0; \quad t = 9; \quad D''(t) = -\frac{1}{6} < 0; \quad D(9) = 11{,}75.$$

Die quadratische Funktion D nimmt also ihr absolutes Maximum für t = 9 an.
Die Maximaltemperatur wird um 15 Uhr erreicht und beträgt ungefähr 11,8 Grad.

Mittelwert der Temperaturen:
Die Zeitspanne von 8 Uhr (t = 2) bis 16 Uhr (t = 10) beträgt 8 Stunden.

$$\overline{D} = \frac{1}{8}\int_2^{10} D(t)\,dt = \frac{1}{8}\int_2^{10}\left(-\frac{1}{12}t^2 + \frac{3}{2}t + 5\right)dt$$

$$= \frac{1}{8} \cdot \left[-\frac{1}{36}t^3 + \frac{3}{4}t^2 + 5t\right]_2^{10} = \frac{875}{72} - \frac{115}{72} = \frac{95}{9} \approx 10{,}56.$$

Der Mittelwert der zu erwartenden Temperaturen zwischen 8 Uhr und 16 Uhr ist ungefähr 10,6 Grad.

Schriftliche Abiturprüfung Mathematik (Baden-Württemberg): Analysis Aufgabe 19 (aus GK 2003 A 3)

Gegeben sind die Funktionen f und g durch

$$f(x) = 5(1 + e^{-0,4x}) \text{ und } g(x) = 5(1 - e^{-0,4x}); \quad x \in \mathbb{R}.$$

Das Schaubild von f sei K_f. Das Schaubild von g sei K_g.

a) Untersuchen Sie K_f auf gemeinsame Punkte mit den Koordinatenachsen, Extrempunkte und Asymptoten.
Zeichnen Sie K_f und die Asymptote für $0 \le x \le 6$ in ein Koordinatensystem.
Zeigen Sie, dass gilt: $g(x) = 10 - f(x)$.
Zeichnen Sie K_g in das vorhandene Koordinatensystem ein.

b) Die Tangente an K_g mit der Steigung $\frac{2}{e}$ schließt mit K_g und der y-Achse eine Fläche ein. Bestimmen Sie den Inhalt dieser Fläche.

c) Zwei Wasserbehälter mit unterschiedlichen Temperaturen berühren sich. Dabei geht Energie vom wärmeren Behälter zum kälteren über. Die zeitlichen Verläufe der Temperaturen werden beschrieben durch

$$f^*(t) = 20(1 + e^{-bt}) \text{ und } g^*(t) = 20(1 - e^{-bt}); \quad t \ge 0, b > 0,$$

wobei t die Zeit in Minuten seit Beobachtungsbeginn und $f^*(t)$ und $g^*(t)$ die Temperaturen in °C angeben.
Welche Temperaturen können in den Behältern beobachtet werden?
5 Minuten nach Beobachtungsbeginn wird in einem Behälter die Temperatur 5 °C gemessen. Bestimmen Sie b.
Nach welcher Zeit hat sich der anfängliche Temperaturunterschied halbiert?

Lösung

a) Gegeben sind die Funktionen f und g durch:

$$f(x) = 5(1 + e^{-0,4x}) \text{ und } g(x) = 5(1 - e^{-0,4x}); \quad x \in \mathbb{R}.$$

Ihre Schaubilder sind die Kurven K_f und K_g.

Untersuchung von K_f:

Ableitung von f:

$$f'(x) = 5 \cdot (-0,4 \cdot e^{-0,4x}) = -2e^{-0,4x}.$$

Schnittpunkte mit der x-Achse:

$$f(x) = 0; \quad 1 + e^{-0,4x} = 0$$

$$e^{-0,4x} = -1.$$

Die Gleichung ist unlösbar.
Somit gibt es keine gemeinsamen Punkte von K_f mit der x-Achse.

Schnittpunkt Y mit der y-Achse:

$f(0) = 5(1 + e^0) = 5 \cdot 2 = 10$; d.h. **Y(0 | 10).**

Extrempunkte:

$f'(x) = 0; \quad -2e^{-0,4x} = 0.$

Die Gleichung hat keine Lösung in $\mathbb{R}$.
K_f besitzt keine Extrempunkte.

Asymptoten:

Es gilt:

$$\lim_{x \to \infty} f(x) = \lim_{x \to \infty} 5(1 + \underbrace{e^{-0,4x}}_{\to 0}) = 5.$$

Die Gerade y = 5 ist waagrechte Asymptote von K_f.

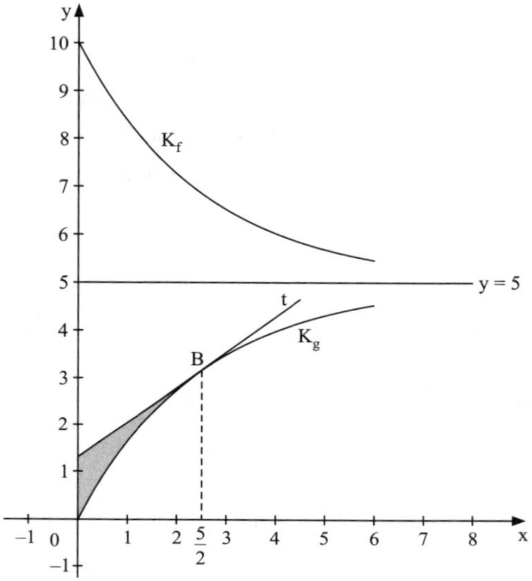

Beziehung zwischen f und g:

Es gilt:

$$\begin{aligned} \mathbf{10 - f(x)} &= 10 - 5(1 + e^{-0,4x}) \\ &= 10 - 5 - 5e^{-0,4x} \\ &= 5 - 5e^{-0,4x} \\ &= 5(1 - e^{-0,4x}) = \mathbf{g(x)}. \end{aligned}$$

Anmerkung:

Aus der obigen Beziehung folgt:

$f(x) + g(x) = 10 \quad$ bzw. $\quad \frac{1}{2}(f(x) + g(x)) = 5.$

D. h. aber, dass K_g aus K_f durch Spiegelung an der Asymptoten y = 5 entsteht.
Für die Zeichnung von K_g kann man die Beziehung g(x) = 10 – f(x) heranziehen.

b) Die Funktion g mit $g(x) = 5(1 - e^{-0,4x})$ hat die Ableitung:

$g'(x) = 5 \cdot 0,4e^{-0,4x} = 2e^{-0,4x}.$

Tangente an K_g mit der Steigung $\frac{2}{e}$:

Für den Berührpunkt B(u | g(u)) einer solchen Tangente muss gelten:

$$\begin{aligned} g'(u) = \frac{2}{e}; \quad 2e^{-0,4u} &= \frac{2}{e} \\ e^{-0,4u} &= \frac{1}{e} \\ e^{-0,4u} &= e^{-1} \\ -0,4u &= -1 \\ u &= \frac{5}{2}. \end{aligned}$$

Eine Gleichung der Tangente ist dann:

$$t:\quad y = g'\left(\frac{5}{2}\right)\left(x - \frac{5}{2}\right) + g\left(\frac{5}{2}\right)$$

$$= \frac{2}{e}\left(x - \frac{5}{2}\right) + 5(1 - e^{-1})$$

$$= \frac{2}{e}x + 5 - \frac{10}{e}.$$

Fläche zwischen Tangente und K_g :

Der Inhalt der beschriebenen Flächen ist:

$$\mathbf{A} = \int_0^{\frac{5}{2}} \left(\left(\frac{2}{e}x + 5 - \frac{10}{e}\right) - 5(1 - e^{-0,4x})\right)dx$$

$$= \int_0^{\frac{5}{2}} \left(\frac{2}{e}x - \frac{10}{e} + 5e^{-0,4x}\right)dx$$

$$= \left[\frac{1}{e}x^2 - \frac{10}{e}x + \frac{5}{-0,4}e^{-0,4x}\right]_0^{\frac{5}{2}}$$

$$= \left[\frac{1}{e}x^2 - \frac{10}{e}x - \frac{25}{2}e^{-0,4x}\right]_0^{\frac{5}{2}}$$

$$= \left(\frac{1}{e}\cdot\frac{25}{4} - \frac{10}{e}\cdot\frac{5}{2} - \frac{25}{2}\cdot e^{-1}\right) - \left(-\frac{25}{2}\right)$$

$$= \mathbf{-\frac{125}{4e} + \frac{25}{2} \approx 1,004.}$$

c) **Temperaturen im warmen Behälter:**

Der Verlauf der Temperatur in °C wird durch

$$f^*(t) = 20(1 + e^{-bt});\quad b > 0,$$

beschrieben (t in Minuten).

Wegen

$$f^{*\prime}(t) = -20be^{-bt} < 0 \quad \text{für alle } t \geq 0$$

ist f* streng monoton fallend.

Ferner ist

$$f^*(0) = 20(1 + e^0) = 40$$

$$\lim_{t\to\infty} f^*(t) = \lim_{t\to\infty} 20(1 + \underbrace{e^{-bt}}_{\to 0}) = 20.$$

Für die möglichen Temperaturen im warmen Behälter gilt somit $20 < f^*(t) \leq 40$.

Temperaturen im kalten Behälter:

Der Verlauf der Temperatur in °C wird hier durch

$$g^*(t) = 20(1 - e^{-bt}); \quad b > 0,$$

beschrieben (t in Minuten).

Wegen

$$g^{*\prime}(t) = 20be^{-bt} > 0 \quad \text{für alle } t \geq 0$$

ist g^* streng monoton wachsend.

Ferner ist:

$$g^*(0) = 20(1 - e^0) = 0$$

$$\lim_{t \to \infty} g^*(t) = \lim_{t \to \infty} 20(1 - \underbrace{e^{-bt}}_{\to 0}) = 20.$$

Für die möglichen Temperaturen im kalten Behälter gilt daher $0 \leq g^*(t) < 20$.

Bestimmung von b:

Eine Temperatur von 5 °C kann nach den Überlegungen von oben nur im kalten Behälter auftreten. Man erhält mit t = 5 die Bedingung für b:

$$g^*(5) = 5; \quad 20(1 - e^{-5b}) = 5$$

$$1 - e^{-5b} = \frac{1}{4}$$

$$e^{-5b} = \frac{3}{4}$$

$$\mathbf{b = -\frac{1}{5}\ln\frac{3}{4} \approx 0{,}0575.}$$

Halbierung des anfänglichen Temperaturunterschieds:

Bei Beobachtungsbeginn beträgt der Temperaturunterschied in °C:

$$f^*(0) - g^*(0) = 40 - 0 = 40.$$

Er hat sich zum Zeitpunkt t halbiert, wenn gilt:

$$f^*(t) - g^*(t) = 20$$

$$20(1 + e^{-0{,}0575t}) - 20(1 - e^{-0{,}0575t}) = 20$$

$$40e^{-0{,}0575t} = 20;$$

$$e^{-0{,}0575t} = \frac{1}{2}$$

$$t = \frac{\ln\frac{1}{2}}{-0{,}0575} \approx 12{,}05.$$

Nach etwa 12 Minuten hat sich der anfängliche Temperaturunterschied halbiert.

Schriftliche Abiturprüfung Mathematik (Baden-Württemberg):
Analysis Aufgabe 20 (aus LK 2003 I 1)

Ein drehsymmetrischer Kühlturm ist 100 m hoch. Die Skizze zeigt einen vertikalen Schnitt längs der Rotationsachse (Maßangaben in 10 m).
Im ersten Feld wird die krummlinige Begrenzung der Schnittfläche im Innern des Turms beschrieben durch das Schaubild K einer Funktion f mit

$$f(x) = \frac{4}{bx - c};\ x \in D_f.$$

K verläuft durch den Punkt P(2 | 4) und endet in Q(4 | 0,8).

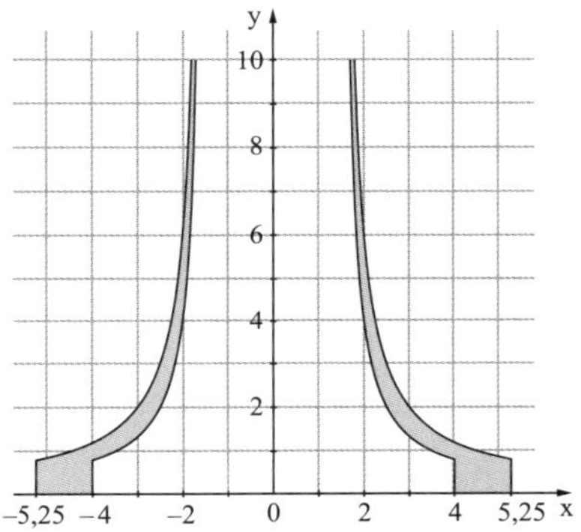

a) Bestimmen Sie f(x).
Welchen Innendurchmesser hat der Turm in 100 m Höhe?
Im Punkt Q hat die innere Begrenzung einen Knick.
Bestimmen Sie den zugehörigen Winkel.

$$\left(\text{Teilergebnis: } f(x) = \frac{4}{2x - 3}\right)$$

b) Die äußere krummlinige Begrenzung der Schnittfläche im ersten Feld wird durch die Funktion g mit

$$g(x) = \frac{6}{2x - 3};\quad 1{,}8 \le x \le 5{,}25$$

beschrieben.
Berechnen Sie den Inhalt der Schnittfläche der Kühlturmwand (vgl. schattierte Fläche in der Skizze).

c) Geben Sie eine Gleichung der Kurve C an, die man durch Spiegelung von K an der y-Achse erhält.
An der Turminnenwand soll eine kreisförmige Schiene horizontal angebracht werden. Auf dieser Schiene soll eine Kamera fahren, die auf ihrem Rundweg jeden Punkt des Turmbodens erfassen kann. Die Schiene soll möglichst hoch angebracht werden.
Bestimmen Sie diese Höhe.

Lösung

a) Die innere Begrenzung der Schnittfläche wird beschrieben durch eine Kurve K mit der Gleichung:

$$f(x) = \frac{4}{bx - c}; \quad x \in D_f.$$

(Eine Einheit auf den Achsen entspricht jeweils 10 m!)

Bestimmung von b und c:

Da K durch die Punkte P(2 | 4) und Q(4 | 0,8) geht, ergibt sich:

$$\left.\begin{array}{l} f(2) = 4 \\ f(4) = 0{,}8 \end{array}\right|; \quad \left.\begin{array}{l} \frac{4}{2b - c} = 4 \\ \frac{4}{4b - c} = 0{,}8 \end{array}\right|; \quad \left.\begin{array}{l} 4 = 8b - 4c \\ 4 = 3{,}2b - 0{,}8c \end{array}\right|\begin{array}{l} \leftarrow \\ (-5) \end{array}; \quad \left.\begin{array}{l} -16 = -8b \\ 4 = 3{,}2b - 0{,}8c \end{array}\right|; \quad \left.\begin{array}{l} b = 2 \\ c = 3 \end{array}\right|.$$

Die Funktion f ist gegeben durch:

$$\mathbf{f(x) = \frac{4}{2x - 3}}.$$

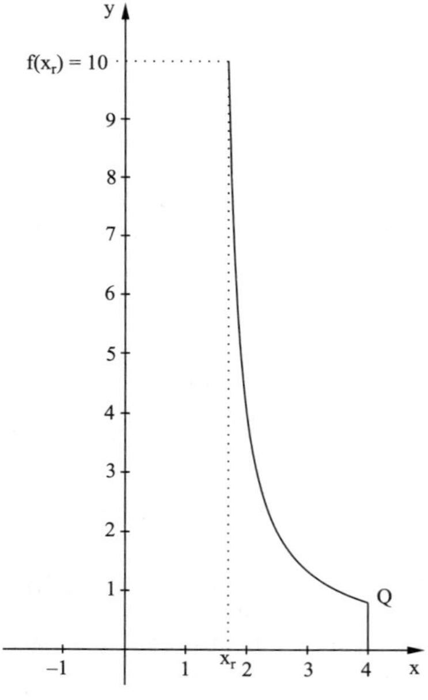

Innendurchmesser des Turmes:

Für den Innendurchmesser d des Turmes in 100 m Höhe muss gelten (man beachte: 10 m $\hat{=}$ 1 Einheit!):

$$d = 10 \cdot 2 \cdot x_r$$

mit (siehe Skizze)

$$f(x_r) = 10$$

$$\frac{4}{2x_r - 3} = 10$$

$$4 = 20x_r - 30$$

$$x_r = 1{,}7$$

Der Innendurchmesser in 100 m Höhe beträgt somit d = 34 m.

Anmerkung:

Die innere Begrenzung K wird somit durch die Funktion f für $1{,}7 \le x \le 4$ beschrieben.

Knickwinkel in Q:

Im Punkt Q führt die innere Wand senkrecht zum Boden, d. h. die Begrenzung hat dort einen Knick. Um den zugehörigen Winkel α zu bestimmen, berechnet man zunächst den Steigungswinkel β der Tangente im Punkt Q an K.

Ableitung von f:

$$f'(x) = \frac{-4 \cdot 2}{(2x - 3)^2} = \frac{-8}{(2x - 3)^2}.$$

Steigungswinkel β:

$$\tan\beta = f'(4) = \frac{-8}{(2\cdot 4-3)^2} = -0{,}32;$$

$$\beta \approx 162{,}26°.$$

Damit folgt für α (siehe Abbildung):

$$\alpha = 360° - \beta - 90° \approx 107{,}74°.$$

Der Knickwinkel ist ungefähr 108° groß.

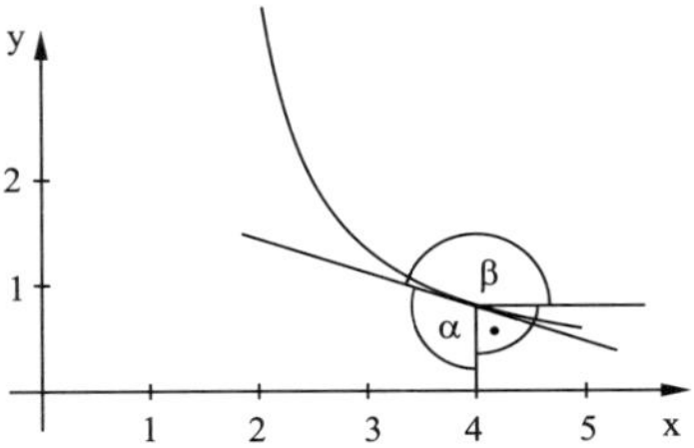

b) Die äußere krummlinige Begrenzung der Schnittfläche wird im ersten Feld durch die Funktion g mit

$$g(x) = \frac{6}{2x-3}; \quad 1{,}8 \le x \le 5{,}25;$$

beschrieben. Es gilt:

$$g(1{,}8) = \frac{6}{2\cdot 1{,}8-3} = 10 = f(1{,}7);$$

$$g(5{,}25) = \frac{6}{2\cdot 5{,}25-3} = 0{,}8 = f(4).$$

Inhalt der Schnittfläche:

Betrachtet man zunächst die schattierte Fläche im ersten Feld, so kann man sie aus drei Teilflächen zusammensetzen:

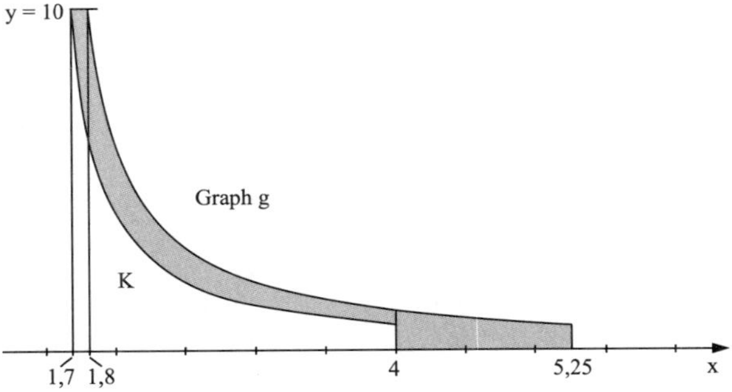

Die erste Teilfläche wird begrenzt durch die Gerade y = 10 und die Kurve K über dem Intervall [1,7; 1,8].

Die zweite Teilfläche liegt zwischen dem Schaubild von g und der Kurve K über dem Intervall [1,8; 4].

Die dritte Teilfläche ist die Fläche unter dem Schaubild von g über dem Intervall [4; 5,25].

Die schattierte Fläche im 1. Feld hat daher den Inhalt:

$$A = \int_{1,7}^{1,8} (10 - f(x))dx + \int_{1,8}^{4} (g(x) - f(x))dx + \int_{4}^{5,25} g(x)dx$$

$$= \int_{1,7}^{1,8} \left(10 - \frac{4}{2x-3}\right)dx + \int_{1,8}^{4} \left(\frac{6}{2x-3} - \frac{4}{2x-3}\right)dx + \int_{4}^{5,25} \frac{6}{2x-3}dx$$

$$= \int_{1,7}^{1,8} \left(10 - \frac{4}{2x-3}\right)dx + \int_{1,8}^{4} \frac{2}{2x-3}dx + \int_{4}^{5,25} \frac{6}{2x-3}dx$$

$$\overset{\text{GTR}}{\approx} 3,526.$$

```
fnInt(10-4/(2X-3
),X,1.7,1.8)+fnI
nt(2/(2X-3),X,1.
8,4)+fnInt(6/(2X
-3),X,4,5.25)
           3.526
```

Bei dem gewählten Maßstab entspricht 1 Flächeneinheit $100\ m^2$.

Der Inhalt der gesamten Schnittfläche beträgt daher $2 \cdot 3,526 \cdot 100\ m^2 = 705,1\ m^2$.

2. Möglichkeit zur Berechnung von A:

Man berechnet zunächst den Inhalt des Rechtecks mit der Breite (5,25 – 1,7) und der Länge 10. Davon zieht man ab den Inhalt der Fläche unter der Kurve K über dem Intervall [1,7; 4] und den Inhalt der Fläche zwischen der Geraden y = 10 und dem Schaubild von g über dem Intervall [1,8; 5,25]. Man erhält so:

$$A = 10 \cdot (5,25 - 1,7) - \int_{1,7}^{4} f(x)dx - \int_{1,8}^{5,25} (10 - g(x))dx$$

$$= 35,5 - \int_{1,7}^{4} \frac{4}{2x-3}dx - \int_{1,8}^{5,25} \left(10 - \frac{6}{2x-3}\right)dx$$

$$\overset{\text{GTR}}{\approx} 3,526.$$

```
35.5-fnInt(4/(2X
-3),X,1.7,4)-fnI
nt(10-6/(2X-3),X
,1.8,5.25)
           3.526
```

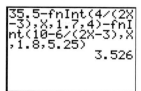

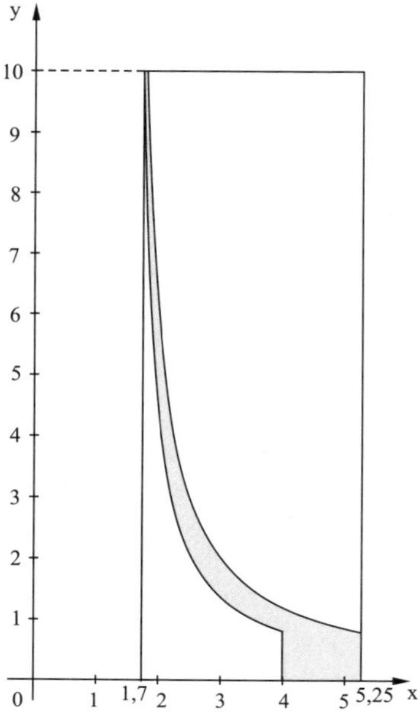

c) **Gleichung von C:**

Die Kurve K ist gegeben durch die Funktion f mit der Gleichung $f(x) = \frac{4}{2x-3}$.

Bei der Spiegelung an der y-Achse geht K in die Kurve C über. C ist das Schaubild einer Funktion h mit der Eigenschaft:

$$\mathbf{h(x)} = f(-x) = \frac{4}{-2x-3} = -\frac{\mathbf{4}}{\mathbf{2x+3}}.$$

Höhe der Kameraschiene:

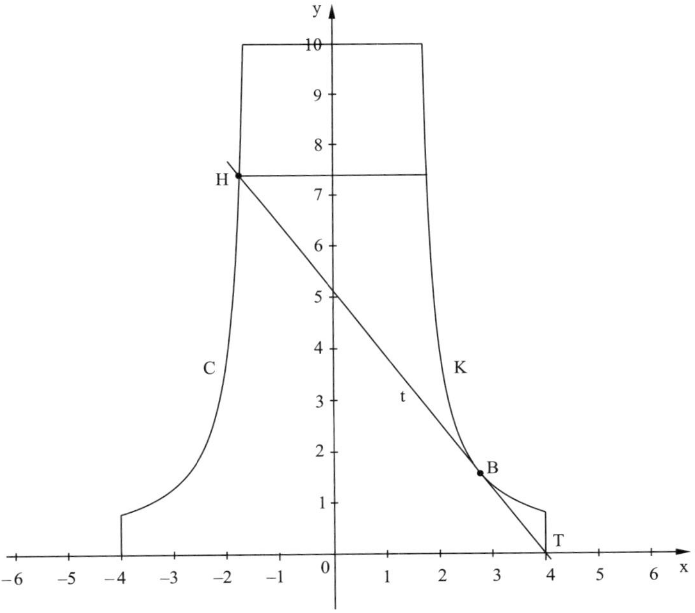

Die Kurve C beschreibt im 2. Feld die Begrenzung der Schnittfläche im Innern des Turms. Da der Kühlturm drehsymmetrisch ist, genügt es, den höchsten Punkt H auf der Kurve C zu bestimmen, von dem aus der Punkt T(4 | 0) gerade noch zu sehen ist.
Der Sehstrahl von H nach T liegt dann auf der Tangente t an K, die durch T geht. In der Höhe von H muss dann die kreisförmige Schiene angebracht werden.

Gleichung einer Tangente im Punkt B(u | f(u)) auf K:

$$\begin{aligned} t:\ y &= f'(u)(x-u) + f(u) \\ &= \frac{-8}{(2u-3)^2}(x-u) + \frac{4}{2u-3}. \end{aligned}$$

Damit t durch den Punkt T(4 | 0) geht, muss gelten:

$$0 = \frac{-8}{(2u-3)^2}(4-u) + \frac{4}{2u-3}$$

$$0 = -8(4-u) + 4(2u-3)$$

$$0 = -44 + 16u$$

$$u = \frac{11}{4} = 2{,}75.$$

Die gesuchte Tangente durch T hat somit die Gleichung:

t: $y = -1{,}28x + 5{,}12.$

H ist nun der Schnittpunkt von t mit C, dessen Abszisse negativ ist:

$$-\frac{4}{2x+3} = -1{,}28x + 5{,}12$$

Mithilfe des GTR erhält man: H(–1,77 | 7,39).

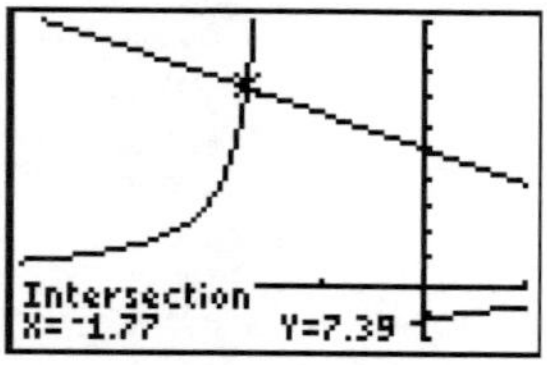

Die Kamera muss in einer Höhe von $10 \cdot 7{,}39$ m = 73,9 m angebracht werden.

Abiturprüfung Mathematik (Baden-Württemberg): Geometrie Aufgabe 1 (aus LK 1994 II 1)

In einem kartesischen Koordinatensystem sind die Punkte P(4 | 2 | 0), Q(2 | 4 | 0), R(0 | 4 | 2) und S(0 | 2 | 4) gegeben.

a) Zeigen Sie, dass die Strecken PQ, QR und RS gleich lang sind.
Zeichnen Sie diese Strecken in ein Koordinatensystem ein.
(Längeneinheit 1 cm; Verkürzungsfaktor in x_1-Richtung $\frac{1}{2}\sqrt{2}$)

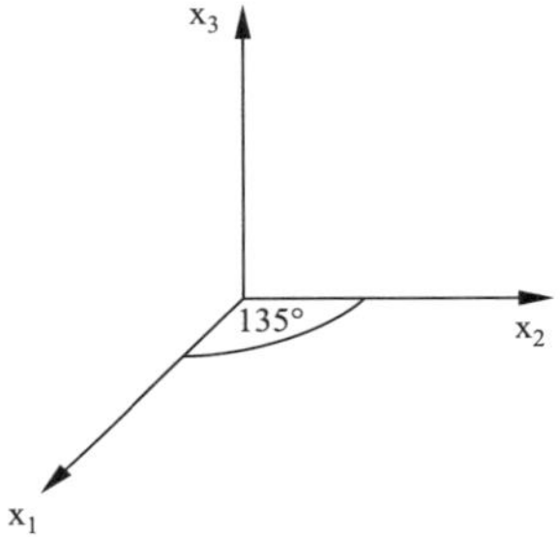

Zeigen Sie, dass die Punkte P, Q, R und S in einer Ebene E liegen, und bestimmen Sie eine Koordinatengleichung von E. Berechnen Sie den Winkel zwischen E und der x_1x_2-Ebene.
(Teilergebnis: E: $x_1 + x_2 + x_3 - 6 = 0$)

b) Die Punkte P, Q, R und S lassen sich durch zwei Punkte T und U zu einem ebenen regelmäßigen Sechseck mit Mittelpunkt M(2 | 2 | 2) ergänzen.
Bestimmen Sie die Koordinaten von T und U, und zeichnen Sie das Sechseck in das vorhandene Koordinatensystem ein.
Das Sechseck ist die Grundfläche einer senkrechten Pyramide, deren Spitze in der x_1x_2-Ebene liegt.
Bestimmen Sie die Koordinaten der Spitze und den Rauminhalt der Pyramide.

Lösung

a) Gegeben sind die Punkte P(4 | 2 | 0), Q(2 | 4 | 0), R(0 | 4 | 2) und S(0 | 2 | 4).
Für die Vektoren $\overrightarrow{PQ} = \begin{pmatrix} -2 \\ 2 \\ 0 \end{pmatrix}$, $\overrightarrow{QR} = \begin{pmatrix} -2 \\ 0 \\ 2 \end{pmatrix}$ und $\overrightarrow{RS} = \begin{pmatrix} 0 \\ -2 \\ 2 \end{pmatrix}$ gilt:

$|\overrightarrow{\mathbf{PQ}}| = |\overrightarrow{\mathbf{QR}}| = |\overrightarrow{\mathbf{RS}}| = \sqrt{8}$.

D. h. die Strecken PQ, QR und RS sind gleich lang.

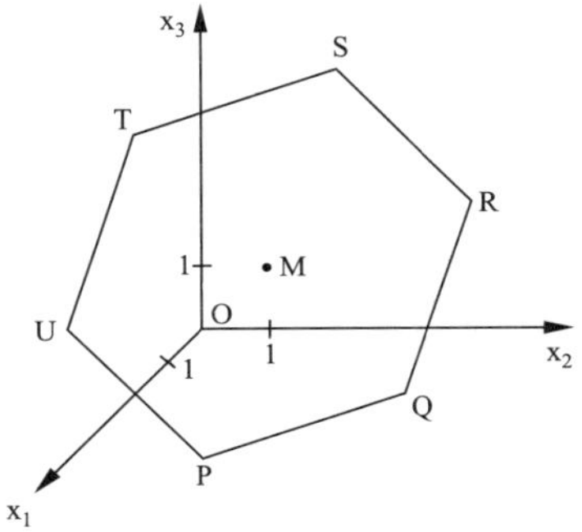

Da $\overrightarrow{PQ}$ und $\overrightarrow{QR}$ linear unabhängig sind, legen die Punkte P, Q und R eine Ebene E fest.
Für einen Normalenvektor $\vec{n} = \begin{pmatrix} n_1 \\ n_2 \\ n_3 \end{pmatrix}$ von E muss gelten:

$$\left.\begin{array}{l} 0=\vec{n}\cdot\overrightarrow{PQ}=-2n_1+2n_2 \\ 0=\vec{n}\cdot\overrightarrow{QR}=-2n_1 \qquad +2n_3 \end{array}\right| \text{; eine Lösung des LGS ist: } n_1=n_2=n_3=1.$$

Mit dem Ansatz für E: $x_1 + x_2 + x_3 = a$ und $P(4|2|0) \in E$ erhält man schließlich:

E: $x_1 + x_2 + x_3 = 6$.

Der Punkt S(0 | 2 | 4) liegt ebenfalls in E, denn es gilt: 0 + 2 + 4 = 6.

(Dies folgt aber auch bereits aus $\overrightarrow{RS} = \overrightarrow{QR} - \overrightarrow{PQ}$.)

Winkel φ zwischen E und der x_1x_2-Ebene:

$$\cos\varphi = \frac{\left|\begin{pmatrix}1\\1\\1\end{pmatrix}\cdot\begin{pmatrix}0\\0\\1\end{pmatrix}\right|}{\sqrt{3}\cdot 1} = \frac{1}{\sqrt{3}};\quad \boldsymbol{\varphi \approx 54{,}74^\circ}$$

b) M(2 | 2 | 2) ist der Symmetriepunkt des regelmäßigen Sechsecks und somit Mittelpunkt der Strecken QT und RU. Daher folgt:

$$\overrightarrow{OT} = \overrightarrow{OM} + \overrightarrow{QM} = \begin{pmatrix}2\\2\\2\end{pmatrix} + \begin{pmatrix}0\\-2\\2\end{pmatrix} = \begin{pmatrix}2\\0\\4\end{pmatrix};\quad \mathbf{T(2|0|4)};$$

$$\overrightarrow{OU} = \overrightarrow{OM} + \overrightarrow{RM} = \begin{pmatrix}2\\2\\2\end{pmatrix} + \begin{pmatrix}2\\-2\\0\end{pmatrix} = \begin{pmatrix}4\\0\\2\end{pmatrix};\quad \mathbf{U(4|0|2)}.$$

(*oder*: $\overrightarrow{OT} = \overrightarrow{OS} + \overrightarrow{QP}$; $\overrightarrow{OU} = \overrightarrow{OP} + \overrightarrow{RS}$.)

Die Spitze der beschriebenen Pyramide ist der Schnittpunkt der x_1x_2-Ebene: $x_3 = 0$ mit der Lotgeraden ℓ zu E durch M:

$$\ell:\ \vec{x} = \begin{pmatrix}2\\2\\2\end{pmatrix} + s\begin{pmatrix}1\\1\\1\end{pmatrix};\quad 2+s=0;\ s=-2;\ \text{Schnittpunkt: } O(0|0|0).$$

Der Ursprung O(0 | 0 | 0) ist die gesuchte Pyramidenspitze.

Die Grundfläche der Pyramide besteht aus 6 kongruenten gleichseitigen Dreiecken mit der Seitenlänge $|\overrightarrow{PQ}| = \sqrt{8}$ (vgl. a), d. h. für ihren Flächeninhalt gilt:

$$G = 6\cdot\frac{(\sqrt{8})^2}{4}\cdot\sqrt{3} = 12\sqrt{3}.$$

Höhe der Pyramide: $h = |\overrightarrow{QM}| = \left|\begin{pmatrix}2\\2\\2\end{pmatrix}\right| = \sqrt{12}$;

Volumen der Pyramide: $\mathbf{V = \frac{1}{3}G\cdot h = \frac{1}{3}\cdot 12\sqrt{3}\cdot\sqrt{12} = 24}$.

Abiturprüfung Mathematik (Baden-Württemberg):
Geometrie Aufgabe 2 (aus LK 1994 II 2)

In einem kartesischen Koordinatensystem sind die Punkte A(–3 | 8 | 1), B(6 | – 4 | 12) und C(0 | 4 | 3) sowie die Ebene E_1: $2x_1 + x_2 + 2x_3 = 6$ gegeben. Die Ebene E_2 enthält die Punkte A, B und C.

Bestimmen Sie eine Koordinatengleichung von E_2.
Unter welchem Winkel schneiden sich E_1 und E_2?
Stellen Sie die Ebenen E_1 und E_2 mithilfe ihrer Spurgeraden in einem Koordinatensystem dar. (Längeneinheit 1 cm; Verkürzungsfaktor in x_1-Richtung $\frac{1}{2}\sqrt{2}$)

Bestimmen Sie eine Gleichung der Schnittgeraden s von E_1 und E_2.

Zeichnen Sie s in das vorhandene Koordinatensystem ein.

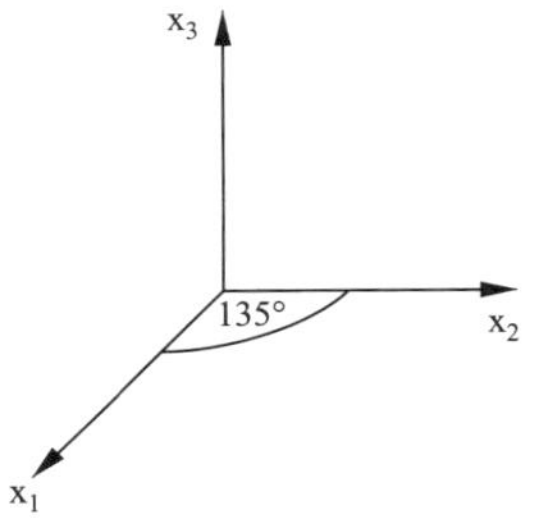

Lösung

Für einen Normalenvektor $\vec{n}_2 = \begin{pmatrix} n_1 \\ n_2 \\ n_3 \end{pmatrix}$ der Ebene E_2 durch die Punkte $A(-3\,|\,8\,|\,1)$, $B(6\,|-4\,|\,12)$ und $C(0\,|\,4\,|\,3)$ gilt:

$$\left.\begin{array}{l} 0 = \vec{n}_2 \cdot \overrightarrow{AB} = \vec{n}_2 \cdot \begin{pmatrix} 9 \\ -12 \\ 11 \end{pmatrix} \\ 0 = \vec{n}_2 \cdot \overrightarrow{AC} = \vec{n}_2 \cdot \begin{pmatrix} 3 \\ -4 \\ 2 \end{pmatrix} \end{array}\right|; \quad \left.\begin{array}{l} 9n_1 - 12n_2 + 11n_3 = 0 \\ 3n_1 - 4n_2 + 2n_3 = 0 \end{array}\right|; \; (-3) \quad \left.\begin{array}{l} 5n_3 = 0 \\ 3n_1 - 4n_2 + 2n_3 = 0 \end{array}\right|;$$

Eine Lösung ist $n_1 = 4$, $n_2 = 3$, $n_3 = 0$.

Mit dem Ansatz für E_2: $4x_1 + 3x_2 = a$ und $A(-3\,|\,8\,|\,1) \in E_2$ erhält man:

$$\mathbf{E_2\!: \; 4x_1 + 3x_2 = 12.}$$

Schnittwinkel φ der Ebenen E_1: $2x_1 + x_2 + 2x_3 = 6$ und E_2:

$$\cos\varphi = \frac{|\vec{n}_1 \cdot \vec{n}_2|}{|\vec{n}_1| \cdot |\vec{n}_2|} = \frac{\left|\begin{pmatrix} 2 \\ 1 \\ 2 \end{pmatrix} \cdot \begin{pmatrix} 4 \\ 3 \\ 0 \end{pmatrix}\right|}{\sqrt{9} \cdot \sqrt{25}} = \frac{11}{15}; \quad \boldsymbol{\varphi \approx 42{,}83°}$$

Für die Darstellung der Ebenen E_1 und E_2 in einem Koordinatensystem bestimmt man ihre Schnittpunkte mit den Koordinatenachsen.

Schnittpunkt von
E_1: $2x_1 + x_2 + 2x_3 = 6$ mit der
x_1-Achse: $x_2 = x_3 = 0$ ist $X_1(3\,|\,0\,|\,0)$,
x_2-Achse: $x_1 = x_3 = 0$ ist $X_2(0\,|\,6\,|\,0)$,
x_3-Achse: $x_1 = x_2 = 0$ ist $X_3(0\,|\,0\,|\,3)$.

Schnittpunkt von
E_2: $4x_1 + 3x_2 = 12$ mit der
x_1-Achse: $x_2 = x_3 = 0$ ist $Y_1(3\,|\,0\,|\,0) = X_1$,
x_2-Achse: $x_1 = x_3 = 0$ ist $Y_2(0\,|\,4\,|\,0)$.

Die x_3-Achse: $x_1 = x_2 = 0$ schneidet die Ebene E_2 nicht. E_2 ist daher parallel zur x_3-Achse und dies gilt auch für die Spurgeraden von E_2 in der x_1x_3-Ebene und der x_2x_3-Ebene.

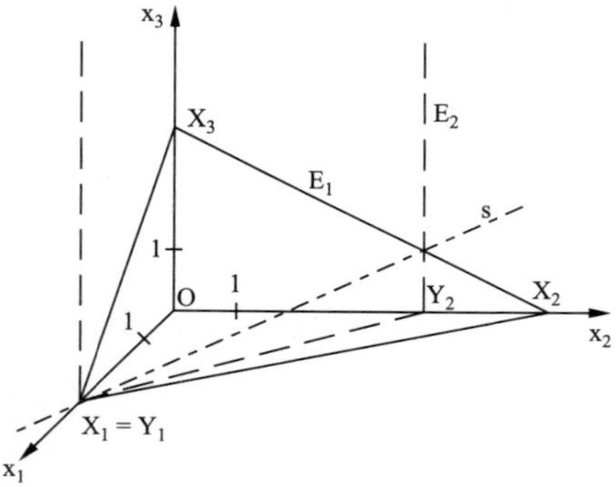

Schnittgerade s von E_1 und E_2:

$$\left.\begin{array}{l} 2x_1 + x_2 + 2x_3 = 6 \\ 4x_1 + 3x_2 \qquad = 12 \end{array}\right|; \; x_2 = 4t \;\Rightarrow\; x_1 = 3 - 3t \;\Rightarrow\; x_3 = t\,, \quad t \in \mathbb{R};$$

$$\mathbf{s:\; \vec{x} = \begin{pmatrix} 3 \\ 0 \\ 0 \end{pmatrix} + t \begin{pmatrix} -3 \\ 4 \\ 1 \end{pmatrix},} \quad t \in \mathbb{R}.$$

Für die Zeichnung von s beachte man, dass s durch den Punkt $X_1 = Y_1$ und den Schnittpunkt der Spurgeraden von E_1 und E_2 in der x_2x_3-Ebene geht.

Abiturprüfung Mathematik (Baden-Württemberg):
Geometrie Aufgabe 3 (aus LK 1995 II 2)

Ein Baukörper ist symmetrisch zur x_2x_3-Ebene. Einige Eckpunkte des Körpers sind gegeben durch A(6 | 0 | 0), B(6 | 5 | 0), E(3 | 1 | 5) und F(3 | 3,5 | 5) (siehe Skizze; Maße in Meter).

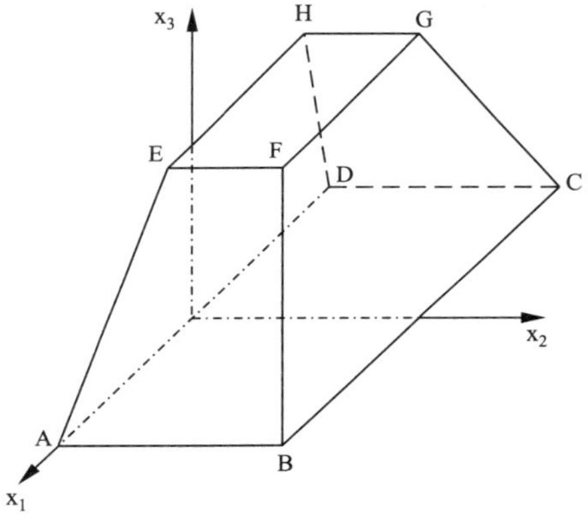

a) Geben Sie die Koordinaten der Eckpunkte C, D, G und H an.
Zeichnen Sie ein Schrägbild des Baukörpers.
(Längeneinheit 1 cm; Verkürzungsfaktor in x_1-Richtung $\frac{1}{2}\sqrt{2}$; Ursprung des Koordinatensystems 7,5 cm vom linken Papierrand und 9 cm vom unteren Papierrand)
Berechnen Sie den Winkel, den die Begrenzungsflächen EFGH und BCGF einschließen.
Die Fläche BCGF ist vollständig mit Solarzellen bedeckt, die eine elektrische Leistung von 250 Watt pro Quadratmeter liefern.
Welche Gesamtleistung erzielt man durch die Solarzellen?

b) Ein Mast PQ hat den Fußpunkt P(3 | −2,5 | 2) und die Spitze Q(3 | −2,5 | 12). Ein weiterer Mast UV hat den Fußpunkt U(−1 | 9,5 | −3) und die Spitze V(−1 | 9,5 | 2).
Von der Spitze Q soll eine geradlinige Telefonleitung nach V gespannt werden.
Zeichnen Sie die Masten PQ und UV sowie die geradlinige Telefonleitung in das vorhandene Koordinatensystem ein.
Da der Baukörper ein begehbares Dach hat, soll die Telefonleitung mindestens 3 m höher als die Dachfläche EFGH verlaufen.
Zeigen Sie, dass diese Mindesthöhe durch die Telefonleitung unterschritten wird.
Welche Höhe muss ein ebenfalls zur x_1x_2-Ebene senkrechter Mast UV* mindestens haben, damit die Mindesthöhe von 3 m eingehalten wird?

Lösung

a) A(6|0|0), B(6|5|0), E(3|1|5) und F(3|3,5|5) sind die vorgegebenen Eckpunkte des Baukörpers. Da der Körper symmetrisch zur x_2x_3-Ebene ist, gilt für die übrigen Eckpunkte:

C(−6|5|0),
D(−6|0|0),
G(−3|3,5|5),
H(−3|1|5) .

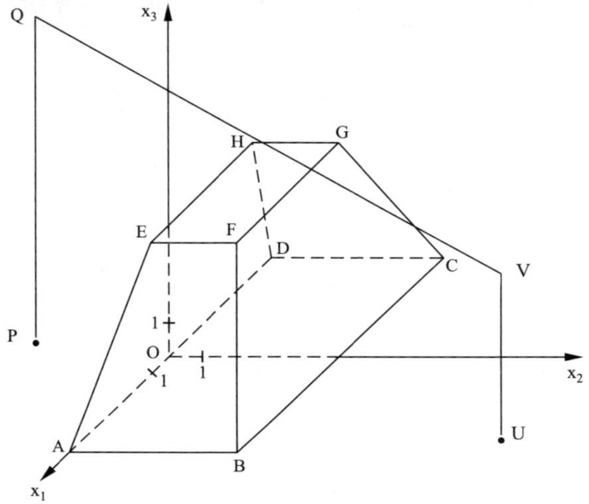

Die Begrenzungsfläche EFGH liegt in der Ebene E_1: $x_3 = 5$. Für einen Normalenvektor $\vec{n}$ der Ebene E_2, in der die Begrenzungsfläche BCGF liegt, muss gelten:

$$\left|\begin{array}{l} \vec{n}\cdot\overrightarrow{GF} = \begin{pmatrix} n_1 \\ n_2 \\ n_3 \end{pmatrix}\cdot\begin{pmatrix} 6 \\ 0 \\ 0 \end{pmatrix} = 6n_1 = 0 \\ \vec{n}\cdot\overrightarrow{BF} = \begin{pmatrix} n_1 \\ n_2 \\ n_3 \end{pmatrix}\cdot\begin{pmatrix} -3 \\ -1,5 \\ 5 \end{pmatrix} = -3n_1 - 1,5n_2 + 5n_3 = 0 \end{array}\right.$$

Eine mögliche Lösung ist $\vec{n} = \begin{pmatrix} 0 \\ 10 \\ 3 \end{pmatrix}$.

Mit dem Ansatz $10x_2 + 3x_3 = a$ und $B(6|5|0) \in E_2$ ergibt sich eine Koordinatengleichung von E_2: $10x_2 + 3x_3 = 50$.

Die Ebenen E_1 und E_2 haben den Schnittwinkel α' mit

$$\cos\alpha' = \frac{\left|\begin{pmatrix} 0 \\ 10 \\ 3 \end{pmatrix}\cdot\begin{pmatrix} 0 \\ 0 \\ 1 \end{pmatrix}\right|}{\sqrt{109}\cdot 1} = \frac{3}{\sqrt{109}} \approx 0,2873\ ;\quad \alpha' \approx 73,3°.$$

Der Winkel α, den die Begrenzungsflächen EFGH und BCGF einschließen, ist ersichtlich größer als 90°. Daher gilt:

$\alpha = 180° - \alpha' \approx \mathbf{106,7°}$.

Die Fläche BCGF ist ein Trapez mit den Grundseiten $\overline{CB}$ und $\overline{GF}$, wobei

$$|\overline{CB}| = |\overrightarrow{CB}| = \left|\begin{pmatrix} 12 \\ 0 \\ 0 \end{pmatrix}\right| = 12;\quad |\overline{GF}| = |\overrightarrow{GF}| = \left|\begin{pmatrix} 6 \\ 0 \\ 0 \end{pmatrix}\right| = 6.$$

Aufgrund der Symmetrie des Körpers zur x_2x_3-Ebene ergibt sich die Höhe h des Trapezes als Schnitt der x_2x_3-Ebene mit dem Trapez (siehe Abbildung):

$$h^2 = 5^2 + (5-3{,}5)^2;$$

$$h = \sqrt{27{,}25}.$$

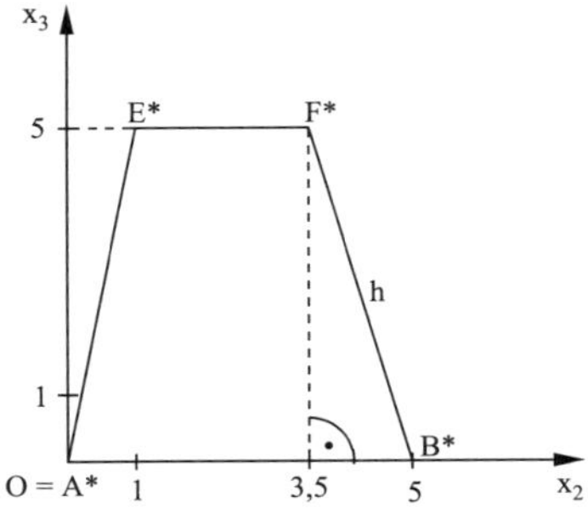

Inhalt der Trapezfläche BCGF:

$$\mathbf{A} = \frac{1}{2}\cdot(12+6)\cdot\sqrt{27{,}25}$$

$$= \mathbf{\frac{9}{2}\sqrt{109} \approx 47}.$$

Die Gesamtleistung der Solarzellen auf der Fläche BCGF beträgt somit ungefähr:

$$\mathbf{P} = \frac{9}{2}\sqrt{109}\cdot 250\text{ W} \approx \mathbf{11\,745\ W}.$$

b) Der Mast PQ hat den Fußpunkt P(3 | –2,5 | 2) und die Spitze Q(3 | –2,5 | 12), der zweite Mast UV hat den Fußpunkt U(–1 | 9,5 | –3) und die Spitze V(–1 | 9,5 | 2).

Die Telefonleitung von Q nach V wird durch die Strecke

$$\overline{QV}: \vec{x} = \overrightarrow{OQ} + s\cdot\overrightarrow{QV} = \begin{pmatrix} 3 \\ -2{,}5 \\ 12 \end{pmatrix} + s\begin{pmatrix} -4 \\ 12 \\ -10 \end{pmatrix}, \quad 0 \le s \le 1$$

beschrieben. (Zeichnung der Masten und der Telefonleitung s. o.)

Da die Spitze Q des Mastes PQ 12 m, die Spitze V des Mastes UV nur 2 m über der x_1x_2-Ebene liegt, ist der geringste Abstand eines Punktes der Telefonleitung zur Dachfläche EFGH über der Kante FG zu erwarten (s. Zeichnung).
Die zu EFGH orthogonale Ebene E_3, die die Kante FG enthält, hat die Gleichung E_3: $x_2 = 3{,}5$.

Schnittpunkt S von $\overline{QV}$ mit E_3:

$$-2{,}5 + 12s = 3{,}5;\quad 12s = 6;\quad s = 0{,}5;\quad S(1\,|\,3{,}5\,|\,7).$$

Da die Dachfläche EFGH in der Ebene E_1: $x_3 = 5$ liegt, **hat der Punkt S von EFGH nur einen Abstand von 2 m. Die Mindesthöhe von 3 m wird also unterschritten**.

Damit die Telefonleitung mindestens 3 m höher ist als die Dachfläche EFGH, muss sie, statt durch S, durch den Punkt S*(1 | 3,5 | 8) gehen. Schneidet man die Gerade QS* mit der Geraden UV, so erhält man die neue Mastspitze V*:

$$QS^*:\ \vec{x} = \begin{pmatrix} 3 \\ -2{,}5 \\ 12 \end{pmatrix} + k\begin{pmatrix} -2 \\ 6 \\ -4 \end{pmatrix},\quad k \in \mathbb{R};\quad UV:\ \vec{x} = \begin{pmatrix} -1 \\ 9{,}5 \\ -3 \end{pmatrix} + t\begin{pmatrix} 0 \\ 0 \\ 5 \end{pmatrix},\quad t \in \mathbb{R};$$

$$\begin{pmatrix} 3 \\ -2{,}5 \\ 12 \end{pmatrix} + k\begin{pmatrix} -2 \\ 6 \\ -4 \end{pmatrix} = \begin{pmatrix} -1 \\ 9{,}5 \\ -3 \end{pmatrix} + t\begin{pmatrix} 0 \\ 0 \\ 5 \end{pmatrix};\quad \left|\begin{matrix} 4 = 2k \\ -12 = -6k \\ 15 = 4k + 5t \end{matrix}\right|;\quad \left|\begin{matrix} k = 2 \\ \\ t = \frac{7}{5} \end{matrix}\right|;\quad V^*(-1\,|\,9{,}5\,|\,4).$$

Es gilt:

$$|\overrightarrow{UV^*}| = \left|\begin{pmatrix} 0 \\ 0 \\ 7 \end{pmatrix}\right| = 7.$$

Die Mindesthöhe des Mastes UV* ist demnach 7 m.

Abiturprüfung Mathematik (Baden-Württemberg): Geometrie Aufgabe 4 (aus GK 1997 B 2)

Vor einem größeren Gebäude befindet sich ein Pavillon, der als gläserne Pyramide mit quadratischer Grundfläche ausgeführt ist. Die Punkte $A(4|2|0)$, $B(10|-6|0)$ und $D(12|8|0)$ sind Ecken der Pyramidengrundfläche; die Maßeinheit ist 1 m. Die Spitze der Pyramide befindet sich in der Höhe h = 10 m senkrecht über der Mitte der Grundfläche.

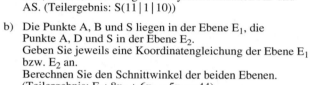

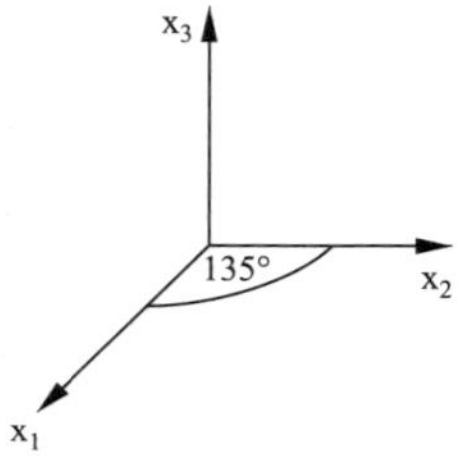

a) Berechnen Sie die Koordinaten der vierten Ecke C der Pyramidengrundfläche und der Spitze S der Pyramide. Zeichnen Sie ein Schrägbild der Pyramide.
(1 m $\hat{=}$ 0,5 cm; Verkürzungsfaktor in x_1-Richtung $\frac{1}{2}\sqrt{2}$)
Berechnen Sie die Längen der Pyramidenkanten AB und AS. (Teilergebnis: $S(11|1|10)$)

b) Die Punkte A, B und S liegen in der Ebene E_1, die Punkte A, D und S in der Ebene E_2.
Geben Sie jeweils eine Koordinatengleichung der Ebene E_1 bzw. E_2 an.
Berechnen Sie den Schnittwinkel der beiden Ebenen.
(Teilergebnis: E_1: $8x_1 + 6x_2 - 5x_3 = 44$)

c) Am Abend wird die Pyramide von außen mit einem punktförmigen Strahler beleuchtet, der sich im Punkt $P(22|0|0)$ befindet. Die Vorderfront des benachbarten Gebäudes liegt in der x_2x_3-Ebene. Auf ihr ist dann der Schatten der Pyramide vollständig zu sehen. Berechnen Sie den Inhalt der Fläche des Schattens der Pyramide auf der Gebäudevorderfront.
Der Strahler befindet sich nun im Punkt $P^*(a|0|0)$ mit $a > 22$.
Bestimmen Sie die Koordinaten des Schattens der Pyramidenspitze S in Abhängigkeit von a.
Untersuchen Sie, wohin der Schatten von S wandert, wenn der Strahler auf der x_1-Achse immer weiter von der Pyramide entfernt wird.

Lösung

a) Gegeben sind die Eckpunkte $A(4|2|0)$, $B(10|-6|0)$ und $D(12|8|0)$ der quadratischen Pyramidengrundfläche.

Für den vierten Eckpunkt C erhält man:

$$\overrightarrow{OC} = \overrightarrow{OD} + \overrightarrow{AB} = \begin{pmatrix} 12 \\ 8 \\ 0 \end{pmatrix} + \begin{pmatrix} 6 \\ -8 \\ 0 \end{pmatrix} = \begin{pmatrix} 18 \\ 0 \\ 0 \end{pmatrix}; \quad \mathbf{C(18|0|0)}.$$

Die Mitte der Grundfläche ist der Mittelpunkt der Strecke $\overline{BD}$: $M_1(11|1|0)$.

Die Grundfläche selbst liegt in der x_1x_2-Ebene, die Spitze S der Pyramide 10 m senkrecht über M_1.

Also gilt: **S(11 | 1 | 10)**.

Längen der Pyramidenkanten (in m):

$$|\overrightarrow{\mathbf{AB}}| = \left|\begin{pmatrix} 6 \\ -8 \\ 0 \end{pmatrix}\right| = \sqrt{100} = \mathbf{10};$$

$$|\overrightarrow{\mathbf{AS}}| = \left|\begin{pmatrix} 7 \\ -1 \\ 10 \end{pmatrix}\right| = \sqrt{150} \approx \mathbf{12{,}25}.$$

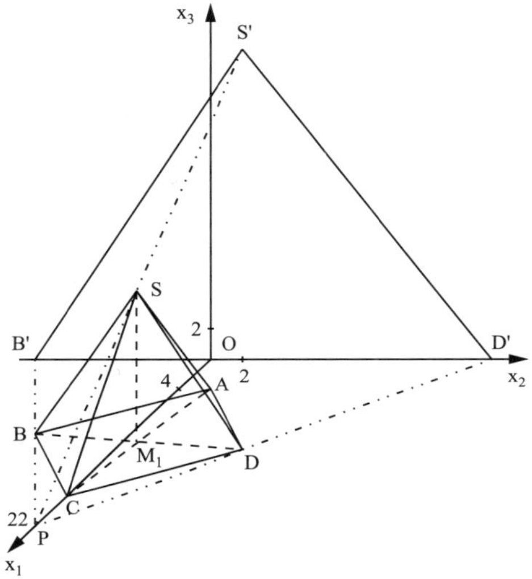

b) Ebene E_1, in der die Punkte A, B und S liegen:

$$E_1: \quad \vec{x} = \overrightarrow{OA} + s \cdot \overrightarrow{AB} + t \cdot \overrightarrow{AS} = \begin{pmatrix} 4 \\ 2 \\ 0 \end{pmatrix} + s \cdot \begin{pmatrix} 6 \\ -8 \\ 0 \end{pmatrix} + t \cdot \begin{pmatrix} 7 \\ -1 \\ 10 \end{pmatrix}; \quad s, t \in \mathbb{R}.$$

Für einen Normalenvektor $\vec{n}_1 = \begin{pmatrix} n_1 \\ n_2 \\ n_3 \end{pmatrix}$ von E_1 gilt:

$$\left.\begin{array}{l} 0 = \overrightarrow{AB} \cdot \vec{n}_1 = 6n_1 - 8n_2 \\ 0 = \overrightarrow{AS} \cdot \vec{n}_1 = 7n_1 - n_2 + 10n_3 \end{array}\right| .$$

Wählt man $n_1 = 8$, dann folgt $n_2 = 6$, $n_3 = -5$. Also $\vec{n}_1 = \begin{pmatrix} 8 \\ 6 \\ -5 \end{pmatrix}$.

Ansatz für eine Koordinatengleichung von E_1: $8x_1 + 6x_2 - 5x_3 = c$.
Einsetzen der Koordinaten von A(4 | 2 | 0) liefert: $c = 44$.
Somit gilt für $\mathbf{E_1: 8x_1 + 6x_2 - 5x_3 = 44}$.

Ebene E_2, in der die Punkte A, D und S liegen:

$$E_2: \quad \vec{x} = \overrightarrow{OA} + s \cdot \overrightarrow{AD} + t \cdot \overrightarrow{AS} = \begin{pmatrix} 4 \\ 2 \\ 0 \end{pmatrix} + s \cdot \begin{pmatrix} 8 \\ 6 \\ 0 \end{pmatrix} + t \cdot \begin{pmatrix} 7 \\ -1 \\ 10 \end{pmatrix}; \quad s, t \in \mathbb{R}.$$

Ein Normalenvektor $\vec{n}_2 = \begin{pmatrix} m_1 \\ m_2 \\ m_3 \end{pmatrix}$ von E_2 erfüllt die Bedingungen:

$$\left.\begin{array}{l} 0 = \overrightarrow{AD} \cdot \vec{n}_2 = 8m_1 + 6m_2 \\ 0 = \overrightarrow{AS} \cdot \vec{n}_2 = 7m_1 - m_2 + 10m_3 \end{array}\right| .$$

Wählt man $m_1 = 6$, dann ergibt sich $m_2 = -8$, $m_3 = -5$. Also $\vec{n}_2 = \begin{pmatrix} 6 \\ -8 \\ -5 \end{pmatrix}$.

Mit dem Ansatz für E_2: $6x_1 - 8x_2 - 5x_3 = c$ und $A(4|2|0) \in E_2$ erhält man als Koordinatengleichung: $\mathbf{E_2: 6x_1 - 8x_2 - 5x_3 = 8}$.

Schnittwinkel α der Ebenen E_1 und E_2:

$$\cos\alpha = \frac{|\vec{n}_1 \cdot \vec{n}_2|}{|\vec{n}_1| \cdot |\vec{n}_2|} = \frac{\left|\begin{pmatrix} 8 \\ 6 \\ -5 \end{pmatrix} \cdot \begin{pmatrix} 6 \\ -8 \\ -5 \end{pmatrix}\right|}{\sqrt{125} \cdot \sqrt{125}} = \frac{25}{125} = \frac{1}{5}; \quad \alpha \approx \mathbf{78{,}46°}.$$

c) Der Schatten der Pyramide wird durch die Schnittpunkte S', B' und D' der Geraden PS, PB und PD mit der x_2x_3-Ebene festgelegt.
Es gilt:

$$\text{PS:} \quad \vec{x} = \overrightarrow{OP} + t_1 \cdot \overrightarrow{PS} = \begin{pmatrix} 22 \\ 0 \\ 0 \end{pmatrix} + t_1 \cdot \begin{pmatrix} -11 \\ 1 \\ 10 \end{pmatrix}, \quad t_1 \in \mathbb{R};$$

$$\text{PB:} \quad \vec{x} = \overrightarrow{OP} + t_2 \cdot \overrightarrow{PB} = \begin{pmatrix} 22 \\ 0 \\ 0 \end{pmatrix} + t_2 \cdot \begin{pmatrix} -12 \\ -6 \\ 0 \end{pmatrix}, \quad t_2 \in \mathbb{R};$$

$$\text{PD:} \quad \vec{x} = \overrightarrow{OP} + t_3 \cdot \overrightarrow{PD} = \begin{pmatrix} 22 \\ 0 \\ 0 \end{pmatrix} + t_3 \cdot \begin{pmatrix} -10 \\ 8 \\ 0 \end{pmatrix}, \quad t_3 \in \mathbb{R}.$$

Schnittpunkt der x_2x_3-Ebene: $x_1 = 0$ mit

$$\text{PS:} \quad 22 - 11t_1 = 0; \quad t_1 = 2; \quad S'(0|2|20);$$

$$\text{PB:} \quad 22 - 12t_2 = 0; \quad t_2 = \frac{11}{6}; \quad B'(0|-11|0);$$

$$\text{PD:} \quad 22 - 10t_3 = 0; \quad t_3 = \frac{11}{5}; \quad D'\left(0 \,\middle|\, \frac{88}{5} \,\middle|\, 0\right).$$

Das Dreieck B'D'S' hat die Grundseite $g' = \frac{88}{5} - (-11) = \frac{143}{5}$ und die Höhe $h' = 20$.

Der Inhalt der Schattenfläche (in m^2) ist somit:

$$\mathbf{A'} = \frac{1}{2} g' h' = \frac{1}{2} \frac{143}{5} \cdot 20 = \mathbf{286}.$$

Der Strahler befindet sich nun im Punkt $P^*(a|0|0)$ mit $a > 22$.
Der Schatten S^* der Pyramidenspitze S ist der Schnittpunkt der Geraden

$$P^*S: \quad \vec{x} = \begin{pmatrix} a \\ 0 \\ 0 \end{pmatrix} + t \cdot \begin{pmatrix} 11-a \\ 1 \\ 10 \end{pmatrix}, \quad t \in \mathbb{R},$$

mit der x_2x_3-Ebene $x_1 = 0$:

$$a + t(11-a) = 0; \quad t = \frac{a}{a-11}; \quad \mathbf{S^*\left(0 \,\middle|\, \frac{a}{a-11} \,\middle|\, \frac{10a}{a-11}\right)}.$$

Wegen $\lim\limits_{a \to \infty} \frac{a}{a-11} = 1$, $\lim\limits_{a \to \infty} \frac{10a}{a-11} = 10$ wandert der Punkt S^* gegen den Grenzpunkt

$\mathbf{\bar{S}(0|1|10)}$, wenn der Strahler sich auf der x_1-Achse immer weiter von der Pyramide entfernt.

Abiturprüfung Mathematik (Baden-Württemberg): Geometrie Aufgabe 5 (aus LK 1997 II 1)

Gegeben sind die Punkte A(5 | –1 | 0), B(3 | 3 | 0), C(–1 | 5 | 0), D(1 | 1 | 0) und H(1 | 1 | 8). Das Viereck ABCD ist die Grundfläche eines senkrechten Prismas; das Viereck EFGH ist die Deckfläche.
Die Strecken AE, BF, CG und DH sind die Seitenkanten des Prismas.

Zeichnen Sie ein Schrägbild des Prismas.
(Längeneinheit 1 cm; Verkürzungsfaktor in x_1-Richtung $\frac{1}{2}\sqrt{2}$)
Die Seitenfläche ABFE des Prismas liegt in der Ebene E_1.
Bestimmen Sie eine Koordinatengleichung von E_1.
Zeigen Sie, dass die Ebene E_2 durch die Punkte A, C und E eine Symmetrieebene des Prismas ist.
(Teilergebnis: E_1: $2x_1 + x_2 - 9 = 0$)

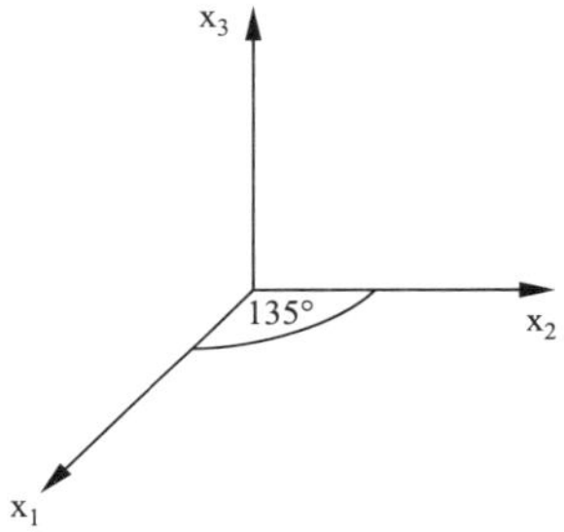

Lösung

Gegeben sind die Punkte A(5 | −1 | 0), B(3 | 3 | 0), C(−1 | 5 | 0), D(1 | 1 | 0) und H(1 | 1 | 8).
Die weiteren Eckpunkte des senkrechten Prismas sind dann:

E(5 | −1 | 8), F(3 | 3 | 8), G(−1 | 5 | 8).

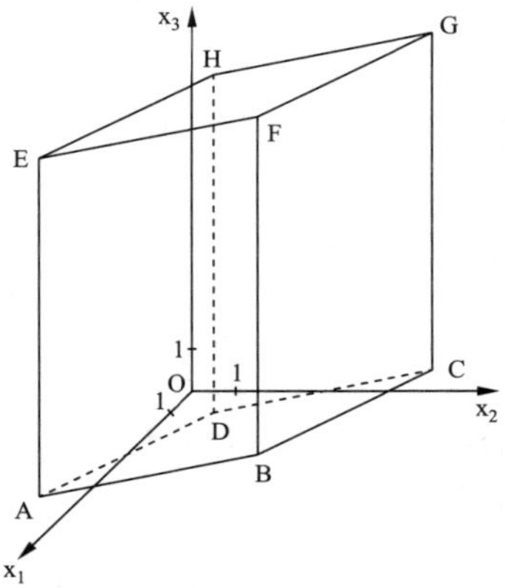

Die Seitenfläche ABFE des Prismas liegt in der Ebene

$$E_1:\ \vec{x} = \overrightarrow{OA} + a \cdot \overrightarrow{AB} + b \cdot \overrightarrow{AE} = \begin{pmatrix} 5 \\ -1 \\ 0 \end{pmatrix} + a \cdot \begin{pmatrix} -2 \\ 4 \\ 0 \end{pmatrix} + b \cdot \begin{pmatrix} 0 \\ 0 \\ 8 \end{pmatrix};\ a, b \in \mathbb{R}.$$

Aus der Gleichung lässt sich unmittelbar ein Normalenvektor von E_1 ablesen:

$$\vec{n}_1 = \begin{pmatrix} 2 \\ 1 \\ 0 \end{pmatrix}.$$

Mit dem Ansatz $2x_1 + x_2 = c$ und $A(5 \mid -1 \mid 0) \in E_1$ erhält man eine Koordinantengleichung von

$\mathbf{E_1: 2x_1 + x_2 = 9.}$

Ebene E_2 durch die Punkte A, C und E:

$$E_2:\ \vec{x} = \begin{pmatrix} 5 \\ -1 \\ 0 \end{pmatrix} + u \cdot \begin{pmatrix} -6 \\ 6 \\ 0 \end{pmatrix} + v \cdot \begin{pmatrix} 0 \\ 0 \\ 8 \end{pmatrix};\quad u, v \in \mathbb{R}.$$

Mit dem Normalenvektor $\vec{n}_2 = \begin{pmatrix} 1 \\ 1 \\ 0 \end{pmatrix}$ von E_2 erhält man wie oben eine Koordinatengleichung:

$\mathbf{E_2: x_1 + x_2 = 4.}$

Es gilt:

$$\overrightarrow{FH} = \overrightarrow{BD} = \begin{pmatrix} -2 \\ -2 \\ 0 \end{pmatrix} = -2 \cdot \vec{n}_2.$$

Also sind die Geraden FH und BD orthogonal zu E_2.

Die Mittelpunkte $M_1(2 \mid 2 \mid 8)$ der Strecke $\overline{FH}$ und $M_2(2 \mid 2 \mid 0)$ der Strecke $\overline{BD}$ liegen in der Ebene E_2, wie man durch Einsetzen in die Gleichung von E_2 bestätigt.

Somit ist $\mathbf{E_2}$ Symmetrieebene des Prismas.

Abiturprüfung Mathematik (Baden-Württemberg): Geometrie Aufgabe 6 (aus LK 1997 II 2)

Das Dach eines Turmes über einer quadratischen Grundfläche hat die nebenstehende Form. (Längeneinheit: 1 m)

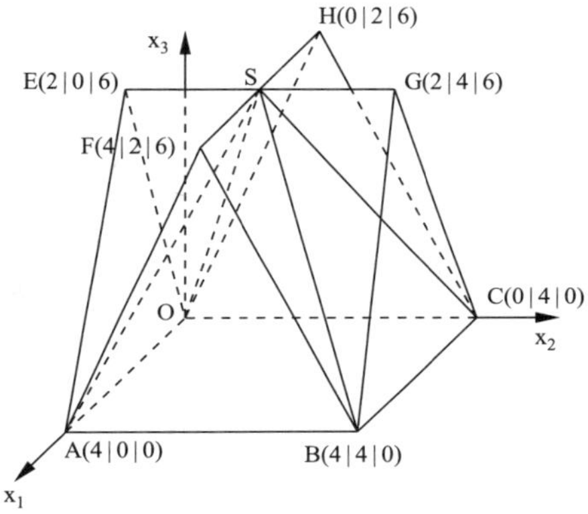

a) Bestimmen Sie eine Koordinatengleichung der Ebene E_1, in der die Punkte A, B und S liegen.
Welchen Winkel schließt die Ebene E_1 mit der Geraden OS ein?
Welchen Winkel schließt die Ebene E_1 mit der Ebene E_2 ein, in der die Dachfläche BCHF liegt?
(Teilergebnis: E_2: $3x_2 + x_3 - 12 = 0$)

b) In der Mitte der Strecke OA ist eine 7 m lange Stange verankert. Sie steht senkrecht zur Ebene E_2 aus Teilaufgabe a) und durchstößt die Giebelfläche BCG.
Ist diese Stange als Fahnenstange zu verwenden, wenn zur Aufhängung der Fahne die Stange mindestens 2,75 m ins Freie ragen muss?
Bestimmen Sie den Abstand der Geraden OA von der Ebene E_2 zum Einbau eines Stützbalkens.

c) Ein weiterer Stützbalken geht von A aus und stützt die Dachkante CS senkrecht.
Stören sich die Fahnenstange und dieser Stützbalken?
Welchen Abstand haben sie gegebenenfalls?

Lösung

a) Die Punkte A(4|0|0), B(4|4|0) und **S(2|2|6)** liegen in der Ebene

$$E_1:\ \vec{x} = \overrightarrow{OA} + s\cdot\overrightarrow{AB} + t\cdot\overrightarrow{AS} = \begin{pmatrix}4\\0\\0\end{pmatrix} + s\cdot\begin{pmatrix}0\\4\\0\end{pmatrix} + t\cdot\begin{pmatrix}-2\\2\\6\end{pmatrix};\quad s, t \in \mathbb{R}.$$

Ein Normalenvektor von E_1 lässt sich unmittelbar ablesen: $\vec{n}_1 = \begin{pmatrix}3\\0\\1\end{pmatrix}$.

Mit dem Ansatz $3x_1 + x_3 = a$ und $A(4|0|0) \in E_1$ erhält man eine Koordinatengleichung von $\mathbf{E_1: 3x_1 + x_3 = 12}$.

Schnittwinkel α der Geraden OS: $\vec{x} = u\cdot\begin{pmatrix}2\\2\\6\end{pmatrix}$, $u \in \mathbb{R}$, mit E_1:

$$\sin\alpha = \frac{\left|\begin{pmatrix}2\\2\\6\end{pmatrix}\cdot\begin{pmatrix}3\\0\\1\end{pmatrix}\right|}{\sqrt{44}\cdot\sqrt{10}} = \frac{12}{\sqrt{440}} \approx 0{,}5721;\quad \boldsymbol{\alpha \approx 34{,}90°}.$$

Die Dachfläche BCHF liegt in der Ebene

$$E_2:\ \vec{x} = \overrightarrow{OB} + v\cdot\overrightarrow{BC} + w\cdot\overrightarrow{BF} = \begin{pmatrix}4\\4\\0\end{pmatrix} + v\cdot\begin{pmatrix}-4\\0\\0\end{pmatrix} + w\cdot\begin{pmatrix}0\\-2\\6\end{pmatrix};\quad v, w \in \mathbb{R}.$$

Mit dem Normalenvektor $\vec{n}_2 = \begin{pmatrix}0\\3\\1\end{pmatrix}$ von E_2 und $B(4|4|0) \in E_2$ erhält man wie oben eine Koordinatengleichung von $\mathbf{E_2: 3x_2 + x_3 = 12.}$

Schnittwinkel β der Ebenen E_1 und E_2:

$$\cos\beta = \frac{|\vec{n}_1\cdot\vec{n}_2|}{|\vec{n}_1|\cdot|\vec{n}_2|} = \frac{1}{\sqrt{10}\cdot\sqrt{10}} = 0{,}1;\quad \boldsymbol{\beta \approx 84{,}26°}.$$

b) Der Mittelpunkt der Strecke $\overline{OA}$ ist P(2|0|0).

Die Trägergerade der beschriebenen Stange ist die Lotgerade

$$\ell:\ \vec{x} = \begin{pmatrix}2\\0\\0\end{pmatrix} + k\cdot\begin{pmatrix}0\\3\\1\end{pmatrix},\quad k \in \mathbb{R},$$

von P auf E_2.

Die Giebelfläche BCG liegt in der Ebene E_3: $x_2 = 4$.

Schnitt von ℓ mit E_3:

$$3k = 4;\ k = \frac{4}{3};\ \text{Schnittpunkt: } Q\left(2\,\middle|\,4\,\middle|\,\frac{4}{3}\right).$$

Das Teilstück der Stange zwischen P und Q hat die Länge (in Metern):

$$|\overrightarrow{PQ}| = \left|\begin{pmatrix}0\\4\\\frac{4}{3}\end{pmatrix}\right| = \sqrt{16+\frac{16}{9}} = \frac{4}{3}\sqrt{10} \approx 4{,}22.$$

Damit ragt die Stange 7 m – 4,22 m = 2,78 m (> 2,75 m) ins Freie, ist also als Fahnenstange verwendbar.

Die Gerade OA ist parallel zur Ebene E_2. Ihr Abstand von E_2 ist gleich dem Abstand des Punktes O(0 | 0 | 0) von E_2.

HNF von E_2: $\frac{3x_2 + x_3 - 12}{\sqrt{10}} = 0$.

$$\mathbf{d\,(OA;\,E_2)} = \mathrm{d}\,(\mathrm{O};\,\mathrm{E_2}) = \frac{12}{\sqrt{10}} = \mathbf{\frac{6}{5}\sqrt{10} \approx 3{,}79}.$$

c) Gleichung der Geraden CS: $\vec{x} = \begin{pmatrix} 0 \\ 4 \\ 0 \end{pmatrix} + t\begin{pmatrix} 2 \\ -2 \\ 6 \end{pmatrix}, \quad t \in \mathbb{R}$.

Für den Fußpunkt H(2t | 4 – 2t | 6t) der Lotgeraden von A auf CS muss gelten:

$$\overrightarrow{AH} \cdot \overrightarrow{CS} = \begin{pmatrix} 2t-4 \\ 4-2t \\ 6t \end{pmatrix} \cdot \begin{pmatrix} 2 \\ -2 \\ 6 \end{pmatrix} = 0;\ 44t - 16 = 0;\ t = \frac{4}{11}.$$

Also ist H $\left(\frac{8}{11} \mid \frac{36}{11} \mid \frac{24}{11}\right)$. Damit erhält man eine Gleichung der Geraden

$$AH:\ \vec{x} = \begin{pmatrix} 4 \\ 0 \\ 0 \end{pmatrix} + s'\begin{pmatrix} -\frac{36}{11} \\ \frac{36}{11} \\ \frac{24}{11} \end{pmatrix},\quad s' \in \mathbb{R};\ \text{bzw.}\ \vec{x} = \begin{pmatrix} 4 \\ 0 \\ 0 \end{pmatrix} + s\begin{pmatrix} -3 \\ 3 \\ 2 \end{pmatrix},\quad s \in \mathbb{R}.$$

Schnitt der Geraden AH mit der Trägeraden ℓ: $\vec{x} = \begin{pmatrix} 2 \\ 0 \\ 0 \end{pmatrix} + k \cdot \begin{pmatrix} 0 \\ 3 \\ 1 \end{pmatrix}$, $k \in \mathbb{R}$, der Fahnenstange:

$$\left|\begin{array}{r} 4-3s=2 \\ 3s=3k \\ 2s=k \end{array}\right|;\quad \left|\begin{array}{r} s=\frac{2}{3} \\ k=\frac{2}{3} \\ k=\frac{4}{3} \end{array}\right|;\quad \text{Widerspruch!}$$

Die beiden Geraden schneiden sich nicht. Da sie offensichtlich nicht parallel sind, sind sie windschief.

Es seien F_1 und F_2 zwei Punkte mit $F_1 \in \ell$, d. h. $F_1(2 \mid 3k \mid k)$ und $F_2 \in$ AH, d. h. $F_2(4 - 3s \mid 3s \mid 2s)$.

Die Länge der Strecke $\overline{F_1F_2}$ ist gleich dem Abstand von ℓ und AH, wenn für den Vektor

$\overrightarrow{F_1F_2} = \begin{pmatrix} 2-3s \\ 3s-3k \\ 2s-k \end{pmatrix}$ gilt:

$$\left|\begin{array}{ll} \overrightarrow{F_1F_2} \cdot \begin{pmatrix} 0 \\ 3 \\ 1 \end{pmatrix} = & 9s - 9k + 2s - k = 0 \\ \overrightarrow{F_1F_2} \cdot \begin{pmatrix} -3 \\ 3 \\ 2 \end{pmatrix} = & -6 + 9s + 9s - 9k + 4s - 2k = 0 \end{array}\right|;\quad \left|\begin{array}{r} 11s - 10k = 0 \\ 22s - 11k = 6 \end{array}\right| \begin{array}{l} (-2) \\ \leftarrow \end{array};$$

$$\left.\begin{array}{r} 11s - 10k = 0 \\ 9k = 6 \end{array}\right| ; \quad \left.\begin{array}{r} s = \frac{20}{33} \\ k = \frac{2}{3} \end{array}\right| ; \quad \overrightarrow{F_1F_2} = \begin{pmatrix} \frac{2}{11} \\ -\frac{2}{11} \\ \frac{6}{11} \end{pmatrix}.$$

Abstand der Geraden ℓ und AH:

$$d = d\,(\ell, AH) = |\overrightarrow{F_1F_2}| = \sqrt{\frac{44}{121}} = \frac{2}{11}\sqrt{11} \approx 0{,}60.$$

Wegen $0 < s = \frac{20}{33} < \frac{12}{11}$ liegt F_2 auf der *Strecke* $\overline{AH}$, und wegen $0 < k = \frac{2}{3} < \frac{4}{3}$ ist F_1 ein Punkt der *Strecke* $\overline{PQ}$.

Daher ist $d \approx 0{,}6$ auch der Abstand von Balken und Fahnenstange.

Balken und Fahnenstange stören sich nicht; ihr Abstand ist ungefähr 0,60 m.

Abiturprüfung Mathematik (Baden-Württemberg): Geometrie Aufgabe 7 (aus LK 1997 II 3)

Zeigen Sie: In jedem Quader mit quadratischer Grundfläche sind die Raumdiagonale und eine der Diagonalen der Grundfläche orthogonal.

Lösung

Die nebenstehende Figur stellt einen Quader mit quadratischer Grundfläche dar, d. h. für die Basisvektoren $\vec{a}$, $\vec{b}$ und $\vec{c}$ gilt:

$$\vec{a} \perp \vec{b}, \vec{a} \perp \vec{c}, \vec{b} \perp \vec{c}\text{, d. h. } \vec{a} \cdot \vec{b} = \vec{a}\vec{c} = \vec{b}\vec{c} = 0\ ;$$

$$|\vec{a}| = |\vec{b}|\text{, d. h. } \vec{a}^2 = \vec{b}^2\ .$$

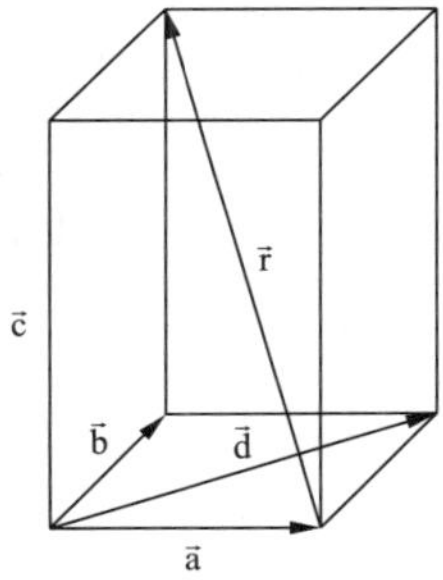

Die Flächendiagonale und die Raumdiagonale werden durch die Vektoren

$$\vec{d} = \vec{a} + \vec{b} \quad \text{und} \quad \vec{r} = -\vec{a} + \vec{b} + \vec{c}$$

beschrieben. Mit den genannten Voraussetzungen ergibt sich:

$$\begin{aligned} \vec{d} \cdot \vec{r} &= (\vec{a} + \vec{b})\,(-\vec{a} + \vec{b} + \vec{c}) \\ &= -\vec{a}^2 + \vec{a}\vec{b} + \vec{a}\vec{c} - \vec{a}\vec{b} + \vec{b}^2 + \vec{b}\vec{c} \\ &= -\vec{a}^2 + \vec{b}^2 = -\vec{a}^2 + \vec{a}^2 = 0. \end{aligned}$$

Die Flächendiagonale und die Raumdiagonale sind somit orthogonal.

Schriftliche Abiturprüfung Mathematik (Baden-Württemberg): Geometrie Aufgabe 8 (aus GK 1999 B 1)

In einem kartesischen Koordinatensystem sind die Punkte A(1 | 1 | 1), B(3 | 3 | 1) und C(0 | 4 | 5) sowie die Gerade

$$g: \quad \vec{x} = \begin{pmatrix} -1 \\ 2 \\ 13 \end{pmatrix} + r \begin{pmatrix} 5 \\ -3 \\ -17 \end{pmatrix}; \quad r \in \mathbb{R}$$

gegeben.

a) Die Ebene E enthält die Punkte A, B und C.
Bestimmen Sie eine Koordinatengleichung der Ebene E.
Zeigen Sie, dass das Dreieck ABC gleichschenklig ist.
Berechnen Sie seinen Innenwinkel bei C.
(Teilergebnis: E: $x_1 - x_2 + x_3 = 1$)

b) Berechnen Sie den Flächeninhalt des Dreiecks ABC.
Der Punkt H(6 | –2 | 8) ist die Spitze einer Pyramide mit der Grundfläche ABC.
Bestimmen Sie ihr Volumen.
Die Pyramide ist symmetrisch zu einer Ebene F.
Stellen Sie eine Gleichung von F auf.

c) Berechnen Sie die Koordinaten des Schnittpunktes von g und E.
Die Gerade g* entsteht durch Spiegelung der Geraden g an E.
Bestimmen Sie eine Gleichung für g*.

d) Für jedes $t \in \mathbb{R}$ ist die Ebene $E_t: tx_1 + (t-2)x_2 + x_3 = 1$ gegeben.
Für welchen Wert von t ist E_t parallel zu g?
Zeigen Sie, dass alle Ebenen E_t eine Gerade gemeinsam haben.
Geben Sie eine Gleichung einer Ebene an, die auf allen Ebenen E_t senkrecht steht.

Lösung

a) Gegeben sind die Punkte A(1 | 1 | 1), B(3 | 3 | 1) und C(0 | 4 | 5).
Vektorgleichung der Ebene E durch A, B und C:

$$E: \quad \vec{x} = \overrightarrow{OA} + s \cdot \overrightarrow{AB} + t \cdot \overrightarrow{AC} = \begin{pmatrix} 1 \\ 1 \\ 1 \end{pmatrix} + s \cdot \begin{pmatrix} 2 \\ 2 \\ 0 \end{pmatrix} + t \cdot \begin{pmatrix} -1 \\ 3 \\ 4 \end{pmatrix}; \quad s, t \in \mathbb{R}.$$

Für einen Normalenvektor $\vec{n} = \begin{pmatrix} n_1 \\ n_2 \\ n_3 \end{pmatrix}$ von E ergibt sich:

$$\vec{n} \cdot \begin{pmatrix} 2 \\ 2 \\ 0 \end{pmatrix} = 0; \quad \vec{n} \cdot \begin{pmatrix} -1 \\ 3 \\ 4 \end{pmatrix} = 0; \quad \left| \begin{array}{l} 2n_1 + 2n_2 = 0 \\ -n_1 + 3n_2 + 4n_3 = 0 \end{array} \right|.$$

Eine mögliche Lösung ist: $n_1 = 1, \quad n_2 = -1, \quad n_3 = 1, \quad$ d. h. $\vec{n} = \begin{pmatrix} 1 \\ -1 \\ 1 \end{pmatrix}$.

Mit dem Ansatz $x_1 - x_2 + x_3 = c$ und durch Einsetzen der Koordinaten des Punktes $A(1\,|\,1\,|\,1) \in E$ erhält man schließlich eine Koordinatengleichung:

$$\mathbf{E:\ \ x_1 - x_2 + x_3 = 1}.$$

Für die Seitenlängen des Dreiecks ABC gilt:

$$|\overrightarrow{AB}| = \left|\begin{pmatrix} 2 \\ 2 \\ 0 \end{pmatrix}\right| = \sqrt{8}; \qquad |\overrightarrow{CA}| = \left|\begin{pmatrix} 1 \\ -3 \\ -4 \end{pmatrix}\right| = \sqrt{26}; \qquad |\overrightarrow{CB}| = \left|\begin{pmatrix} 3 \\ -1 \\ -4 \end{pmatrix}\right| = \sqrt{26}.$$

Wegen $|\overrightarrow{CA}| = |\overrightarrow{CB}|$ ist das Dreieck somit gleichschenklig mit der Basis AB.

Für den Winkel γ beim Punkt C gilt:

$$\cos\gamma = \frac{\overrightarrow{CA} \cdot \overrightarrow{CB}}{|\overrightarrow{CA}| \cdot |\overrightarrow{CB}|} = \frac{1 \cdot 3 + (-3) \cdot (-1) + (-4) \cdot (-4)}{\sqrt{26} \cdot \sqrt{26}} = \frac{22}{26} \approx 0{,}8462; \quad \gamma \approx \mathbf{32{,}20°}$$

b) Der Mittelpunkt der Strecke AB ist $M(2\,|\,2\,|\,1)$.
Da das Dreieck ABC gleichschenklig ist, gilt für die Länge der Höhe auf AB:

$$h_1 = |\overrightarrow{CM}| = \left|\begin{pmatrix} 2 \\ -2 \\ -4 \end{pmatrix}\right| = \sqrt{24} = 2\sqrt{6}.$$

Der Inhalt des Dreiecks ergibt sich somit zu:

$$\mathbf{A} = \frac{1}{2}|\overrightarrow{AB}| \cdot h_1 = \frac{1}{2} \cdot \sqrt{8} \cdot 2\sqrt{6} = \sqrt{48} = \mathbf{4\sqrt{3}}.$$

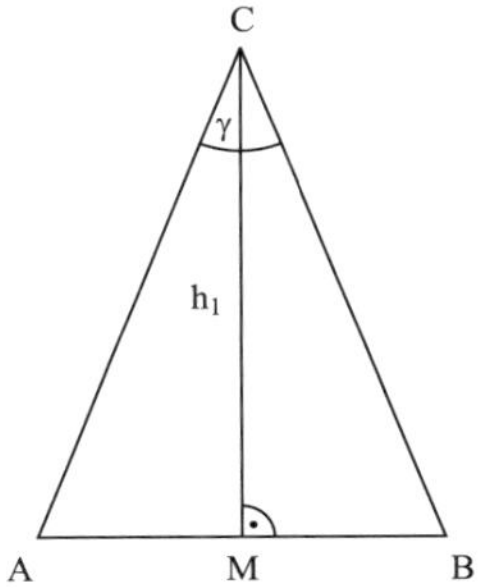

Die Länge h_2 der Pyramidenhöhe ist gleich dem Abstand der Spitze $H(6\,|\,-2\,|\,8)$ von der Ebene E, in der die Grundfläche ABC liegt.

HNF von E: $\quad \frac{1}{\sqrt{3}}(x_1 - x_2 + x_3 - 1) = 0.$

Abstand von H zu E:

$$h_2 = \frac{1}{\sqrt{3}}|6 + 2 + 8 - 1| = \frac{15}{\sqrt{3}} = \frac{15}{3}\sqrt{3} = 5\sqrt{3}.$$

Volumen der Pyramide:

$$\mathbf{V} = \frac{1}{3} \cdot A \cdot h_2 = \frac{1}{3} \cdot 4\sqrt{3} \cdot 5\sqrt{3} = \mathbf{20}.$$

Die Ebene F durch die Punkte $H(6\,|\,-2\,|\,8)$, $C(0\,|\,4\,|\,5)$ und $M(2\,|\,2\,|\,1)$ hat die Gleichung:

$$F:\ \ \vec{x} = \begin{pmatrix} 6 \\ -2 \\ 8 \end{pmatrix} + s \cdot \begin{pmatrix} -6 \\ 6 \\ -3 \end{pmatrix} + t \cdot \begin{pmatrix} -4 \\ 4 \\ -7 \end{pmatrix}; \quad s, t \in \mathbb{R}.$$

Für einen Normalenvektor $\vec{n}_1 = \begin{pmatrix} n_1 \\ n_2 \\ n_3 \end{pmatrix}$ von F gilt:

$$\vec{n}_1 \cdot \begin{pmatrix} -6 \\ 6 \\ -3 \end{pmatrix} = 0;\ \vec{n}_1 \cdot \begin{pmatrix} -4 \\ 4 \\ -7 \end{pmatrix} = 0;\ \begin{array}{l|l} -6n_1 + 6n_2 - 3n_3 = 0 & (-1{,}5) \\ -4n_1 + 4n_2 - 7n_3 = 0 & \hookleftarrow \end{array};\ \begin{array}{r|} -2n_1 + 2n_2 - n_3 = 0 \\ -2{,}5n_3 = 0 \end{array}.$$

Eine mögliche Lösung ist: $n_3 = 0$, $n_2 = 1$, $n_1 = 1$, d. h. $\vec{n}_1 = \begin{pmatrix} 1 \\ 1 \\ 0 \end{pmatrix}$.

Mit dem Ansatz $x_1 + x_2 = c$ und durch Einsetzen der Koordinaten des Punktes $H(6\,|\,{-2}\,|\,8) \in F$ erhält man schließlich eine Koordinatengleichung:

F: $\mathbf{x_1 + x_2 = 4}$.

Die Ebene F ist wegen

$$\vec{n}_1 \cdot \vec{n} = \begin{pmatrix} 1 \\ 1 \\ 0 \end{pmatrix} \cdot \begin{pmatrix} 1 \\ -1 \\ 1 \end{pmatrix} = 1 - 1 = 0$$

orthogonal zur Grundfläche ABC der Pyramide, enthält die Spitze H und die Symmetrieachse der Grundfläche.

Also ist F eine Symmetrieebene der Pyramide.

c) Schnittpunkt S der Geraden g: $\vec{x} = \begin{pmatrix} -1 \\ 2 \\ 13 \end{pmatrix} + r \cdot \begin{pmatrix} 5 \\ -3 \\ -17 \end{pmatrix};\quad r \in \mathbb{R}$,

mit der Ebene $E:\ x_1 - x_2 + x_3 = 1$:

$$\begin{aligned} (-1+5r) - (2-3r) + (13-17r) &= 1; \\ -9r + 10 &= 1; \\ r &= 1. \end{aligned}$$

Somit ist **S(4 | –1 | –4)**.

Der Stützpunkt $P(-1\,|\,2\,|\,13)$ der Geraden g liegt nicht in der Ebene E, wie man durch Einsetzen bestätigt.

Es genügt, den Punkt P an der Ebene E zu spiegeln, da der Punkt S von g ein Fixpunkt dieser Spiegelung ist. Die Spiegelgerade g^* von g ist dann die Gerade SP^*.

Gerade durch P senkrecht zu E:

$$\ell:\ \vec{x} = \begin{pmatrix} -1 \\ 2 \\ 13 \end{pmatrix} + u \cdot \begin{pmatrix} 1 \\ -1 \\ 1 \end{pmatrix};\quad u \in \mathbb{R}.$$

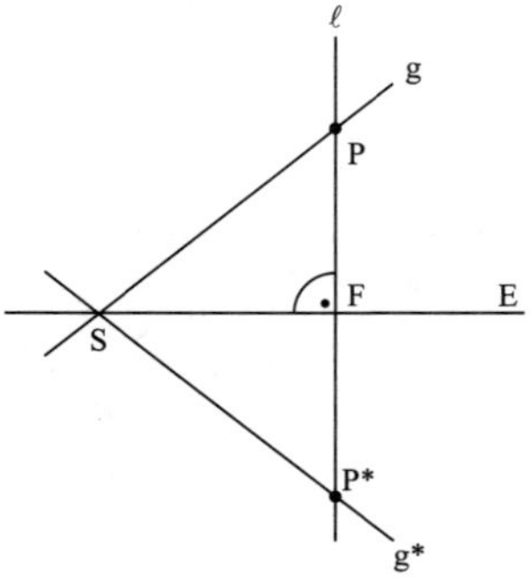

Diese Gerade schneidet die Ebene E in einem Punkt F:

$$\begin{aligned} (-1+u) - (2-u) + (13+u) &= 1; \\ 3u + 10 &= 1; \\ u &= -3. \end{aligned}$$

Das ergibt den Schnittpunkt: $F(-4\,|\,5\,|\,10)$.

Für den Punkt P* erhält man damit:

$$\overrightarrow{OP^*} = \overrightarrow{OP} + 2 \cdot \overrightarrow{PF} = \begin{pmatrix} -1 \\ 2 \\ 13 \end{pmatrix} + 2 \cdot \begin{pmatrix} -3 \\ 3 \\ -3 \end{pmatrix} = \begin{pmatrix} -7 \\ 8 \\ 7 \end{pmatrix}; \quad P^*(-7\,|\,8\,|\,7).$$

Die Spiegelgerade g* ist schließlich gegeben durch:

$$\mathbf{g^*:\ \vec{x} = \overrightarrow{OS} + v \cdot \overrightarrow{SP^*} = \begin{pmatrix} 4 \\ -1 \\ -4 \end{pmatrix} + v \cdot \begin{pmatrix} -11 \\ 9 \\ 11 \end{pmatrix}; \quad v \in \mathbb{R}.}$$

d) Ein Normalenvektor der Ebene E_t: $tx_1 + (t-2)x_2 + x_3 = 1$ ist $\vec{n}_t = \begin{pmatrix} t \\ t-2 \\ 1 \end{pmatrix}$, $t \in \mathbb{R}$,

ein Richtungsvektor von g: $\vec{u} = \begin{pmatrix} 5 \\ -3 \\ -17 \end{pmatrix}$.

Die Gerade g ist genau dann parallel zu E_t, wenn $\vec{u}$ orthogonal zu $\vec{n}_t$ ist, d. h. wenn gilt:

$$\vec{u} \cdot \vec{n}_t = 0;$$
$$5t - 3(t-2) - 17 = 0;$$
$$2t - 11 = 0;$$
$$\mathbf{t = \frac{11}{2}}.$$

Die Ebene $E_{\frac{11}{2}}$ ist parallel zur Geraden g.

Zur Bestimmung der Schnittgeraden aller Ebenen E_t wählt man eine spezielle Ebene der Schar, z. B. für $t = 0$ die Ebene E_0: $-2x_2 + x_3 = 1$ und schneidet sie mit einer weiteren Ebene E_t mit $t \neq 0$:

$$\left. \begin{array}{r} tx_1 + (t-2)x_2 + x_3 = 1 \\ -2x_2 + x_3 = 1 \end{array} \right|;$$

$$x_2 = s \quad \Rightarrow \quad x_3 = 1 + 2s \quad \Rightarrow \quad x_1 = \frac{1}{t}(1 - (t-2)s - 1 - 2s) = -s; \quad s \in \mathbb{R}.$$

Die Schnittgerade der beiden Ebenen ist dann:

$$h:\ \vec{x} = \begin{pmatrix} 0 \\ 0 \\ 1 \end{pmatrix} + s \cdot \begin{pmatrix} -1 \\ 1 \\ 2 \end{pmatrix}; \quad s \in \mathbb{R}.$$

Da die Gerade h nicht mehr von t abhängt, ist sie allen Ebenen E_t gemeinsam.

Der Richtungsvektor $\begin{pmatrix} -1 \\ 1 \\ 2 \end{pmatrix}$ von h ist ein Normalenvektor *aller* Ebenen, die zur Geraden h

und damit zu allen Ebenen E_t senkrecht sind.

Diese Ebenen haben daher Gleichungen der Form:

$$-x_1 + x_2 + 2x_3 = c.$$

Eine derartige Ebene ist daher etwa: **G: $-x_1 + x_2 + 2x_3 = 0$.**

Abiturprüfung Mathematik (Baden-Württemberg): Geometrie Aufgabe 9 (aus LK 1999 II 1)

Ein quaderförmiges Gebäude mit aufgesetztem Dach ist am Boden durch die Punkte $B_1(0|0|0)$, $B_2(10|0|0)$, $B_3(10|12|0)$ und $B_4(0|12|0)$ und am Speicherboden durch die Punkte $S_1(0|0|10)$, $S_2(10|0|10)$, $S_3(10|12|10)$ und $S_4(0|12|10)$ festgelegt. Den Dachabschluss bilden die Punkte $D_1(2|3|12)$, $D_2(6|3|12)$, $D_3(6|9|12)$ und $D_4(2|9|12)$ als horizontal liegendes Rechteck (Angaben in Meter).
Die Strecken S_1D_1, S_2D_2, S_3D_3 und S_4D_4 sind Dachkanten.

a) Zeichnen Sie ein Schrägbild des Gebäudes samt Dach (Längeneinheit 1 cm $\hat{=}$ 2 m, Verkürzungsfaktor in Richtung der x_1-Achse $\frac{1}{2}\sqrt{2}$).

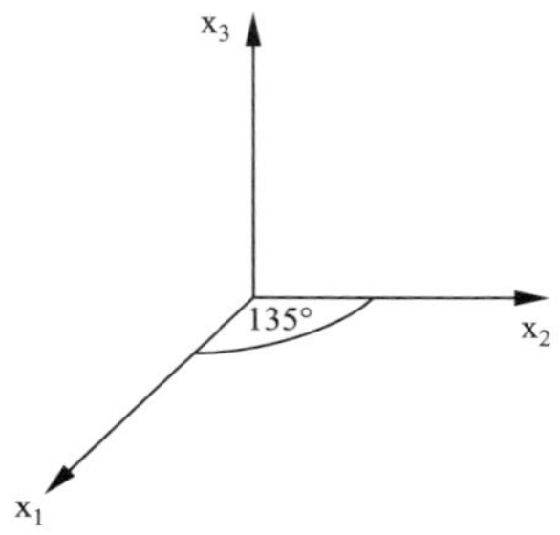

Bestimmen Sie den Neigungswinkel der Dachkante S_2D_2 gegen den Speicherboden.
Wie groß ist der Winkel zwischen der Dachfläche $S_2S_3D_3D_2$ und dem Speicherboden?
Berechnen Sie den Inhalt der Dachfläche $S_2S_3D_3D_2$.

b) Im Punkt $A(9|5|10)$ wird ein 6 m langer Antennenmast senkrecht auf dem Speicherboden montiert.
Wie weit ragt dieser Mast aus dem Dach ins Freie?
Vom Mittelpunkt des Mastes aus ist eine Stütze senkrecht zur Dachfläche $S_2S_3D_3D_2$ angebracht.
Wie lange ist diese Stütze, wenn sie auf dieser Dachfläche endet?

Lösung

a) Die Dachkante S_2D_2 mit $S_2(10\,|\,0\,|\,10)$ und $D_2(6\,|\,3\,|\,1)$ liegt auf einer Geraden mit dem Richtungsvektor

$$\overrightarrow{S_2D_2} = \begin{pmatrix} -4 \\ 3 \\ 2 \end{pmatrix}.$$

Der Speicherboden $S_1S_2S_3S_4$ liegt in der Ebene $x_3 = 10$, die als Normalenvektor

$$\vec{n} = \begin{pmatrix} 0 \\ 0 \\ 1 \end{pmatrix}$$

besitzt.

Für den Winkel α zwischen Speicherboden und Dachkante S_2D_2 gilt daher:

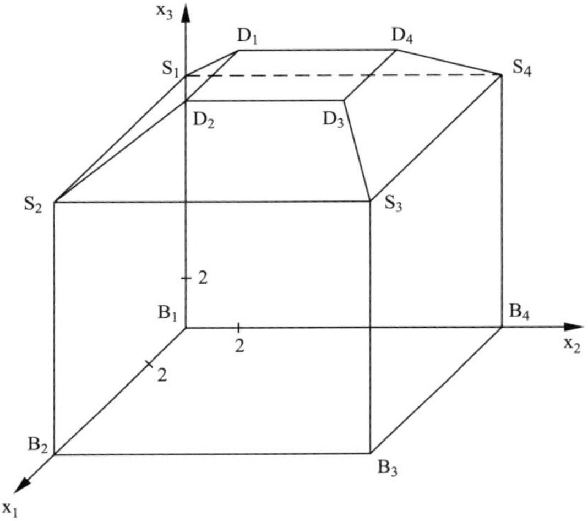

$$\sin\alpha = \frac{|\overrightarrow{S_2D_2} \cdot \vec{n}|}{|\overrightarrow{S_2D_2}| \cdot |\vec{n}|} = \frac{\left|\begin{pmatrix} -4 \\ 3 \\ 2 \end{pmatrix} \cdot \begin{pmatrix} 0 \\ 0 \\ 1 \end{pmatrix}\right|}{\sqrt{29} \cdot 1} = \frac{2}{\sqrt{29}} \approx 0{,}3714; \quad \alpha \approx \mathbf{21{,}80^\circ}.$$

Die Dachfläche $S_2S_3D_3D_2$ mit $S_2(10\,|\,0\,|\,10)$, $S_3(10\,|\,12\,|\,10)$, $D_3(6\,|\,9\,|\,12)$ und $D_2(6\,|\,3\,|\,12)$ liegt in der Ebene

$$E_D\colon\ \vec{x} = \begin{pmatrix} 10 \\ 0 \\ 10 \end{pmatrix} + s\begin{pmatrix} 0 \\ 1 \\ 0 \end{pmatrix} + t\begin{pmatrix} -4 \\ 3 \\ 2 \end{pmatrix}; \quad s, t \in \mathbb{R}.$$

Ein Normalenvektor von E_D lässt sich hier unmittelbar ablesen: $\vec{n}_D = \begin{pmatrix} 1 \\ 0 \\ 2 \end{pmatrix}$.

Mit dem Ansatz $x_1 + 2x_3 = c$ und dem Punkt $S_2(10\,|\,0\,|\,10) \in E_D$ erhält man eine Koordinatengleichung von E_D:

$$x_1 + 2x_3 = 30.$$

Für den Winkel β zwischen der Dachfläche und dem Speicherboden ergibt sich:

$$\cos\beta = \frac{|\vec{n} \cdot \vec{n}_D|}{|\vec{n}| \cdot |\vec{n}_D|} = \frac{\left|\begin{pmatrix} 0 \\ 0 \\ 1 \end{pmatrix} \cdot \begin{pmatrix} 1 \\ 0 \\ 2 \end{pmatrix}\right|}{1 \cdot \sqrt{5}} = \frac{2}{\sqrt{5}} \approx 0{,}8944; \quad \beta \approx \mathbf{26{,}57^\circ}.$$

Die Dachfläche $S_2S_3D_3D_2$ hat die Form eines Trapezes. Die Höhe erhält man aus dem nebenstehenden rechtwinkligen Dreieck. (Es ergibt sich etwa als Schnitt der Ebene $x_2 = 3$ mit dem Dach.)

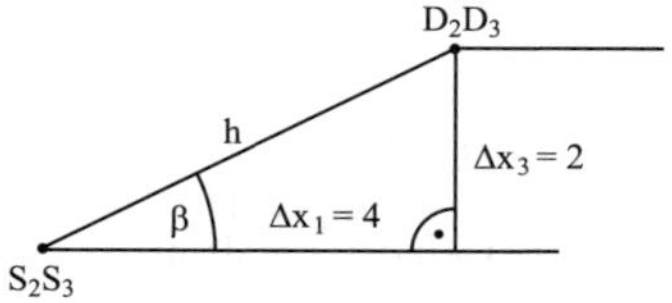

$$h = \sqrt{\Delta x_1^2 + \Delta x_3^2}$$
$$= \sqrt{4^2 + 2^2} = \sqrt{20} = 2\sqrt{5}.$$

Für den Inhalt des Trapezes bekommt man damit:

$$A = \frac{1}{2} \cdot (|\overrightarrow{S_2S_3}| + |\overrightarrow{D_2D_3}|) \cdot h = \frac{1}{2} \cdot (12 + 6) \cdot 2\sqrt{5} = 18\sqrt{5} \approx 40{,}25.$$

Die Dachfläche ist etwa 40,25 m² groß.

b) Der 6 m lange Mast im Punkt A(9 | 5 | 10) liegt auf der zur x_3-Achse parallelen Geraden:

$$g: \ \vec{x} = \begin{pmatrix} 9 \\ 5 \\ 10 \end{pmatrix} + t \begin{pmatrix} 0 \\ 0 \\ 1 \end{pmatrix}, \quad t \in \mathbb{R}.$$

Schnittpunkt D von g mit der Trägerebene E_D: $x_1 + 2x_3 = 30$ der Dachfläche $S_2S_3D_3D_2$:

$$9 + 2(10 + t) = 30; \quad t = \frac{1}{2}; \quad D(9 \,|\, 5 \,|\, 10{,}5).$$

Der Punkt D liegt 0,5 m oberhalb von A, d. h. **der Mast ragt 5,50 m aus dem Dach ins Freie**.

Mittelpunkt des Mastes ist M(9 | 5 | 13).

Die Länge der Stütze des Mastes ist gleich dem Abstand von M zur Ebene E_D.

HNF von E_D: $\frac{1}{\sqrt{5}}(x_1 + 2x_3 - 30) = 0.$

$$d(M; E_D) = \frac{1}{\sqrt{5}}|9 + 2 \cdot 13 - 30| = \frac{5}{\sqrt{5}} = \sqrt{5} \approx 2{,}24.$$

Die Stütze ist etwa 2,24 m lang.

Abiturprüfung Mathematik (Baden-Württemberg): Geometrie Aufgabe 10 (aus LK 1999 II 2)

In einem Dreieck ABC ist M_c der Mittelpunkt der Seite AB.

Der Punkt N liegt auf der Seite AC. Es gilt: $\overrightarrow{AN} = \frac{1}{3}\overrightarrow{AC}$.

T ist der Schnittpunkt der Seitenhalbierenden M_cC und der Strecke NB.
In welchem Verhältnis teilt T die Strecken M_cC und NB?

Lösung

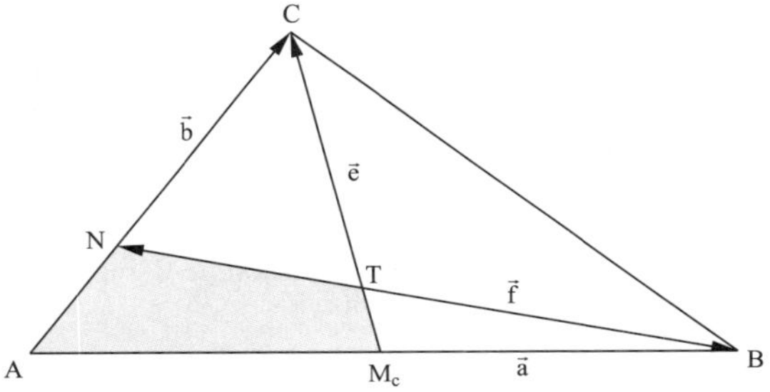

Die beiden Vektoren

$$\vec{a} = \overrightarrow{AB} \quad \text{und} \quad \vec{b} = \overrightarrow{AC}$$

sind linear unabhängig.
Die Vektoren

$$\vec{e} = \overrightarrow{M_cC} \quad \text{und} \quad \vec{f} = \overrightarrow{BN}$$

lassen sich durch $\vec{a}$ und $\vec{b}$ ausdrücken:

$$\vec{e} = -\frac{1}{2}\vec{a} + \vec{b}$$

und

$$\vec{f} = -\vec{a} + \frac{1}{3}\vec{b}.$$

Geschlossener Vektorzug, der über den Teilpunkt T führt:

$$\frac{1}{2}\vec{a} + x \cdot \vec{e} + y \cdot \vec{f} - \frac{1}{3}\vec{b} = \vec{o};$$

$$\frac{1}{2}\vec{a} + x \cdot \left(-\frac{1}{2}\vec{a} + \vec{b}\right) + y \cdot \left(-\vec{a} + \frac{1}{3}\vec{b}\right) - \frac{1}{3}\vec{b} = \vec{o};$$

$$\left(\frac{1}{2} - \frac{1}{2}x - y\right)\vec{a} + \left(x + \frac{1}{3}y - \frac{1}{3}\right)\vec{b} = \vec{o}.$$

Da $\vec{a}$ und $\vec{b}$ linear unabhängig sind, muss gelten:

$$\left|\begin{matrix} \frac{1}{2} - \frac{1}{2}x - y = 0 \\ x + \frac{1}{3}y - \frac{1}{3} = 0 \end{matrix}\right|; \quad \left|\begin{matrix} -\frac{1}{2}x - y = -\frac{1}{2} \\ x + \frac{1}{3}y = \frac{1}{3} \end{matrix}\right| \begin{matrix} \cdot 2 \\ \hookleftarrow \end{matrix}; \quad \left|\begin{matrix} -\frac{1}{2}x - y = -\frac{1}{2} \\ -\frac{5}{3}y = -\frac{2}{3} \end{matrix}\right|; \quad \left|\begin{matrix} x = \frac{1}{5} \\ y = \frac{2}{5} \end{matrix}\right|.$$

Somit teilt der Punkt T die Strecke M_cC im Verhältnis 1 : 4 und die Strecke NB im Verhältnis 2 : 3.

Abiturprüfung Mathematik (Baden-Württemberg):
Geometrie Aufgabe 11 (aus GK 2000 B 2)

Eine ägyptische Pyramide hat die Form einer senkrechten, quadratischen Pyramide. Die Seitenlänge des Quadrats beträgt 144 m, die Höhe 90 m. Zur Vermessung wird ein kartesisches Koordinatensystem mit der Längeneinheit 1 m verwendet, dessen Ursprung in der Mitte der quadratischen Grundfläche liegt und dessen x_1- und x_2-Achse parallel zu den Grundkanten verlaufen. Die Bezeichnung der Punkte wird gemäß der nebenstehenden Skizze gewählt.

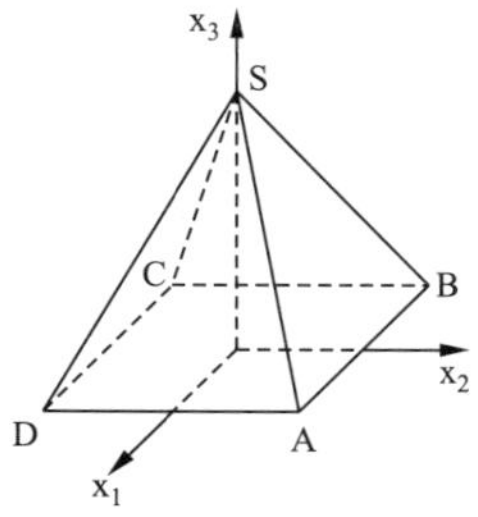

a) Geben Sie die Koordinaten der Eckpunkte A, B, C, D und S an.
Berechnen Sie die Länge der Seitenkante AS.
Welchen Neigungswinkel besitzt eine Seitenkante zur Grundfläche?
Bestimmen Sie eine Gleichung der Ebene E_1 durch die Punkte A, B und S.
Wie groß ist der Neigungswinkel einer Seitenfläche zur Grundfläche?
(Teilergebnis: E_1: $5x_2 + 4x_3 = 360$)

b) Die Ägypter bauten die Pyramide schichtweise. Zum Transport der Steine zur jeweiligen Schicht wurde eine Rampe benötigt.
Die zum Transport der Steine benötigte Rampenfläche ist rechteckig und liege nun in der Ebene E_2: $5x_2 + 26x_3 = 1350$.

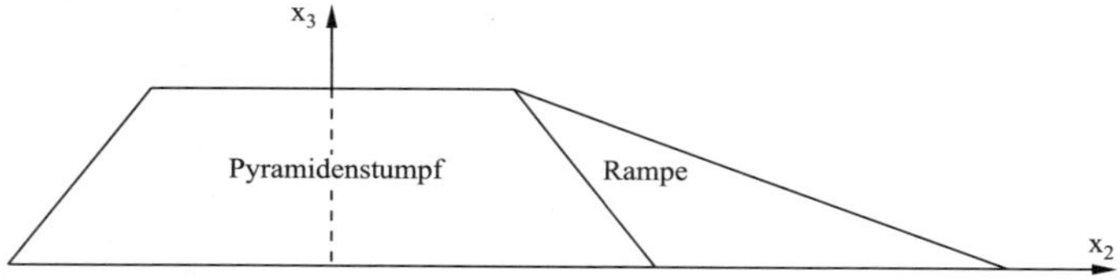

Berechnen Sie die Höhe des bisher gebauten Pyramidenstumpfes.
Wie lang ist die zum Transport der Steine benötigte Rampenfläche?

c) Der Punkt $Q(48\,|\,0\,|\,30)$ ist der Schwerpunkt der Seitenfläche DAS.
Senkrecht zu dieser Seitenfläche verläuft ein Schacht, dessen Mittelachse von Q ausgeht und in 14 m Höhe über der Grundfläche am Eingang des Königsgrabs endet.
Berechnen Sie die Koordinaten dieses Endpunktes.
Eine weitere Kammer wurde um denjenigen Punkt P gebaut, der von allen Seitenflächen und der Grundfläche der Pyramide den gleichen Abstand hat.
Bestimmen Sie die Koordinaten von P auf eine Dezimale gerundet.

Lösung

a) Die Seitenlänge der Grundfläche der Pyramide beträgt 144 m, die Höhe 90 m. Somit haben die Eckpunkte der Pyramide die Koordinaten:

A(72 | 72 | 0); B(−72 | 72 | 0); C(−72 | −72 | 0); D(72 | −72 | 0); S(0 | 0 | 90).

Länge der Kante AS:

$$\mathbf{d} = \left|\overrightarrow{AS}\right| = \left|\begin{pmatrix} -72 \\ -72 \\ 90 \end{pmatrix}\right| = \sqrt{18\,468} \approx \mathbf{135{,}9}.$$

Neigungswinkel α einer Seitenkante, z. B. AS zur Grundfläche:

$$\sin\alpha = \frac{\left|\begin{pmatrix} -72 \\ -72 \\ 90 \end{pmatrix} \cdot \begin{pmatrix} 0 \\ 0 \\ 1 \end{pmatrix}\right|}{\sqrt{18468} \cdot 1} = \frac{90}{\sqrt{18468}} \approx 0{,}6623; \quad \alpha \approx \mathbf{41{,}47°}$$

Eine Vektorgleichung der Ebene E_1 durch die Punkte A, B und S ist:

$$E_1\colon\ \vec{x} = \overrightarrow{OA} + s \cdot \overrightarrow{AB} + t \cdot \overrightarrow{AS} = \begin{pmatrix} 72 \\ 72 \\ 0 \end{pmatrix} + s \cdot \begin{pmatrix} -144 \\ 0 \\ 0 \end{pmatrix} + t \cdot \begin{pmatrix} -72 \\ -72 \\ 90 \end{pmatrix}; \quad s, t \in \mathbb{R}.$$

Da im ersten Spannvektor die beiden letzten Koordinaten gleich 0 sind, lässt sich ein Normalenvektor von E_1 unmittelbar ablesen:

$$\vec{n} = \begin{pmatrix} 0 \\ 90 \\ 72 \end{pmatrix} \quad \text{bzw. besser} \quad \vec{n}\,' = \frac{1}{18} \cdot \vec{n} = \begin{pmatrix} 0 \\ 5 \\ 4 \end{pmatrix}.$$

Mit dem Ansatz $5x_2 + 4x_3 = a$ und $S(0|0|90) \in E_1$ ergibt sich eine Koordinatengleichung:

$$\mathbf{E_1\colon\ 5x_2 + 4x_3 = 360.}$$

Der Neigungswinkel β einer Seitenfläche der Pyramide zur Grundfläche ist gleich dem Schnittwinkel der Ebene E_1 mit der Grundfläche:

$$\cos\beta = \frac{\left|\begin{pmatrix} 0 \\ 5 \\ 4 \end{pmatrix} \cdot \begin{pmatrix} 0 \\ 0 \\ 1 \end{pmatrix}\right|}{\sqrt{41} \cdot 1} = \frac{4}{\sqrt{41}} \approx 0{,}6247; \quad \beta \approx \mathbf{51{,}34°}.$$

Anmerkung:

Ist M der Mittelpunkt der Strecke AB, so ist β der Innenwinkel im Punkt M des rechtwinkligen Dreiecks MSO. Man kann daher β auch ohne den Normalenvektor $\vec{n}\,'$ von E_1 bestimmen:

$$\tan\beta = \frac{|\overrightarrow{OS}|}{|\overrightarrow{OM}|} = \frac{90}{72} = 1{,}25; \quad \beta \approx \mathbf{51{,}34°}.$$

b) Die obere Kante des Pyramidenstumpfes, an der die Rampe endet, liegt in der Schnittgeraden s der Ebenen E_1 und E_2. Die Gerade s ist parallel zur Grundebene, daher kann man aus einer Gleichung von s die Höhe des Pyramidenstumpfes ablesen.

Schnitt von E_1 und E_2:

$$\left|\begin{array}{l} 5x_2 + \ \ 4x_3 = 360 \\ 5x_2 + 26x_3 = 1\,350 \end{array}\right|; \quad \left|\begin{array}{r} 5x_2 + 4x_3 = 360 \\ 22x_3 = 990 \end{array}\right|; \quad \left|\begin{array}{l} x_1 = r \\ x_2 = 36 \\ x_3 = 45 \end{array}\right|.$$

Eine Gleichung der Schnittgeraden ist somit:

$$s: \ \vec{x} = \begin{pmatrix} 0 \\ 36 \\ 45 \end{pmatrix} + r \cdot \begin{pmatrix} 1 \\ 0 \\ 0 \end{pmatrix}; \quad r \in \mathbb{R}.$$

Sie liegt in der zur Grundfläche parallelen Ebene $x_3 = 45$.

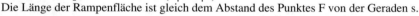

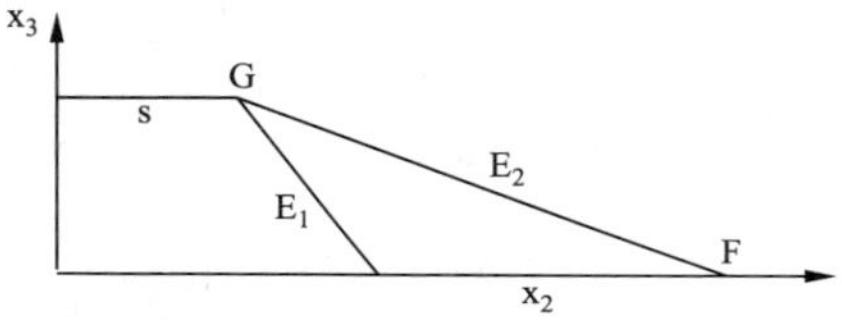

Die Höhe des Pyramidenstumpfes beträgt 45 m.

Die Ebene E_2: $5x_2 + 26x_3 = 1350$
schneidet die x_2-Achse im Punkt $F(0\,|\,270\,|\,0)$.
Die Länge der Rampenfläche ist gleich dem Abstand des Punktes F von der Geraden s.

Die Hilfsebene H senkrecht zu s durch F ist hier die x_2x_3-Ebene $x_1 = 0$.
Der Schnittpunkt von H mit der Geraden s ist (für r = 0) der Punkt $G(0\,|\,36\,|\,45)$.

Die Rampenlänge ist somit (in m):

$$\mathbf{d} = |\overrightarrow{FG}| = \left|\begin{pmatrix} 0 \\ -234 \\ 45 \end{pmatrix}\right| = \sqrt{56781} \approx \mathbf{238{,}3}.$$

c) Die Seitenfläche DAS hat die Spannvektoren $\overrightarrow{DA} = \begin{pmatrix} 0 \\ 144 \\ 0 \end{pmatrix}$ und $\overrightarrow{DS} = \begin{pmatrix} -72 \\ 72 \\ 90 \end{pmatrix}$.

Ein Normalenvektor der Fläche ist $\vec{n}_1 = \begin{pmatrix} 90 \\ 0 \\ 72 \end{pmatrix}$ bzw. $\vec{n}_1' = \frac{1}{18} \cdot \vec{n} = \begin{pmatrix} 5 \\ 0 \\ 4 \end{pmatrix}$.

Die Mittelachse des Schachtes liegt auf der Geraden

$$m: \ \vec{x} = \overrightarrow{OQ} + a \cdot \vec{n}_1' = \begin{pmatrix} 48 \\ 0 \\ 30 \end{pmatrix} + a \cdot \begin{pmatrix} 5 \\ 0 \\ 4 \end{pmatrix}; \quad a \in \mathbb{R}.$$

Schnitt der Geraden m mit der Ebene $x_3 = 14$:

$(30 + 4a) = 14; \quad 4a = -16; \quad a = -4; \quad R(28\,|\,0\,|\,14).$

Die Mittelachse endet im Punkt R(28 | 0 | 14) am Eingang des Königsgrabs.

Der gesuchte Punkt P hat von allen Seitenflächen und der Grundfläche den gleichen Abstand. Aus Symmetriegründen kann man für diesen Punkt $P(0\,|\,0\,|\,p)$, $p > 0$ ansetzen und es genügt, den Abstand von P zur Grundfläche mit dem Abstand zu einer Seitenfläche, z. B. ABS zu vergleichen.

Von der Grundfläche hat P den Abstand p.

Die Fläche ABS liegt in der Ebene E_1.

$$\text{HNF von } E_1\text{: } \frac{5x_2 + 4x_3 - 360}{\sqrt{41}} = 0.$$

Für P muss gelten:

$$d(P;E_1) = p; \quad \frac{|4p - 360|}{\sqrt{41}} = p; \quad |4p - 360| = \sqrt{41} \cdot p;$$

$$4p - 360 = \sqrt{41}p \quad \text{oder} \quad 4p - 360 = -\sqrt{41}p;$$

$$(4 - \sqrt{41})p = 360 \quad \text{oder} \quad (4 + \sqrt{41})p = 360;$$

$$p = \frac{360}{4 - \sqrt{41}} \quad \text{oder} \quad p = \frac{360}{4 + \sqrt{41}}.$$

Die einzige positive Lösung ist $p = \frac{360}{4 + \sqrt{41}} \approx 34,6$.

Somit hat der Punkt P ungefähr die Koordinaten P(0 | 0 | 34,6).

Abiturprüfung Mathematik (Baden-Württemberg): Geometrie Aufgabe 12 (aus GK 2001 B 2)

Durch die Eckpunkte

$O(0|0|0)$, $A_1(10|0|0)$, $B_1(10|6|0)$, $C_1(0|8|0)$,

$O_2(0|0|10)$, $A_2(10|0|11)$, $B_2(10|6|8)$, $C_2(0|8|6)$

ist ein Gebäude (Ausstellungspavillon) mit ebenen Seitenwänden gegeben, welches auf der x_1x_2-Ebene steht (Angaben in Meter).
O_2, A_2, B_2, C_2 sind die Eckpunkte seiner Dachfläche.

a) Zeichnen Sie das Gebäude in ein Koordinatensystem ein (Längeneinheit 1 cm; Verkürzungsfaktor in x_1-Richtung $\frac{1}{2}\sqrt{2}$).
Zeigen Sie, dass die Eckpunkte der Dachfläche in einer Ebene E liegen.
Ermitteln Sie eine Koordinatengleichung von E.
In E liegt die gesamte Dachfläche. Falls die Dachneigung (Winkel zwischen E und der x_1x_2-Ebene) größer als 30° ist, muss ein Schneefanggitter angebracht werden.
Überprüfen Sie, ob dies der Fall ist.
(Teilergebnis: E: $x_1 - 5x_2 - 10x_3 + 100 = 0$).

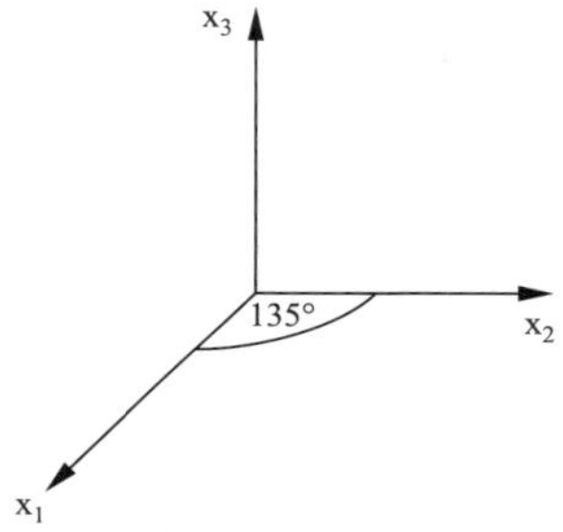

b) Es soll die Größe der Dachfläche bestimmt werden.
Untersuchen Sie hierzu die Lage gegenüberliegender Dachkanten.
Bestimmen Sie den Inhalt der Dachfläche.

c) Die trapezförmige Fläche $M_2M_3C_3C_2$, mit $M_2(5|7|7)$, $M_3(5|7|4)$ und $C_3(0|8|4)$ in der entsprechenden Außenwand ist verglast. Durch diese Glasfläche fällt paralleles Sonnenlicht ein, wobei zu einem bestimmten Zeitpunkt der Lichtstrahl durch die Ecke C_2 im Punkt $Q_2(2|0|2)$ der gegenüberliegenden Wand $A_1OO_2A_2$ auftrifft.
Bestimmen Sie den vom Sonnenlicht getroffenen Bereich dieser Wand und schraffieren Sie diesen.

Lösung

a) Die Eckpunkte $O(0|0|0)$, $A_1(10|0|0)$, $B_1(10|6|0)$, $C_1(0|8|0)$ des Gebäudes liegen in der x_1x_2-Ebene.
Zum Nachweis, dass die Eckpunkte $O_2(0|0|10)$, $A_2(10|0|11)$, $B_2(10|6|8)$, $C_2(0|8|6)$ der Dachfläche in einer Ebene liegen, bestimmt man zunächst die Gleichung der Ebene E, die durch die drei Punkte O_2, A_2 und B_2 festgelegt ist.

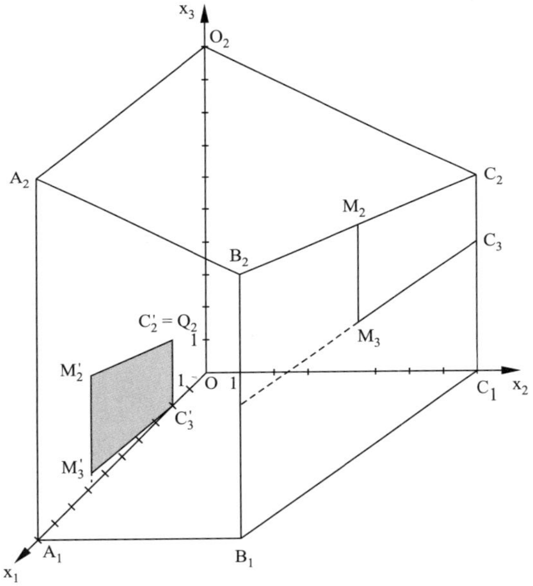

Eine Parametergleichung von E ist:

$$E:\ \vec{x} = \overrightarrow{OO_2} + s \cdot \overrightarrow{O_2A_2} + t \cdot \overrightarrow{O_2B_2} = \begin{pmatrix} 0 \\ 0 \\ 10 \end{pmatrix} + s \cdot \begin{pmatrix} 10 \\ 0 \\ 1 \end{pmatrix} + t \cdot \begin{pmatrix} 10 \\ 6 \\ -2 \end{pmatrix}; \quad s, t \in \mathbb{R}.$$

Da die zweite Koordinate des Vektors $\overrightarrow{O_2A_2}$ gleich 0 ist, kann man für einen Normalenvektor von E ansetzen: $\vec{n} = \begin{pmatrix} -1 \\ x \\ 10 \end{pmatrix}$.

Aus $\vec{n} \cdot \overrightarrow{O_2B_2} = 0$ ergibt sich:

$$-10 + 6x - 20 = 0; \quad x = 5, \quad \text{also: } \vec{n} = \begin{pmatrix} -1 \\ 5 \\ 10 \end{pmatrix}.$$

Mit dem Ansatz

$-x_1 + 5x_2 + 10x_3 = a$ und $O_2(0|0|10) \in E$ erhält man eine

Koordinatengleichung für E: $-x_1 + 5x_2 + 10x_3 = 100$.

Der Punkt $C_2(0|8|6)$ liegt ebenfalls in dieser Ebene, da $5 \cdot 8 + 10 \cdot 6 = 100$ gilt.
Somit liegen alle vier Eckpunkte der Dachfläche in der Ebene E.

Für den Winkel α zwischen der Ebene E und der x_1x_2-Ebene gilt:

$$\cos\alpha = \frac{\left|\begin{pmatrix}-1\\5\\10\end{pmatrix} \cdot \begin{pmatrix}0\\0\\1\end{pmatrix}\right|}{\sqrt{126} \cdot 1} = \frac{10}{\sqrt{126}} \approx 0{,}8909\ ;\quad \alpha \approx 27{,}02°.$$

Da $\alpha < 30°$ gilt, ist kein Schneefanggitter notwendig.

b) Die Vektoren, die die Dachkanten beschreiben, sind:

$$\overrightarrow{O_2A_2} = \begin{pmatrix}10\\0\\1\end{pmatrix};\quad \overrightarrow{C_2B_2} = \begin{pmatrix}10\\-2\\2\end{pmatrix};\quad \overrightarrow{O_2C_2} = \begin{pmatrix}0\\8\\-4\end{pmatrix};\quad \overrightarrow{A_2B_2} = \begin{pmatrix}0\\6\\-3\end{pmatrix}.$$

Wegen

$$\overrightarrow{O_2C_2} = \begin{pmatrix}0\\8\\-4\end{pmatrix} = 4 \cdot \begin{pmatrix}0\\2\\-1\end{pmatrix} \quad \text{und} \quad \overrightarrow{A_2B_2} = \begin{pmatrix}0\\6\\-3\end{pmatrix} = 3 \cdot \begin{pmatrix}0\\2\\-1\end{pmatrix}$$

sind die Vektoren $\overrightarrow{A_2B_2}$ und $\overrightarrow{O_2C_2}$ linear abhängig.

Die Vektoren $\overrightarrow{O_2A_2}$ und $\overrightarrow{C_2B_2}$ sind ersichtlich linear unabhängig.

Somit gilt:

Die Dachkanten $\overline{A_2B_2}$ und $\overline{O_2C_2}$ sind parallel, die Dachkanten $\overline{O_2A_2}$ und $\overline{C_2B_2}$ sind nicht parallel. Die Dachfläche hat daher die Form eines Trapezes.

Um den Inhalt des Trapezes zu bestimmen, benötigt man die Längen a und c der beiden Grundseiten und die Höhe h des Trapezes.
Für die Grundseiten gilt:

$$a = |\overrightarrow{O_2C_2}| = \left|\begin{pmatrix}0\\8\\-4\end{pmatrix}\right| = \sqrt{64+16} = \sqrt{80},\quad c = |\overrightarrow{A_2B_2}| = \left|\begin{pmatrix}0\\6\\-3\end{pmatrix}\right| = \sqrt{36+9} = \sqrt{45}.$$

Die Höhe des Trapezes ist gleich dem Abstand des Punktes A_2 von der Geraden

$$O_2C_2:\ \vec{x} = \overrightarrow{OO_2} + r \cdot \overrightarrow{O_2C_2} = \begin{pmatrix}0\\0\\10\end{pmatrix} + r \cdot \begin{pmatrix}0\\8\\-4\end{pmatrix};\quad r \in \mathbb{R}.$$

Für die Hilfsebene H, die orthogonal zur Geraden O_2C_2 ist und durch den Punkt A_2 geht, kann man die Gleichung $8x_2 - 4x_3 = a$ ansetzen.

Aus $A_2(10|0|11) \in H$ ergibt sich:

$$H:\ 8x_2 - 4x_3 = -44 \quad \text{bzw.} \quad H:\ 2x_2 - x_3 = -11.$$

Bestimmung des Schnittpunktes F von H mit der Geraden O_2C_2:

$$2\cdot(8r) - (10-4r) = -11\ ;\quad 20r = -1\ ;\quad r = -\frac{1}{20};\quad F\left(0\,\middle|\,-\frac{2}{5}\,\middle|\,\frac{51}{5}\right).$$

Für die Trapezhöhe folgt damit:

$$h = |\overrightarrow{A_2F}| = \left|\begin{pmatrix}-10\\ -\frac{2}{5}\\ -\frac{4}{5}\end{pmatrix}\right| = \sqrt{100+\frac{4}{25}+\frac{16}{25}} = \sqrt{\frac{2520}{25}} = \frac{6}{5}\sqrt{70}.$$

Für den Inhalt der Dachfläche erhält man schließlich:

$$\mathbf{A} = \frac{1}{2}\cdot(a+c)\cdot h = \frac{1}{2}\cdot(\sqrt{80}+\sqrt{45})\cdot\frac{6}{5}\sqrt{70}$$

$$= \frac{6}{10}\cdot(\sqrt{5600}+\sqrt{3150}) = \frac{6}{10}\cdot(20\sqrt{14}+15\sqrt{14})$$

$$= \mathbf{21\sqrt{14} \approx 78{,}57}.$$

c) Zu dem genannten Zeitpunkt trifft der Lichtstrahl durch den Punkt $C_2(0|8|6)$ im Punkt $Q_2(2|0|2)$ auf der Wand $A_1OO_2A_2$ auf.
Die Richtung der Lichtstrahlen wird dann durch den Vektor

$$\overrightarrow{C_2Q_2} = \begin{pmatrix}2\\-8\\-4\end{pmatrix};\quad \text{bzw. durch } \vec{u} = \begin{pmatrix}1\\-4\\-2\end{pmatrix}$$

beschrieben.
Der vom Sonnenlicht durch das Fenster $M_2M_3C_3C_2$ getroffene Bereich auf der Wand $A_1OO_2A_2$ ist ein Viereck, das von den Bildpunkten M_2', M_3', C_3' und $C_2' = Q_2$ der Eckpunkte des Fensters bestimmt wird.
Man erhält diese Bildpunkte, indem man die Geraden durch die Eckpunkte des Fensters mit $\vec{u}$ als Richtungsvektor mit der Wandfläche $A_1OO_2A_2$ schneidet.
Die Wandfläche $A_1OO_2A_2$ liegt in der x_1x_3-Ebene: $x_2 = 0$.

Bestimmung des Bildpunktes M_2' von $M_2(5|7|7)$:

Schnitt von

$$g_1:\ \vec{x} = \overrightarrow{OM_2} + t_1\cdot\vec{u} = \begin{pmatrix}5\\7\\7\end{pmatrix} + t_1\cdot\begin{pmatrix}1\\-4\\-2\end{pmatrix};\quad t_1 \in \mathbb{R},$$

mit der x_1x_3-Ebene: $x_2 = 0$

$$7-4t_1 = 0\ ;\quad t_1 = \frac{7}{4}\ ;\quad M_2'\left(\frac{27}{4}\,\middle|\,0\,\middle|\,\frac{7}{2}\right).$$

Bestimmung des Bildpunktes M_3' von $M_3(5|7|4)$:
Schnitt von

$$g_2\colon\ \vec{x} = \overrightarrow{OM_3} + t_2 \cdot \vec{u} = \begin{pmatrix} 5 \\ 7 \\ 4 \end{pmatrix} + t_2 \cdot \begin{pmatrix} 1 \\ -4 \\ -2 \end{pmatrix};\quad t_2 \in \mathbb{R},$$

mit der x_1x_3-Ebene: $x_2 = 0$:

$$7 - 4t_2 = 0\ ;\quad t_2 = \frac{7}{4}\ ;\quad M_3'\left(\frac{27}{4}\,\middle|\,0\,\middle|\,\frac{1}{2}\right).$$

Bestimmung des Bildpunktes C_3' von $C_3(0|8|4)$:
Schnitt von

$$g_3:\ \vec{x} = \overrightarrow{OC_3} + t_3 \cdot \vec{u} = \begin{pmatrix} 0 \\ 8 \\ 4 \end{pmatrix} + t_3 \cdot \begin{pmatrix} 1 \\ -4 \\ -2 \end{pmatrix};\quad t_3 \in \mathbb{R},$$

mit der x_1x_3-Ebene: $x_2 = 0$

$$8 - 4t_3 = 0\ ;\quad t_3 = 2\ ;\quad C_3'(2|0|0).$$

Der vom Sonnenlicht getroffene Bereich wird durch das Viereck $M_2'M_3'C_3'C_2'$ mit $M_2'\left(\frac{27}{4}\,\middle|\,0\,\middle|\,\frac{7}{2}\right)$, $M_3'\left(\frac{27}{4}\,\middle|\,0\,\middle|\,\frac{1}{2}\right)$, $C_3'(2|0|0)$ und $C_2' = Q_2(2|0|2)$ beschrieben.

Mathematatik (Baden-Württemberg): Geometrie Aufgabe 13 (aus LK 2001 II 1)

In einem kartesischen Koordinatensystem sind die Punkte A(– 4 | 1 | 1), B(– 2 | 0 | 1), C(4 | 1 | – 3) sowie die Ebene E_1: $x_1 + 2x_2 + 2x_3 = 9$ gegeben.
Die Gerade g ist die Lotgerade zu E_1 durch den Ursprung O(0 | 0 | 0).
Die Ebene E_2 enthält die Punkte A, B und C.

Die Koordinatenebenen und die Ebene E_1 legen eine Pyramide fest.
Zeichnen Sie ein Schrägbild der Pyramide.
Berechnen Sie den Inhalt ihrer Oberfläche.
Bestimmen Sie eine Koordinatengleichung von E_2.
Die Gerade g schneidet E_1 im Punkt P.
Berechnen Sie die Koordinaten von P und zeichnen Sie P in das Schrägbild ein.
Berechnen Sie den Abstand der Ebenen E_1 und E_2.
Ermitteln Sie Gleichungen der Ebenen, die von E_1 den doppelten Abstand haben wie von E_2.

Lösung

Die Ebene E_1: $x_1 + 2x_2 + 2x_3 = 9$ schneidet die Koordinatenachsen in den Punkten:

$$S_1(9|0|0);\ S_2\left(0\left|\frac{9}{2}\right|0\right);\ S_3\left(0\left|0\right|\frac{9}{2}\right).$$

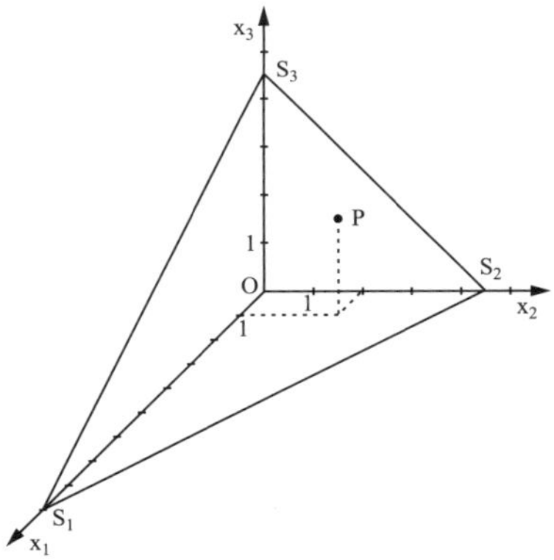

Die Oberfläche der Pyramide $OS_1S_2S_3$ besteht aus den drei rechtwinkligen Dreiecken OS_1S_2, OS_1S_3, OS_2S_3 und dem gleichschenkligen Dreieck $S_1S_2S_3$.

Der Mittelpunkt $H\left(0\left|\frac{9}{4}\right|\frac{9}{4}\right)$ der Basis $\overline{S_2S_3}$ ist zugleich Höhenfußpunkt im Dreieck $S_1S_2S_3$.

Für den **Inhalt der Pyramidenoberfläche** erhält man damit:

$$\mathbf{O_{Py}} = \frac{1}{2}|\overrightarrow{S_2S_3}|\cdot|\overrightarrow{S_1H}| + \frac{1}{2}|\overrightarrow{OS_1}|\cdot|\overrightarrow{OS_2}| + \frac{1}{2}|\overrightarrow{OS_1}|\cdot|\overrightarrow{OS_3}| + \frac{1}{2}|\overrightarrow{OS_2}|\cdot|\overrightarrow{OS_3}|$$

$$= \frac{1}{2}\left|\begin{pmatrix}0\\-4{,}5\\4{,}5\end{pmatrix}\right|\cdot\left|\begin{pmatrix}-9\\2{,}25\\2{,}25\end{pmatrix}\right| + \frac{1}{2}\cdot 9\cdot 4{,}5 + \frac{1}{2}\cdot 9\cdot 4{,}5 + \frac{1}{2}\cdot 4{,}5\cdot 4{,}5$$

$$= \frac{1}{2}\sqrt{40{,}5}\cdot\sqrt{91{,}125} + 20{,}25 + 20{,}25 + 10{,}125$$

$$= 30{,}375 + 20{,}25 + 20{,}25 + 10{,}125$$

$$= \mathbf{81}.$$

Die Punkte A(−4 | 1 | 1), B(−2 | 0 | 1) und C(4 | 1 | −3) liegen in der Ebene

$$E_2\colon \vec{x} = \overrightarrow{OA} + s\cdot\overrightarrow{AB} + t\cdot\overrightarrow{AC} = \begin{pmatrix}-4\\1\\1\end{pmatrix} + s\cdot\begin{pmatrix}2\\-1\\0\end{pmatrix} + t\cdot\begin{pmatrix}8\\0\\-4\end{pmatrix};\quad s, t \in \mathbb{R}.$$

Ein Normalenvektor von E_2 lässt sich unmittelbar ablesen: $\vec{n}_2 = \begin{pmatrix}1\\2\\2\end{pmatrix}$.

Mit dem Ansatz $x_1 + 2x_2 + 2x_3 = a$ für E_2 und $A(-4\,|\,1\,|\,1) \in E_2$ erhält man eine **Koordinatengleichung der Ebene:**

$$\mathbf{E_2\colon\ x_1 + 2x_2 + 2x_3 = 0.}$$

Die Gerade g ist die Lotgerade zu E_1 durch den Ursprung O(0 | 0 | 0). Eine Gleichung von g ist daher:

$$g\colon \vec{x} = u\cdot\begin{pmatrix}1\\2\\2\end{pmatrix};\quad u \in \mathbb{R}.$$

Schnittpunkt P von g mit E_1:

$$u + 2\cdot 2u + 2\cdot 2u = 9;\quad 9u = 9;\quad u = 1;\quad \mathbf{P(1\,|\,2\,|\,2).}$$

Die Ebenen E_1 und E_2 sind parallel, da sie gleiche Normalenvektoren haben.
Die Gerade g ist orthogonal zu E_1und damit auch zu E_2. Sie schneidet E_1 in P und E_2 im Ursprung O.

Der **Abstand der beiden Ebenen** ist daher:

$$\mathbf{d(E_1;\ E_2)} = |\overrightarrow{OP}| = \left|\begin{pmatrix}1\\2\\2\end{pmatrix}\right| = \sqrt{9} = \mathbf{3}.$$

Andere Lösungsmöglichkeit:
Man wählt einen Punkt auf E_2, etwa O(0 | 0 | 0), und bestimmt den Abstand von O zur Ebene E_1:

$$\text{HNF von } E_1 : \frac{x_1 + 2x_2 + 2x_3 - 9}{3} = 0;$$

$$d(E_1;\ E_2) = d(O;\ E_1) = \frac{|-9|}{3} = 3.$$

Für eine zu E_1 parallele Ebene E^* kann man die Koordinatengleichung

$$E^*: x_1 + 2x_2 + 2x_3 = c$$

ansetzen.
Der Punkt P(1 | 2 | 2) liegt auf E_1. Der Abstand von E_1 zu E^* ist daher gleich dem Abstand von P zu E^*.
Entsprechend ist der Abstand von E_2 zu E^* gleich dem Abstand des Ursprungs O(0 | 0 | 0) zu E^*.

E^* soll nun den doppelten Abstand von E_1 haben wie von E_2, d. h. es muss gelten:

$$d(E^*;\ E_1) = 2\cdot d(E^*;\ E_2),\ \text{bzw.}\ d(P;\ E^*) = 2\cdot d(O;\ E^*).$$

Mit der

$$\text{HNF von } E^*: \frac{x_1 + 2x_2 + 2x_3 - c}{3} = 0$$

erhält man weiter:

$$\frac{|1+4+4-c|}{3} = 2 \cdot \frac{|-c|}{3}; \quad |9-c| = 2|-c|;$$

$$9 - c = -2c \text{ oder } 9 - c = 2c; \ \mathbf{c = -9} \text{ oder } \mathbf{c = 3}.$$

Die beiden Ebenen

$$\mathbf{E_1^*: x_1 + 2x_2 + 2x_3 = -9 \quad und \quad E_2^*: x_1 + 2x_2 + 2x_3 = 3}$$

haben von E_1den doppelten Abstand wie von E_2.

Weitere Lösungsmöglichkeit:
Man bestimmt zunächst auf der zu E_1 und E_2 orthogonalen Geraden g die Punkte $F(u\,|\,2u\,|\,2u)$, für die gilt:

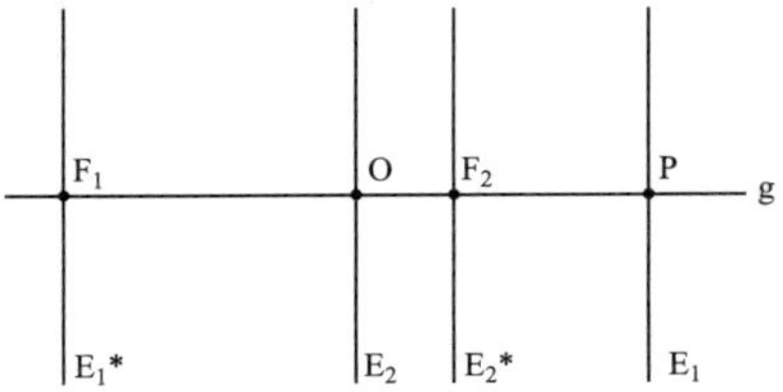

$$|\overrightarrow{PF}| = 2 \cdot |\overrightarrow{OF}|;$$

$$\left|\begin{pmatrix} u-1 \\ 2u-2 \\ 2u-2 \end{pmatrix}\right|^2 = 2^2 \cdot \left|\begin{pmatrix} u \\ 2u \\ 2u \end{pmatrix}\right|^2;$$

$$9(u-1)^2 = 4 \cdot 9u^2; \quad u^2 - 2u + 1 = 4u^2;$$

$$u^2 + \frac{2}{3}u - \frac{1}{3} = 0; \quad u_1 = -1; \ u_2 = \frac{1}{3};$$

$$\mathbf{F_1(-1\,|\,-2\,|\,-2); \quad F_2\left(\frac{1}{3}\,\middle|\,\frac{2}{3}\,\middle|\,\frac{2}{3}\right)}.$$

Mit dem Ansatz E^*: $x_1 + 2x_2 + 2x_3 = c$ und $F_1 \in E^*$ bzw. $F_2 \in E^*$ erhält man damit wieder die beiden Ebenen E_1^* und E_2^* von oben.

Anmerkung:
Wie die Skizze zeigt, hätte man die beiden Punkte F_1 und F_2 auch schneller erhalten können:

$$\overrightarrow{OF_1} = -\overrightarrow{OP} \text{ und } \overrightarrow{OF_2} = \frac{1}{3} \cdot \overrightarrow{OP}$$

Abiturprüfung Mathematik (Baden-Württemberg):
Geometrie Aufgabe 14 (aus GK 2002 B 1)

Gegeben sind die Punkte A(–1 | 6 | 1), B(2 | 2 | 2), C(0 | 7 | –1), P(0 | 6 | 6) und Q(6 | 6 | 6).
Die Ebene E enthält die Punkte A, B und C.

a) Geben Sie eine Gleichung der Geraden g an, die durch die Punkte P und Q geht.
Bestimmen Sie eine Koordinatengleichung von E.
Unter welchem Winkel schneidet g die Ebene E?
Welchen Abstand hat O(0 | 0 | 0) von E?
Bestimmen Sie die Schnittpunkte S_1, S_2 und S_3 von E mit den Koordinatenachsen.
S_1, S_2, und S_3 und O sind Eckpunkte eines Würfels.
Zeichnen Sie das Dreieck $S_1S_2S_3$ und den Würfel in ein Koordinatensystem ein.

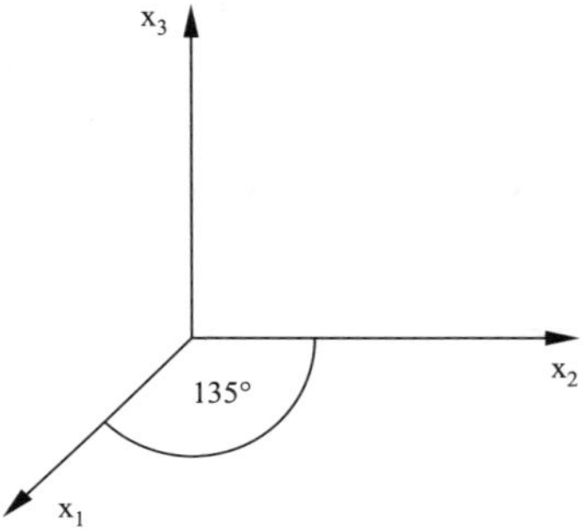

(Längeneinheit 1 cm; Verkürzungsfaktor in x_1-Richtung $\frac{1}{2}\sqrt{2}$)

(Teilergebnis: E: $x_1 + x_2 + x_3 - 6 = 0$)

b) Gegeben ist eine Ebene durch die Eckpunkte P und Q des Würfels aus Teilaufgabe a und den Punkt R(6 | 0 | 4).
Geben Sie den Schnittpunkt dieser Ebene mit der x_3-Achse an.
Die Ebene zerlegt den Würfel in zwei Teile.
Zeichnen Sie die Schnittfläche in das Bild aus Teilaufgabe a ein.
Bestimmen Sie das Verhältnis der Volumina der entstandenen Teilkörper.

c) Gegeben ist die Geradenschar

$$h_r: \vec{x} = \begin{pmatrix} 6 \\ 0 \\ 6 \end{pmatrix} + t \begin{pmatrix} r \\ -2 \\ 4 \end{pmatrix}; \quad t, r \in \mathbb{R}.$$

Die durch den Ursprung gehende Raumdiagonale des Würfels aus Teilaufgabe a schneidet eine Gerade der Schar in einem Punkt S.
Bestimmen Sie die Koordinaten von S und eine Gleichung dieser Geraden.

d) Gegeben ist die Gerade

$$k: \vec{x} = \begin{pmatrix} 0 \\ 4 \\ 2 \end{pmatrix} + s \begin{pmatrix} 1 \\ 0 \\ -1 \end{pmatrix}; \quad s \in \mathbb{R}.$$

Zeichnen Sie k in das vorhandene Koordinatensystem ein.
Zeigen Sie, dass k parallel zur x_1x_3-Ebene verläuft.
Weisen Sie nach: Die Gerade k zerlegt das Dreieck $S_1S_2S_3$ aus Teilaufgabe a.
Berechnen Sie die Flächeninhalte der Teilflächen.

Lösung

a) **Gleichung der Geraden g durch die Punkte $P(0\,|\,6\,|\,6)$ und $Q(6\,|\,6\,|\,6)$:**

$$g\colon \vec{x} = \overrightarrow{OP} + t\cdot\overrightarrow{PQ} = \begin{pmatrix}0\\6\\6\end{pmatrix} + t\cdot\begin{pmatrix}6\\0\\0\end{pmatrix},\ t\in\mathbb{R} \quad \text{bzw.} \quad \mathbf{g\colon \vec{x} = \begin{pmatrix}0\\6\\6\end{pmatrix} + t^*\cdot\begin{pmatrix}1\\0\\0\end{pmatrix},\ t^*\in\mathbb{R}}.$$

Koordinatengleichung der Ebene E:

Eine Parametergleichung der Ebene E durch die drei Punkte $A(-1\,|\,6\,|\,1)$, $B(2\,|\,2\,|\,2)$ und $C(0\,|\,7\,|\,-1)$ ist:

$$E\colon \vec{x} = \overrightarrow{OA} + r\cdot\overrightarrow{AB} + s\cdot\overrightarrow{AC} = \begin{pmatrix}-1\\6\\1\end{pmatrix} + r\cdot\begin{pmatrix}3\\-4\\1\end{pmatrix} + s\cdot\begin{pmatrix}1\\1\\-2\end{pmatrix};\ r,s\in\mathbb{R}.$$

Für einen Normalenvektor $\vec{n} = \begin{pmatrix}n_1\\n_2\\n_3\end{pmatrix}$ von E muss gelten:

$$\vec{n}\cdot\begin{pmatrix}3\\-4\\1\end{pmatrix} = 0 \text{ und } \vec{n}\cdot\begin{pmatrix}1\\1\\-2\end{pmatrix} = 0 \text{, d. h. } \left.\begin{array}{l}3n_1 - 4n_2 + n_3 = 0\\ n_1 + n_2 - 2n_3 = 0\end{array}\right| \begin{array}{l}\cdot 2\\ \lrcorner\end{array};\ \left.\begin{array}{l}3n_1 - 4n_2 + n_3 = 0\\ 7n_1 - 7n_2 \qquad = 0\end{array}\right|.$$

Eine Lösung ist $n_1 = 1$, $n_2 = 1$, $n_3 = 1$ bzw. $\vec{n} = \begin{pmatrix}1\\1\\1\end{pmatrix}$.

Mit dem Ansatz $x_1 + x_2 + x_3 = c$ und $A(-1\,|\,6\,|\,1) \in E$ ergibt sich eine
Koordinatengleichung von E: $x_1 + x_2 + x_3 = 6$.

Schnittwinkel α von g und E:

$$\sin\alpha = \frac{\left|\begin{pmatrix}1\\0\\0\end{pmatrix}\cdot\begin{pmatrix}1\\1\\1\end{pmatrix}\right|}{1\cdot\sqrt{3}} = \frac{1}{\sqrt{3}} \approx 0{,}5774;\quad \alpha \approx \mathbf{35{,}26°}.$$

Abstand des Ursprungs $O(0\,|\,0\,|\,0)$ von der Ebene E:

$$\text{HNF von E: } \frac{1}{\sqrt{3}}(x_1 + x_2 + x_3 - 6) = 0.$$

$$\mathbf{d(O;E)} = \frac{|-6|}{\sqrt{3}} = \frac{6}{\sqrt{3}} = \frac{6\sqrt{3}}{3} = \mathbf{2\sqrt{3}}.$$

Schnittpunkte von E mit den Koordinatenachsen:

E schneidet
die x_1-Achse ($x_2 = x_3 = 0$) in $\mathbf{S_1(6\,|\,0\,|\,0)}$,
die x_2-Achse ($x_1 = x_3 = 0$) in $\mathbf{S_2(0\,|\,6\,|\,0)}$,
die x_3-Achse ($x_1 = x_2 = 0$) in $\mathbf{S_3(0\,|\,0\,|\,6)}$.

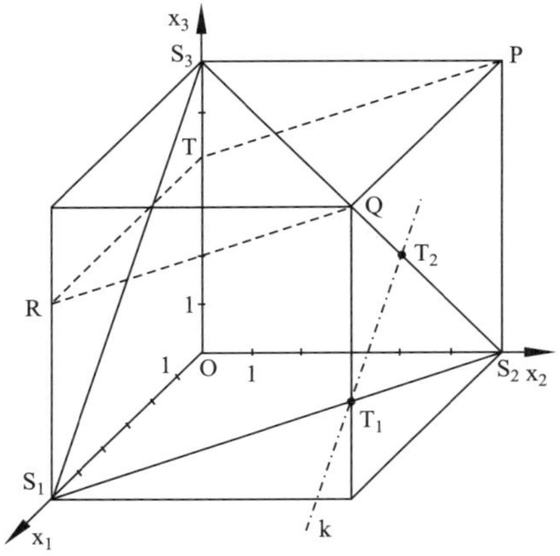

b) Die Punkte $P(0|6|6)$ und $Q(6|6|6)$ sind Eckpunkte des oben gezeichneten Würfels, der Punkt $R(6|0|4)$ liegt auf der Würfelkante über S_1 (s. Zeichnung). Die drei Punkte legen eine Ebene F fest.

Schnittpunkt T der Ebene F mit der x_3-Achse:

Da die Gerade RT parallel zu QP (und damit zur x_1-Achse) sein muss, kann man den Schnittpunkt sofort angeben: $\mathbf{T(0|0|4)}$.

Oder:

Es gilt: $\overrightarrow{OT} = \overrightarrow{OR} + \overrightarrow{QP} = \begin{pmatrix} 6 \\ 0 \\ 4 \end{pmatrix} + \begin{pmatrix} -6 \\ 0 \\ 0 \end{pmatrix} = \begin{pmatrix} 0 \\ 0 \\ 4 \end{pmatrix}$.

Oder:

Man bestimmt zunächst eine Gleichung der Ebene F: $x_2 - 3x_3 = -12$ und berechnet damit ihren Schnittpunkt T mit der x_3-Achse.

Die Schnittfläche von F mit dem Würfel ist das Rechteck PTRQ (s. Zeichnung).

Verhältnis der Volumina der Teilkörper:

Der obere Teilkörper, der beim Schnitt der Ebene F mit dem Würfel entsteht, ist ein Prisma mit dem rechtwinkligen Dreieck TPS_3 als Grundfläche und der Höhe $h = |\overrightarrow{PQ}| = 6$.

Das Volumen dieses Prismas ist:

$$V_P = \frac{1}{2} \cdot |\overrightarrow{S_3T}| \cdot |\overrightarrow{S_3P}| \cdot h = \frac{1}{2} \cdot 2 \cdot 6 \cdot 6 = 36.$$

Das Volumen des Restkörpers ergibt sich als Differenz des Würfelvolumens $V_W = 6^3 = 216$ und des Volumens des Prismas:

$$V_R = V_w - V_P = 216 - 36 = 180.$$

Das Verhältnis der Volumina beträgt somit: $\mathbf{\frac{V_P}{V_R} = \frac{36}{180} = \frac{1}{5}}$.

c) Für die Raumdiagonale d (als Strecke) des Würfels durch O gilt:

$$d:\ \vec{x} = u \cdot \begin{pmatrix} 1 \\ 1 \\ 1 \end{pmatrix},\ 0 \le u \le 6.$$

Schnitt von d mit einer Geraden h_r

$$u \cdot \begin{pmatrix} 1 \\ 1 \\ 1 \end{pmatrix} = \begin{pmatrix} 6 \\ 0 \\ 6 \end{pmatrix} + t \cdot \begin{pmatrix} r \\ -2 \\ 4 \end{pmatrix};\quad \left.\begin{array}{l} u - rt = 6 \\ u + 2t = 0 \\ u - 4t = 6 \end{array}\right| \begin{array}{l} \\ \cdot 2 \\ \hookleftarrow \end{array};\quad \left.\begin{array}{l} u - rt = 6 \\ u + 2t = 0 \\ 3u \quad\ = 6 \end{array}\right|;\quad \left.\begin{array}{l} u = 2 \\ t = -1 \\ r = 4 \end{array}\right|.$$

Somit folgt:

Die Gerade h_4: $\vec{x} = \begin{pmatrix} 6 \\ 0 \\ 6 \end{pmatrix} + t \cdot \begin{pmatrix} 4 \\ -2 \\ 4 \end{pmatrix}$, $t \in \mathbb{R}$ schneidet die Raumdiagonale im Punkt $S(2|2|2)$.

d) Gegeben ist die Gerade $k: \vec{x} = \begin{pmatrix} 0 \\ 4 \\ 2 \end{pmatrix} + s \cdot \begin{pmatrix} 1 \\ 0 \\ -1 \end{pmatrix}, \ s \in \mathbb{R}$.

Zeichnung von k siehe oben.

Parallelität von k zur x_1x_3-Ebene:

Ein Normalenvektor der x_1x_3-Ebene ist $\begin{pmatrix} 0 \\ 1 \\ 0 \end{pmatrix}$.

Wegen

$$\begin{pmatrix} 0 \\ 1 \\ 0 \end{pmatrix} \cdot \begin{pmatrix} 1 \\ 0 \\ -1 \end{pmatrix} = 0$$

ist k parallel zur x_1x_3-Ebene.

Zerlegung des Dreiecks $S_1S_2S_3$:

Da die Gerade k parallel zur x_1x_3-Ebene ist und nicht in ihr liegt, sind nur Schnittpunkte von k mit den Dreieckseiten $\overline{S_1S_2}$ und $\overline{S_2S_3}$ möglich.

Schnitt von k mit der Strecke $\overline{S_1S_2}: \vec{x} = \begin{pmatrix} 6 \\ 0 \\ 0 \end{pmatrix} + s_1 \cdot \begin{pmatrix} -6 \\ 6 \\ 0 \end{pmatrix}, \ 0 \le s_1 \le 1$:

$$\left. \begin{array}{r} 6 - 6s_1 = s \\ 6s_1 = 4 \\ 0 = 2 - s \end{array} \right| , \text{ Lösung aller drei Gleichungen: } s = 2, \ s_1 = \frac{2}{3}.$$

k schneidet somit die Strecke $\overline{S_1S_2}$ im Punkt $T_1(2\,|\,4\,|\,0)$.

Schnitt von k mit der Strecke $\overline{S_2S_3}: \ \vec{x} = \begin{pmatrix} 0 \\ 6 \\ 0 \end{pmatrix} + s_2 \cdot \begin{pmatrix} 0 \\ -6 \\ 6 \end{pmatrix}, \ 0 \le s_2 \le 1$:

$$\left. \begin{array}{r} 0 = s \\ 6 - 6s_2 = 4 \\ 6s_2 = 2 - s \end{array} \right| , \text{ Lösung aller drei Gleichungen: } s = 0, \ s_2 = \frac{1}{3}.$$

k schneidet die Strecke $\overline{S_2S_3}$ im Punkt $T_2(0\,|\,4\,|\,2)$.

Da die Gerade k zwei Seiten des Dreiecks $S_1S_2S_3$ in den Punkten T_1 und T_2 schneidet, zerlegt sie das Dreieck in zwei Teilflächen.

Flächeninhalte der Teilflächen:

Da die Gerade k parallel zur x_1x_3-Ebene ist, ist die Strecke T_1T_2 parallel zur Strecke S_1S_3. Das Dreieck $S_1S_2S_3$ ist gleichseitig, somit auch das dazu ähnliche Dreieck $T_1S_2T_2$.

Mit der entsprechenden Inhaltsformel erhält man dann für den Flächeninhalt des Dreiecks $T_1S_2T_2$:

$$A_1 = \frac{\sqrt{3}}{4} \cdot a^2 = \frac{\sqrt{3}}{4} \cdot |\overrightarrow{T_1T_2}|^2 = \frac{\sqrt{3}}{4} \cdot \sqrt{8}^2 = 2\sqrt{3}.$$

Das gesamte Spurdreieck $S_1S_2S_3$ hat den Inhalt:

$$A_{ges} = \frac{\sqrt{3}}{4} \cdot |\overrightarrow{S_1S_2}|^2 = \frac{\sqrt{3}}{4} \cdot \sqrt{72}^2 = 18\sqrt{3}.$$

Die Restfläche $S_3S_1T_1T_2$ ist ein Trapez mit dem Flächeninhalt:

$$A_2 = A_{ges} - A_1 = 16\sqrt{3}.$$

Die Gerade k zerlegt das Spurdreieck $S_1S_2S_3$ in ein gleichseitiges Dreieck mit dem Flächeninhalt $A_1 = 2\sqrt{3}$ und in ein Trapez mit dem Flächeninhalt $A_2 = 16\sqrt{3}$.

Abiturprüfung Mathematik (Baden-Württemberg): Geometrie Aufgabe 15 (aus GK 2002 B 2)

Nebenstehende Figur zeigt das Schrägbild einer 50 m langen und 30 m breiten Lagerhalle, deren Grundfläche in der x_1x_2-Ebene liegt. Entsprechende Gebäudekanten sind parallel. Die Dachkanten EF und DG befinden sich in 15 m Höhe. Die vordere Giebelspitze ist $S_1(50\,|\,10\,|\,20)$ (Angaben in Meter).

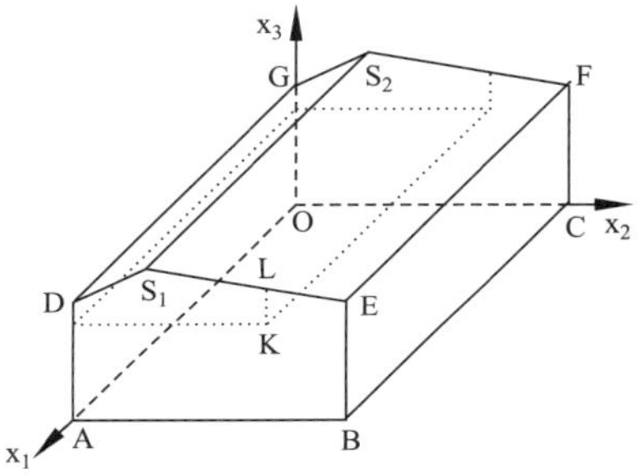

a) Geben Sie die Koordinaten der Punkte A, B, C, D, E, F, G und S_2 an.
Unter welchem Winkel schneiden sich die Dachkanten S_1D und S_1E?
Bestimmen Sie eine Koordinatengleichung der Ebene H, in der die Dachfläche EFS_2S_1 liegt.
Berechnen Sie den Neigungswinkel dieser Dachfläche gegen die Grundfläche.
(Teilergebnis: H: $x_2 + 4x_3 = 90$)

b) Im Zuge von Umbauarbeiten wird die Heizungsanlage saniert und ein neuer, zur Grundfläche orthogonaler, zylinderförmiger Edelstahlkamin eingebaut. Der Fußpunkt der Mittelachse des Kamins ist $P(10\,|\,25\,|\,0)$.
Der Punkt $T(10\,|\,24{,}75\,|\,18)$ liegt auf der Außenwand des Kamins.
Geben Sie den Durchmesser des Kamins an.
In diesem Punkt T ist eine Strebe angebracht, die den Kamin an der Dachfläche EFS_2S_1 befestigt. Sie verläuft senkrecht zu dieser Dachfläche.
Berechnen Sie die Länge der Strebe.

c) In 12,5 m Höhe wird parallel zur Grundfläche eine Zwischendecke eingezogen (vgl. Skizze).
Wie breit ist diese Zwischendecke, wenn die Punkte K und L den Abstand 4,5 m haben?

Lösung

a) Die Lagerhalle ist 50 m lang, 30 m breit und die Dachkanten EF und DG befinden sich in 15 m Höhe. Die vordere Giebelspitze ist $S_1(50\,|\,10\,|\,20)$.

Damit erhält man für die weiteren Eckpunkte des Gebäudes die Koordinaten:

$A(50\,|\,0\,|\,0),\ B(50\,|\,30\,|\,0),\ C(0\,|\,30\,|\,0),\ D(50\,|\,0\,|\,15),$
$E(50\,|\,30\,|\,15),\ F(0\,|\,30\,|\,15),\ G(0\,|\,0\,|\,15),\ S_2(0\,|\,10\,|\,20)$

Schnittwinkel α der Dachkanten S_1D und S_1E:
Der Winkel α ist der Winkel zwischen den Vektoren $\overrightarrow{S_1D} = \begin{pmatrix} 0 \\ -10 \\ -5 \end{pmatrix}$ und $\overrightarrow{S_1E} = \begin{pmatrix} 0 \\ 20 \\ -5 \end{pmatrix}$.
Es gilt:

$$\cos\alpha = \frac{\overrightarrow{S_1D} \cdot \overrightarrow{S_1E}}{\left|\overrightarrow{S_1D}\right| \cdot \left|\overrightarrow{S_1E}\right|} = \frac{-200+25}{\sqrt{125}\cdot\sqrt{425}} \approx -07593;\ \boldsymbol{\alpha \approx 139{,}4°}.$$

Koordinatengleichung der Ebene H:
H ist die Ebene, in der die Dachfläche EFS_2S_1 liegt. Eine Parametergleichung von H ist daher:

$$H\colon\ \vec{x} = \overrightarrow{OS_1} + s\cdot\overrightarrow{S_1E} + t\cdot\overrightarrow{S_1S_2} = \begin{pmatrix} 50 \\ 10 \\ 20 \end{pmatrix} + s\cdot\begin{pmatrix} 0 \\ 20 \\ -5 \end{pmatrix} + t\cdot\begin{pmatrix} -50 \\ 0 \\ 0 \end{pmatrix};\ s,t \in \mathbb{R}.$$

Für einen Normalenvektor $\vec{n} = \begin{pmatrix} n_1 \\ n_2 \\ n_3 \end{pmatrix}$ von H muss gelten:

$$\vec{n}\cdot\begin{pmatrix} 0 \\ 20 \\ -5 \end{pmatrix} = 0 \text{ und } \vec{n}\cdot\begin{pmatrix} -50 \\ 0 \\ 0 \end{pmatrix} = 0,\ \text{d. h.}\ \left.\begin{array}{r} 20n_2 - 5n_3 = 0 \\ -50n_1 \qquad\quad = 0 \end{array}\right|.$$

Eine Lösung ist $n_1 = 0,\ n_2 = 1,\ n_3 = 4$ bzw. $\vec{n} = \begin{pmatrix} 0 \\ 1 \\ 4 \end{pmatrix}$.

Mit dem Ansatz $x_2 + 4x_3 = c$ und $S_1(50\,|\,10\,|\,20) \in H$ ergibt sich eine
Koordinatengleichung von $\mathbf{H: x_2 + 4x_3 = 90}$.

Neigungswinkel β der Dachfläche EFS_2S_1 gegen die Grundfläche:

$$\cos\beta = \frac{\left|\begin{pmatrix} 0 \\ 1 \\ 4 \end{pmatrix}\cdot\begin{pmatrix} 0 \\ 0 \\ 1 \end{pmatrix}\right|}{\sqrt{17}\cdot 1} = \frac{4}{\sqrt{17}} \approx 0{,}9701;\ \boldsymbol{\beta \approx 14{,}0°}.$$

b) Der Fußpunkt der Mittelachse des Kamins ist $P(10\,|\,25\,|\,0)$, der Punkt $T(10\,|\,24{,}75\,|\,18)$ liegt auf der Außenwand des Kamins (s. Skizze).

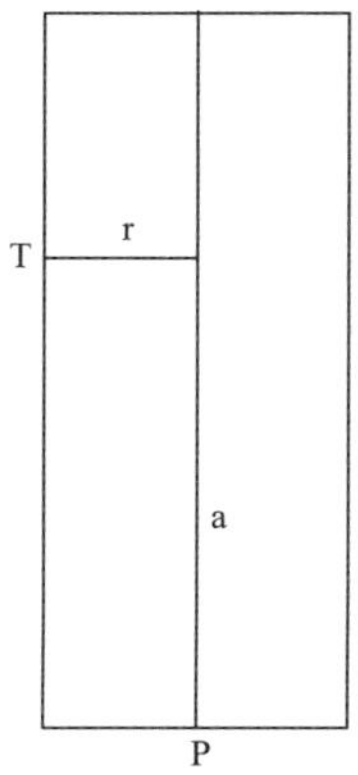

Durchmesser des Kamins:
Die Mittelachse des Kamins liegt auf der Geraden a mit der Gleichung:

$$a:\ \vec{x} = \begin{pmatrix} 10 \\ 25 \\ 0 \end{pmatrix} + t \cdot \begin{pmatrix} 0 \\ 0 \\ 1 \end{pmatrix};\ t \in \mathbb{R}.$$

a ist parallel zur x_3-Achse, die Punkte P und T liegen in der zur x_2x_3-Ebene parallelen Ebene $x_1 = 10$. Somit ergibt sich der Abstand r von T zur Achse als Differenz der x_2-Werte von P und T:

$$r = 25 - 24{,}75 = 0{,}25.$$

Der Durchmesser des Kamins beträgt somit 0,5 m.

Oder:
Man schneidet die zu a orthogonale Hilfsebene E_0: $x_3 = 18$ durch T mit a und bestimmt den Abstand r des Schnittpunktes von T.

Länge der Strebe:

HNF von H: $\frac{1}{\sqrt{17}}(x_2 + 4x_3 - 90) = 0$.

Abstand des Punktes $T(10\,|\,24{,}75\,|\,18)$ von der Ebene H:

$$d(T; H) = \frac{1}{\sqrt{17}}\,|\,24{,}75 + 4 \cdot 18 - 90\,| = \frac{6{,}75}{\sqrt{17}} \approx 1{,}637.$$

Die von T ausgehende zur Dachfläche EFS_2S_1 senkrechte Strebe ist ungefähr 1,64 m lang.

c) **Breite der Zwischendecke:**
Die Zwischendecke wird in 12,5 m Höhe parallel zur Grundfläche angebracht.

Der Punkt K hat die Koordinaten $K(50\,|\,b\,|\,12{,}5)$, wobei b die Breite der Zwischendecke ist.

Der Punkt L liegt auf der Geraden

$$g:\ \vec{x} = \begin{pmatrix} 50 \\ 30 \\ 15 \end{pmatrix} + t \cdot \begin{pmatrix} 0 \\ -20 \\ 5 \end{pmatrix},\ t \in \mathbb{R},$$

durch E und S_1, d. h. für L gilt: $L(50\,|\,30 - 20t\,|\,15 + 5t)$.

L liegt senkrecht über K, also haben die beiden Punkte die gleichen x_2-Werte und der Abstand von L und K ergibt sich als Differenz der x_3-Werte der Punkte. Das führt auf die folgenden Gleichungen:

$$\left|\begin{aligned} 15 + 5t - 12{,}5 &= 4{,}5 \\ 30 - 20t &= b \end{aligned}\right|;\ \left|\begin{aligned} t &= 0{,}4 \\ b &= 22 \end{aligned}\right|.$$

Die Breite der Zwischendecke ist 22 m.

Abiturprüfung Mathematik (Baden-Württemberg): Geometrie Aufgabe 16 (aus LK 2002 II 1)

Gegeben sind die Gerade

$$g: \vec{x} = \begin{pmatrix} 3 \\ -7 \\ 7 \end{pmatrix} + s \begin{pmatrix} 1 \\ -4 \\ 8 \end{pmatrix}; \quad s \in \mathbb{R}$$

sowie für jedes $a \in \mathbb{R}$ eine Gerade

$$h_a : \vec{x} = \begin{pmatrix} 2 \\ -3 \\ -1 \end{pmatrix} + t \begin{pmatrix} 1 \\ a \\ 2a-2 \end{pmatrix}; \quad t \in \mathbb{R}.$$

Alle Geraden h_a liegen in einer Ebene E.

Berechnen Sie die Koordinaten des Schnittpunktes S von g und h_1.
Zeigen Sie, dass g mit jeder Geraden h_a genau einen Punkt gemeinsam hat.
Untersuchen Sie, ob a so gewählt werden kann, dass g und h_a orthogonal sind.
Bestimmen Sie eine Koordinatengleichung von E.

Lösung

Gegeben sind die Geraden

$$g: \vec{x} = \begin{pmatrix} 3 \\ -7 \\ 7 \end{pmatrix} + s \cdot \begin{pmatrix} 1 \\ -4 \\ 8 \end{pmatrix} \quad \text{und} \quad h_1: \vec{x} = \begin{pmatrix} 2 \\ -3 \\ -1 \end{pmatrix} + t \begin{pmatrix} 1 \\ 1 \\ 0 \end{pmatrix}.$$

Schnitt von g und h_1 :

$$\left.\begin{array}{ll} (1) & 3+s=2+t \\ (2) & -7-4s=-3+t \\ (3) & 7+8s=-1 \end{array}\right| ; \quad \text{aus (2) und (3) folgt } s=-1 \text{ und } t=0.$$

Für diese Werte ist auch die erste Gleichung (1) erfüllt, da $3 - 1 = 2 + 0$.
Der Schnittpunkt von g und h_1 ist $S(2\,|\,-3\,|\,-1)$.

Schnitt von g und h_a:
Da der Punkt $S(2\,|\,-3\,|\,-1)$ auf jeder Geraden h_a (für $t = 0$) liegt, haben g und h_a mindestens einen Punkt gemeinsam.
S ist genau dann der einzige gemeinsame Punkt, wenn die Richtungsvektoren von g und h_a linear unabhängig sind. Wären sie linear abhängig, so müsste gelten:

$$\begin{pmatrix} 1 \\ a \\ 2a-2 \end{pmatrix} = k \cdot \begin{pmatrix} 1 \\ -4 \\ 8 \end{pmatrix}; \quad \left.\begin{array}{r} 1=k \\ a=-4k \\ 2a-2=8k \end{array}\right| .$$

Die ersten beiden Gleichungen liefern die Werte $k = 1$ und $a = -4$, für die aber die dritte Gleichung nicht erfüllt ist: $-8 - 2 \neq 8$.

Somit sind die Richtungsvektoren der Geraden g und h_a für alle $a \in \mathbb{R}$ linear unabhängig.

Die Gerade g hat mit allen Geraden h_a nur den Punkt S gemeinsam.

g und eine Gerade h_a sind genau dann orthogonal, wenn gilt:

$$\begin{pmatrix} 1 \\ -4 \\ 8 \end{pmatrix} \cdot \begin{pmatrix} 1 \\ a \\ 2a-2 \end{pmatrix} = 0; \quad 1-4a+16a-16=0; \quad \mathbf{a = \frac{5}{4}}.$$

Koordinatengleichung der Ebene E:

Für die Ebene E, die alle Geraden h_a enthält, kann man als Stützpunkt den gemeinsamen Punkt S und als Spannvektoren etwa die Richtungsvektoren der Geraden h_0 und h_1 wählen. Damit ergibt sich eine Vektorgleichung für E:

$$E: \vec{x} = \begin{pmatrix} 2 \\ -3 \\ -1 \end{pmatrix} + s \begin{pmatrix} 1 \\ 0 \\ -2 \end{pmatrix} + t \begin{pmatrix} 1 \\ 1 \\ 0 \end{pmatrix}; \quad s, t \in \mathbb{R}.$$

Für einen Normalenvektor $\vec{n} = \begin{pmatrix} n_1 \\ n_2 \\ n_3 \end{pmatrix}$ von E gilt dann:

$$\begin{pmatrix} 1 \\ 0 \\ -2 \end{pmatrix} \cdot \vec{n} = 0; \quad \begin{pmatrix} 1 \\ 1 \\ 0 \end{pmatrix} \cdot \vec{n} = 0; \quad \left| \begin{array}{l} n_1 \qquad - 2n_3 = 0 \\ n_1 + n_2 \qquad = 0 \end{array} \right|.$$

Eine Lösung ist $n_3 = 1; \quad n_1 = 2; \quad n_2 = -2, \quad$ bzw. $\vec{n} = \begin{pmatrix} 2 \\ -2 \\ 1 \end{pmatrix}$.

Mit dem Ansatz $2x_1 - 2x_2 + x_3 = c$ und $S(2|-3|-1) \in E$ erhält man eine **Koordinatengleichung der Ebene: E: $2x_1 - 2x_2 + x_3 = 9$.**

Abiturprüfung Mathematik (Baden-Württemberg): Geometrie Aufgabe 17 (aus GK 2003 B 2)

Die nebenstehende Skizze veranschaulicht einen Wintergarten. Dabei sind die Punkte A(8 | 0 | 6), B(8 | 2 | 5), C(2 | 8 | 5) und S(0 | 0 | 10) Eckpunkte des ebenen Daches. Der Punkt D liegt in der x_2x_3-Ebene und die Strecke AD verläuft parallel zur Strecke BC.

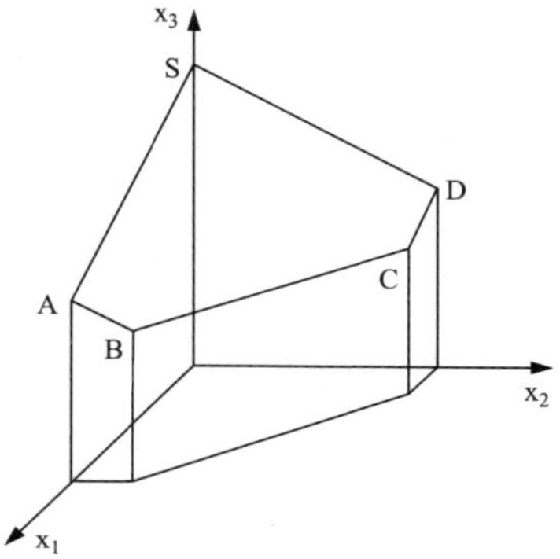

a) Berechnen Sie die Koordinaten des Punktes D.
Bestimmen Sie eine Koordinatengleichung der Ebene E, in der die Eckpunkte A, B, C, D und S liegen.
Zur Montage wird die Dachfläche ABCDS durch eine Stütze gesichert, die im Ursprung des Koordinatensystems verankert ist und senkrecht zur Dachfläche steht.
Berechnen Sie die Länge dieser Stütze.
[Teilergebnisse: E: $x_1 + x_2 + 2x_3 - 20 = 0$; D(0 | 8 | 6)]

Zur Stabilisierung der Dachfläche werden die Spitze S mit dem Mittelpunkt M der Dachkante BC sowie der Punkt A mit D durch Streben verbunden. Oberhalb des Daches verläuft ein Träger T_1T_2 mit T_1(10 | 0 | 8) und T_2(0 | 10 | 8).

b) Vom Mittelpunkt M_T des Trägers wird senkrecht zur Dachfläche ein Zugseil gespannt. Somit kann die Montagestütze (Teilaufgabe a)) wieder entfernt werden.
Berechnen Sie die Koordinaten des Punktes Z, in dem das Zugseil an der Dachfläche befestigt wird.
Bestätigen Sie, dass sich die Streben MS und AD in Z treffen und senkrecht aufeinander stehen.

c) Bestimmen Sie die Flächeninhalte des Dachteiles ADS und des gesamten Daches.
Zeigen Sie: Der Punkt A ist ein Punkt der Dachfläche mit minimalem Abstand vom Träger T_1T_2.

Lösung

a) Vom Dach des Wintergartens sind die Eckpunkte:

$A(8|0|6)$, $B(8|2|5)$, $C(2|8|5)$ und $S(0|0|10)$

gegeben.

Bestimmung des Eckpunkts D:

Die Strecke AD verläuft parallel zur Strecke BC.
Somit ist der Vektor

$$\vec{u} = \frac{1}{6} \cdot \overrightarrow{BC} = \frac{1}{6} \cdot \begin{pmatrix} -6 \\ 6 \\ 0 \end{pmatrix} = \begin{pmatrix} -1 \\ 1 \\ 0 \end{pmatrix}$$

ein Richtungsvektor der Geraden g durch die Punkte A und D.
Für g gilt somit:

$$g: \ \vec{x} = \overrightarrow{OA} + r \cdot \vec{u} = \begin{pmatrix} 8 \\ 0 \\ 6 \end{pmatrix} + r \cdot \begin{pmatrix} -1 \\ 1 \\ 0 \end{pmatrix}; \quad r \in \mathbb{R}.$$

Da D in der x_2x_3-Ebene: $x_1 = 0$ liegt, ist er der Schnittpunkt von g mit dieser Ebene:

$8 - r = 0; \quad r = 8.$

Damit ergibt sich für den fünften Eckpunkt des Daches: **D(0 | 8 | 6).**

Koordinatengleichung der Ebene E:

Nach Aufgabenstellung ist das Dach eben, d. h. die Punkte A, B, C, D und S liegen in einer Ebene E.
Eine Parametergleichung von E ist:

$$E: \ \vec{x} = \overrightarrow{OA} + s \cdot \overrightarrow{AB} + t \cdot \overrightarrow{AS} = \begin{pmatrix} 8 \\ 0 \\ 6 \end{pmatrix} + s \begin{pmatrix} 0 \\ 2 \\ -1 \end{pmatrix} + t \begin{pmatrix} -8 \\ 0 \\ 4 \end{pmatrix}; \quad s, t \in \mathbb{R}.$$

Für einen Normalenvektor $\vec{n} = \begin{pmatrix} n_1 \\ n_2 \\ n_3 \end{pmatrix}$ von E gilt:

$$\begin{pmatrix} 0 \\ 2 \\ -1 \end{pmatrix} \cdot \vec{n} = 0; \quad \begin{pmatrix} -8 \\ 0 \\ 4 \end{pmatrix} \cdot \vec{n} = 0; \qquad \left| \begin{array}{rl} 2n_2 - n_3 &= 0 \\ -8n_1 \quad + 4n_3 &= 0 \end{array} \right|.$$

Eine Lösung ist $n_1 = 1$; $n_3 = 2$; $n_2 = 1$, bzw. $\vec{n} = \begin{pmatrix} 1 \\ 1 \\ 2 \end{pmatrix}$.

Aus dem Ansatz $x_1 + x_2 + 2x_3 = c$ erhält man wegen $A(8|0|6) \in E$:

$8 + 0 + 2 \cdot 6 = c; \quad c = 20.$

Eine Koordinatengleichung der Ebene ist also:

E: $x_1 + x_2 + 2x_3 = 20$.

Länge der Stütze:

Die Stütze beginnt im Ursprung O und steht senkrecht zur Dachfläche. Ihre Länge ist gleich dem Abstand des Ursprungs von der Ebene E.

HNF von E: $\frac{x_1 + x_2 + 2x_3 - 20}{\sqrt{6}} = 0.$

$$\mathbf{d(O; E)} = \frac{|0-20|}{\sqrt{6}} = \frac{\mathbf{20}}{\mathbf{\sqrt{6}}} \approx \mathbf{8{,}16.}$$

b) **Bestimmung des Befestigungspunktes Z:**

Der Mittelpunkt des Trägers mit den Endpunkten $T_1(10\,|\,0\,|\,8)$ und $T_2(0\,|\,10\,|\,8)$ ist:
$M_T(5\,|\,5\,|\,8)$.

Das Zugseil zwischen M_T und dem Befestigungspunkt Z auf dem Dach verläuft senkrecht zur Dachfläche.
Z ist daher der Schnittpunkt der Ebene E mit der Lotgeraden k zur Ebene E durch M_T.
Eine Gleichung von k ist:

$$k:\ \vec{x} = \begin{pmatrix} 5 \\ 5 \\ 8 \end{pmatrix} + s \cdot \begin{pmatrix} 1 \\ 1 \\ 2 \end{pmatrix};\quad s \in \mathbb{R}.$$

Schnittpunkt Z von k mit E:

$$(5 + s) + (5 + s) + 2 \cdot (8 + 2s) = 20$$
$$6s = -6;$$
$$s = -1.$$

Der gesuchte Befestigungspunkt ist **Z(4 | 4 | 6).**

Schnittpunkt der Streben MS und AD:

Die Strebe MS führt vom Eckpunkt S des Daches zum Mittelpunkt M der Dachkante BC mit $B(8\,|\,2\,|\,5)$ und $C(2\,|\,8\,|\,5)$.
Für M gilt daher:

$M(5\,|\,5\,|\,5)$.

Die Strebe MS wird durch die Gerade

$$h:\ \vec{x} = \overrightarrow{OS} + t \cdot \frac{1}{5}\overrightarrow{SM} = \begin{pmatrix} 0 \\ 0 \\ 10 \end{pmatrix} + t \cdot \begin{pmatrix} 1 \\ 1 \\ -1 \end{pmatrix};\quad t \in \mathbb{R},$$

beschrieben.

Der Träger AD liegt in der Geraden (siehe oben):

$$g:\ \vec{x} = \begin{pmatrix} 8 \\ 0 \\ 6 \end{pmatrix} + r \cdot \begin{pmatrix} -1 \\ 1 \\ 0 \end{pmatrix};\quad r \in \mathbb{R}.$$

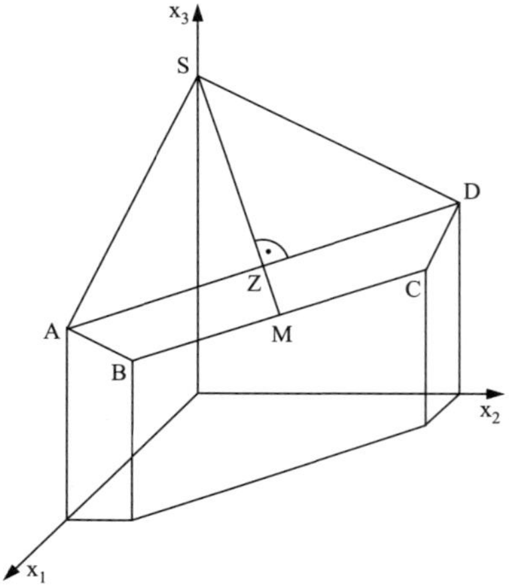

Schnittpunkt von h mit g:

$$\begin{pmatrix}0\\0\\10\end{pmatrix}+t\cdot\begin{pmatrix}1\\1\\-1\end{pmatrix}=\begin{pmatrix}8\\0\\6\end{pmatrix}+r\cdot\begin{pmatrix}-1\\1\\0\end{pmatrix};\qquad \left|\begin{array}{r}t=8-r\\t=r\\10-t=6\end{array}\right|.$$

t = 4 und r = 4 sind Lösungen aller drei Gleichungen.
Einsetzen in eine der beiden Geradengleichungen zeigt:
Der Schnittpunkt von h und g ist der Punkt **Z(4|4|6).**

Orthogonalität der Streben:

Wegen

$$\overrightarrow{SM}\cdot\overrightarrow{AD}=\begin{pmatrix}5\\5\\-5\end{pmatrix}\cdot\begin{pmatrix}-8\\8\\0\end{pmatrix}=5\cdot(-8)+5\cdot 8+(-5)\cdot 0=0$$

sind die Streben **MS und AD orthogonal.**

c) **Flächeninhalt des Dachteiles ADS:**

Wählt man in dem Dreieck ADS die Strecke AD als Grundseite, so ist die Strecke ZS die zugehörige Höhe. Denn in Teilaufgabe b) wurde gezeigt, dass AD orthogonal zu MS und damit auch zu ZS ist.
Für den Inhalt des Dreiecks ADS erhält man damit:

$$\begin{aligned}\mathbf{A_D}&=\frac{1}{2}\cdot|\overrightarrow{AD}|\cdot|\overrightarrow{ZS}|\\&=\frac{1}{2}\cdot\left|\begin{pmatrix}-8\\8\\0\end{pmatrix}\right|\cdot\left|\begin{pmatrix}-4\\-4\\4\end{pmatrix}\right|\\&=\frac{1}{2}\cdot\sqrt{64\cdot 2}\cdot\sqrt{16\cdot 3}\\&=\mathbf{16\sqrt{6}\approx 39,2.}\end{aligned}$$

Flächeninhalt des gesamten Daches:

Das gesamte Dach besteht aus dem Dreieck ADS und dem Trapez BCDA.
Das Trapez hat die parallelen Grundseiten BC und AD, seine Höhe ist die Strecke MZ, da mit MS auch MZ orthogonal zu AD ist.
Der Inhalt der Trapezfläche ist somit:

$$\begin{aligned}A_T&=\frac{1}{2}\cdot\left(|\overrightarrow{BC}|+|\overrightarrow{AD}|\right)\cdot|\overrightarrow{ZM}|\\&=\frac{1}{2}\cdot\left(\left|\begin{pmatrix}-6\\6\\0\end{pmatrix}\right|+\left|\begin{pmatrix}-8\\8\\0\end{pmatrix}\right|\right)\cdot\left|\begin{pmatrix}1\\1\\-1\end{pmatrix}\right|\\&=\frac{1}{2}\cdot(\sqrt{72}+\sqrt{128})\cdot\sqrt{3}\\&=\frac{1}{2}\cdot(6\sqrt{2}+8\sqrt{2})\cdot\sqrt{3}\\&=7\sqrt{6}\approx 17{,}1.\end{aligned}$$

Der Inhalt der gesamten Dachfläche ist schließlich:

$$\begin{aligned} \mathbf{A_G} &= A_D + A_T \\ &= 16\sqrt{6} + 7\sqrt{6} \\ &= \mathbf{23\sqrt{6} \approx 56{,}3.} \end{aligned}$$

Abstand von A zum Träger T_1T_2:

Der Träger T_1T_2 mit $T_1(10\,|\,0\,|\,8)$ und $T_2(0\,|\,10\,|\,8)$ wird durch die Strecke

$$m:\quad \vec{x} = \overrightarrow{OT_1} + s \cdot \overrightarrow{T_1T_2} = \begin{pmatrix} 10 \\ 0 \\ 8 \end{pmatrix} + s \cdot \begin{pmatrix} -10 \\ 10 \\ 0 \end{pmatrix};\quad 0 \le s \le 1,$$

beschrieben. Sie verläuft parallel zur Ebene E.

Der kleinstmögliche Abstand, den ein Punkt der Dachfläche vom Träger T_1T_2 haben kann, ist gleich dem Abstand des Trägers von der Dachfläche, d. h. gleich dem Abstand der Strecke m zur Ebene E.
Um den Abstand von A zu m zu bestimmen, verwendet man die Hilfsebene H, die orthogonal zu m ist und durch A geht. Mit dem Ansatz $-10x_1 + 10x_2 = c$ und $A(8\,|\,0\,|\,6) \in H$ erhält man eine Koordinatengleichung der Hilfsebene:

$$H:\ -10x_1 + 10x_2 = -80 \quad \text{bzw.} \quad H:\ -x_1 + x_2 = -8$$

Schnittpunkt F von H mit m:

$$\begin{aligned} -(10 - 10s) + 10s &= -8 \\ 20s &= 2 \\ s &= \frac{1}{10};\quad F(9\,|\,1\,|\,8). \end{aligned}$$

Wegen $0 < \frac{1}{10} < 1$ ist F ein Punkt auf der Strecke m.

Der Abstand von A zu m ist damit:

$$d(A;\, m) = |\overrightarrow{AF}| = \left|\begin{pmatrix} 1 \\ 1 \\ 2 \end{pmatrix}\right| = \sqrt{6}.$$

Der Abstand von m zur Ebene E ist (vgl. Teilaufgabe a)):

$$\begin{aligned} d(m;\, E) &= d(T_1;\, E) \\ &= \frac{|10 + 2 \cdot 8 - 20|}{\sqrt{6}} \\ &= \frac{6}{\sqrt{6}} = \sqrt{6}, \end{aligned}$$

also gleich dem Abstand von A zu m.

A ist daher ein Punkt der Dachfläche mit minimalem Abstand von Träger T_1T_2.

Anmerkung:

Die Abstände d(A; m) und d(m; E) müssen nicht explizit berechnet werden, wenn man erkennt, dass der Vektor $\overrightarrow{AF} = \begin{pmatrix} 1 \\ 1 \\ 2 \end{pmatrix}$ ein Normalenvektor der Ebene E ist. Damit ist die Gleichheit der Abstände bereits begründet.

Ihre Meinung ist uns wichtig!

Ihre Anregungen sind uns immer willkommen. Bitte informieren Sie uns mit diesem Schein über Ihre Verbesserungsvorschläge!

Titel-Nr.	Seite	Vorschlag

Bitte hier abtrennen

Die echten Hilfen zum Lernen ... **STARK**

Zutreffendes bitte ankreuzen!

Die Absenderin/der Absender ist:

- ☐ Lehrer/in in den Klassenstufen: ____
- ☐ Fachbetreuer/in
  Fächer: ____
- ☐ Seminarlehrer/in
  Fächer: ____
- ☐ Regierungsfachberater/in
  Fächer: ____
- ☐ Oberstufenbetreuer/in
- ☐ Schulleiter/in
- ☐ Referendar/in, Termin 2. Staats-
  examen: ____
- ☐ Leiter/in Lehrerbibliothek
- ☐ Leiter/in Schülerbibliothek
- ☐ Sekretariat
- ☐ Eltern
- ☐ Schüler/in, Klasse: ____
- ☐ Sonstiges: ____

Unterrichtsfächer: (Bei Lehrkräften!)

____

STARK Verlag
Postfach 1852
85318 Freising

Kennen Sie Ihre Kundennummer?
Bitte hier eintragen.

Absender (Bitte in Druckbuchstaben!)

Name/Vorname

Straße/Nr.

PLZ/Ort

Telefon privat

Geburtsjahr

E-Mail-Adresse

Schule/Schulstempel (Bitte immer angeben!)

14-VM8

Bitte ausfüllen und im frankierten Umschlag
an uns einsenden. Für Fensterkuverts geeignet.

Sicher durch das Abitur!

Klare Fakten, systematische Methoden, prägnante Beispiele, Übungs- sowie Abitur-Prüfungsaufgaben mit erklärenden Lösungen zur Selbstkontrolle.

Mathematik

Analysis I – (Pflichtteil)	Best.-Nr. 84001
Analysis II – (Wahlteil)	Best.-Nr. 84002
Analytische Geometrie	Best.-Nr. 84003
Kompakt-Wissen Abitur Wahrscheinlichkeitsrechnung und Statistik	Best.-Nr. 900351
Kompakt-Wissen Abitur Analysis	Best.-Nr. 900151
Kompakt-Wissen Abitur Analytische Geometrie	Best.-Nr. 900251
Kompakt-Wissen Algebra	Best.-Nr. 90016
Kompakt-Wissen Geometrie	Best.-Nr. 90026

Deutsch

Training Methoden Deutsch	Best.-Nr. 944062
Abitur-Wissen Erörtern und Sachtexte analysieren	Best.-Nr. 944064
Abitur-Wissen Textinterpretation Lyrik, Drama, Epik	Best.-Nr. 944061
Abitur-Wissen Deutsche Literaturgeschichte	Best.-Nr. 94405
Abitur-Wissen Prüfungswissen Oberstufe	Best.-Nr. 94400
Kompakt-Wissen Rechtschreibung	Best.-Nr. 944065
Lexikon Autoren und Werke	Best.-Nr. 944081

Englisch

Textaufgaben Literarische Texte und Sachtexte	Best.-Nr. 84468
Übersetzungsübung	Best.-Nr. 82454
Grammatikübung Oberstufe	Best.-Nr. 82452
Wortschatzübung Oberstufe	Best.-Nr. 82451
Grundfertigkeiten des Schreibens	Best.-Nr. 94466
Sprechfertigkeit mit CD	Best.-Nr. 94467
Grundlagen der Textarbeit	Best.-Nr. 94464
Abitur-Wissen Landeskunde Großbritannien	Best.-Nr. 94461
Abitur-Wissen Landeskunde USA	Best.-Nr. 94463
Abitur-Wissen Literaturgeschichte	Best.-Nr. 94465
Kompakt-Wissen Kurzgrammatik	Best.-Nr. 90461
Kompakt-Wissen Abitur Themenwortschatz	Best.-Nr. 90462

Physik

Elektrisches und magnetisches Feld (LK)	Best.-Nr. 94308
Elektromagnetische Schwingungen und Wellen (LK)	Best.-Nr. 94309
Physik 1 – Elektromagnetische Felder, Schwingungen und Wellen • Photonen (gk)	Best.-Nr. 94321
Kompakt-Wissen Abitur Physik 3 Quanten, Kerne und Atome	Best.-Nr. 943011

Chemie

Training Methoden Chemie	Best.-Nr. 947308
Chemie 1 – Energetik • Gleichgewichte • Säuren und Basen • Elektrochemie	Best.-Nr. 84731
Chemie 2 – Biomoleküle • Aromatische Verbindungen • Kunststoffe	Best.-Nr. 84732
Rechnen in der Chemie	Best.-Nr. 84735
Abitur-Wissen Protonen und Elektronen	Best.-Nr. 947301
Abitur-Wissen Struktur der Materie und Kernchemie	Best.-Nr. 947303
Abitur-Wissen Stoffklassen organischer Verbindungen	Best.-Nr. 947304
Abitur-Wissen Biomoleküle	Best.-Nr. 947305
Abitur-Wissen Biokatalyse u. Stoffwechselwege	Best.-Nr. 947306
Kompakt-Wissen Abitur Kohlenwasserstoffe • Natur-, Kunst- und Farbstoffe	Best.-Nr. 947309

Erdkunde

Training Methoden Erdkunde	Best.-Nr. 94901
Abitur-Wissen Entwicklungsländer	Best.-Nr. 94902
Abitur-Wissen USA	Best.-Nr. 94903
Abitur-Wissen Europa	Best.-Nr. 94905
Abitur-Wissen Asiatisch-pazifischer Raum	Best.-Nr. 94906
Lexikon Erdkunde	Best.-Nr. 94904

Interpretationshilfen zu Pflichtlektüren

Die optimale Vorbereitung auf das **Abitur 2005** in Baden-Württemberg: Interpretationshilfen zu den **neuen Pflichtlektüren** („Sternchenthemen") für Deutsch ***Kabale und Liebe*** und ***Effi Briest*** sowie für Englisch ***Moon Palace***. Mit Informationen zu Autor und Werk, ausführlicher Inhaltsangabe und einer systematischen Interpretation des Textes.

Friedrich Schiller: *Kabale und Liebe*	Best.-Nr. 2400231
Theodor Fontane: *Effi Briest*	Best.-Nr. 2400371
Paul Auster: *Moon Palace*	Best.-Nr. 2500031

(Bitte blättern Sie um)